彩图1　大王椰子（一）

彩图2　大王椰子（二）

彩图3　白兰（一）

彩图4　白兰（二）

彩图5　小叶榕（一）

彩图6　小叶榕（二）

彩图 7　大叶紫薇（一）

彩图 8　大叶紫薇（二）

彩图 9　木棉（一）

彩图 10　木棉（二）

彩图 11　黄槐（一）

彩图 12　黄槐（二）

彩图13　海桐（一）

彩图14　海桐（二）

彩图15　扶桑（一）

彩图16　扶桑（二）

彩图17　九里香（一）

彩图18　九里香（二）

彩图19 木槿(一)

彩图22 紫薇(二)

彩图20 木槿(二)

彩图23 鸡蛋花(一)

彩图21 紫薇(一)

彩图24 鸡蛋花(二)

彩图 25　爬山虎（一）

彩图 26　爬山虎（二）

彩图 27　叶子花（一）

彩图 28　叶子花（二）

彩图 29　紫藤（一）

彩图 30　紫藤（二）

彩图 31　马缨丹（一）

彩图 32　马缨丹（二）

彩图 33　紫雪茄花（一）

彩图 34　紫雪茄花（二）

彩图 35　细叶结缕草（一）

彩图 36　细叶结缕草（二）

高等职业教育园林园艺类专业系列教材

绿化养护技术

主　编　朱庆竖

参　编　谭卫萍　孙丽静　黄文征

主　审　李映强　张乔松

机械工业出版社

本书以华南地区常见的绿化植物为载体,以实际的工作任务为内容,适应华南的气候条件,与绿化养护实际完全接轨。本书分为常绿乔木的养护、落叶乔木的养护、常绿灌木的养护、落叶灌木的养护、藤本植物的养护、地被植物的养护六个学习情境,在这六个学习情境中,将种植,土、肥、水管理,病虫害防治,整形修剪,灾害防治,花期控制等养护技术科学、精炼、系统地呈现出来。

本书可作为高职高专园艺、园林、环境艺术设计及其相关专业的教学用书,也可作为广大绿化从业人员的参考用书。

为方便教学,本书配有电子课件,凡使用本书作为教材的教师可登录机工教育服务网www.cmpedu.com 注册下载。咨询邮箱:cmpgaozhi@sina.com。咨询电话:010-88379375。

图书在版编目（CIP）数据

绿化养护技术/朱庆竖主编. —北京：机械工业出版社，2013.2（2024.1 重印）
高等职业教育园林园艺类专业系列教材.
ISBN 978-7-111-41195-6

Ⅰ．①绿… Ⅱ．①朱… Ⅲ．①绿化—高等职业教育—教材 Ⅳ．①S73

中国版本图书馆 CIP 数据核字（2013）第 011976 号

机械工业出版社（北京市百万庄大街 22 号　邮政编码 100037）
策划编辑：覃密道　责任编辑：覃密道　常金锋
责任校对：王　欣　封面设计：马精明
责任印制：常天培　版式设计：墨格文慧
北京机工印刷厂有限公司印刷
2024 年 1 月第 1 版第 3 次印刷
184mm×260mm・14.75 印张・4 插页・370 千字
标准书号：ISBN 978-7-111-41195-6
定价：49.00 元

电话服务　　　　　　　　网络服务
客服电话：010-88361066　　机　工　官　网：www.cmpbook.com
　　　　　010-88379833　　机　工　官　博：weibo.com/cmp1952
　　　　　010-68326294　　金　书　网：www.golden-book.com
封底无防伪标均为盗版　　　机工教育服务网：www.cmpedu.com

前言 Preface

我国经过30多年的改革开放，人民的物质生活得到极大改善之后，人们开始追求自然、绿色、宜居的生活环境。园林绿化建设虽也得到了长足的发展，但是很多地方距离人均绿地面积30m²、绿化覆盖率30%的基本目标还相差甚远，加之工业的污染，环保呼声的日益高涨，作为净化、美化、绿化环境的园林绿化建设引起越来越多的有识之士的高度重视。园林绿化工作在建设低碳社会、改善气候等方面有着积极的、不可替代的作用，是建设美丽中国、生态文明的重要途径，但园林建设中"重建轻管、只建不管"的现象却比较普遍，导致大量绿化植物病虫害滋生，甚至死亡，达不到应有的绿化效果，所以绿化养护就显得尤其重要。

为了培养更多的养护人才，服务地方经济，我们开设了"绿化养护技术"课程。"绿化养护技术"是园艺技术专业的核心课程，是园林专业的必修课程，也是园林植物方向的重点课程。本课程的主要目标是通过基于工作过程的顶岗式实际养护训练，培养学生种植、整形修剪、病虫害防治、土肥水管理、各种灾害防治等绿化养护方面的职业能力，培养学生诚实守信、吃苦耐劳、爱岗敬业的职业素质。

本门课程是在学习了前导课程"植物与植物生理"、"土壤肥料技术"、"观赏树木应用"、"观赏植物病虫害防治技术"的基础上开设的。学生通过前导课程学习的园艺植物的基本知识、土壤肥料的基本知识、病虫害防治的基本知识，为本门课程奠定了扎实的基础，而通过本门课程学习的绿化养护技术，不仅可使学生胜任绿化养护岗，而且为后续的顶岗实习和撰写毕业论文等环节打下了良好的基础。

本书进行了大胆地探索，打破了传统的内容编排体系，以真实的养护工作任务为主线，重新安排教学内容，在充分考虑实用性、可操作性、可持续性的前提下，根据学生的认知规律和行为习惯，将典型工作任务转化为常绿乔木的养护、落叶乔木的养护、常绿灌木的养护、落叶灌木的养护、藤本植物的养护、地被植物的养护6个学习情境，并选用华南地区常见绿化植物为载体，根据生产季节和物候期序化教学内容，完全与生产实际接轨，突出教与学过程中的实践性、职业性，将绿化养护所需要的知识、技能和素质科学、精炼、系统地呈现出来。

本书由广东科贸职业学院朱庆竖主编，广东科贸职业学院李映强教授、广州园林科学研究所张乔松研究员主审。编写分工如下：情境一、情境二由谭卫萍编写，情境三、情境四由朱庆竖编写，情境五、情境六由孙丽静编写，附录（技能训练指导）由广州市昊卉花卉园林有限公司黄文征编写，全书由朱庆竖进行统稿。

由于编者水平有限，又是一个新的探索，加之各地的绿化树木种类多样，各种先进的绿化技术不断涌现，书中疏漏和欠妥之处在所难免，敬请读者提出宝贵意见，以便修订时改进提高。

编　者

目录 Contents

前言

学习情境 1　常绿乔木的养护 / 1
　　任务 1　大王椰子养护技术 / 4
　　任务 2　白兰养护技术 / 15
　　任务 3　小叶榕养护技术 / 25
　　相关文献链接 / 34
　　习题 / 34

学习情境 2　落叶乔木的养护 / 37
　　任务 1　大叶紫薇养护技术 / 40
　　任务 2　木棉养护技术 / 51
　　任务 3　黄槐养护技术 / 61
　　相关文献链接 / 71
　　习题 / 71

学习情境 3　常绿灌木的养护 / 73
　　任务 1　海桐养护技术 / 76
　　任务 2　扶桑养护技术 / 85
　　任务 3　九里香养护技术 / 96
　　相关文献链接 / 107
　　习题 / 107

学习情境 4　落叶灌木的养护 / 109
　　任务 1　木槿养护技术 / 112
　　任务 2　紫薇养护技术 / 122
　　任务 3　鸡蛋花养护技术 / 132
　　相关文献链接 / 141
　　习题 / 141

学习情境 5　藤本植物的养护 / 143
　　任务 1　爬山虎养护技术 / 146
　　任务 2　叶子花养护技术 / 155

　　　　　任务 3　紫藤养护技术 / 166

　　　　　相关文献链接 / 176

　　　　　习题 / 176

学习情境 6　地被植物的养护 / 179

　　　　　任务 1　马缨丹养护技术 / 182

　　　　　任务 2　紫雪茄花养护技术 / 191

　　　　　任务 3　细叶结缕草养护技术 / 199

　　　　　相关文献链接 / 208

　　　　　习题 / 208

附录　技能训练指导 / 211

　　　　　技能训练指导 1　种植 / 212

　　　　　技能训练指导 2　土、肥、水管理 / 217

　　　　　技能训练指导 3　病虫害防治 / 220

　　　　　技能训练指导 4　整形修剪 / 222

　　　　　技能训练指导 5　灾害防治 / 226

　　　　　技能训练指导 6　花期控制 / 228

学习情境 1 常绿乔木的养护

- 任务1 大王椰子养护技术
- 任务2 白兰养护技术
- 任务3 小叶榕养护技术

情境学习总览

学习情境 1	常绿乔木的养护		20 学时
简介		华南地区常见的常绿乔木有大王椰子、白兰、小叶榕等。常绿乔木高大、常绿、观赏期长、适应性强、生长量大、需肥量大、树种品种多，一般在群落的上层，多喜光，多为中日照植物，多喜温暖湿润气候	
学习目标	相关知识	1. 常绿乔木（大王椰子、白兰、小叶榕）的分布及园林用途 2. 常绿乔木（大王椰子、白兰、小叶榕）的生物学习性，包括植物学特性、生长发育对环境条件的要求 3. 种植技术 4. 土、肥、水管理技术 5. 整形修剪技术 6. 病虫害症状的识别与防治技术 7. 高温、低温、风害、市政工程危害等的防治技术 8. 花期控制技术	
	专业技能	1. 能够设计常绿乔木（大王椰子、白兰、小叶榕）的养护方案 2. 能够根据常绿乔木（大王椰子、白兰、小叶榕）的成活原理，选择适宜的栽植季节 3. 能够根据园林树木配置原理，掌握常绿乔木（大王椰子、白兰、小叶榕）的栽植技术（施工前准备、施工原则、整地、苗木运输、确定栽植穴等技术） 4. 能够根据常绿乔木（大王椰子、白兰、小叶榕）的长势，适时进行土、肥、水管理 5. 能够根据季节和天气的变化，选择适宜的时期采用适当的方法，对常绿乔木（大王椰子、白兰、小叶榕）进行整形修剪 6. 能够描述病虫害的症状和及时诊断常绿乔木（大王椰子、白兰、小叶榕）的病虫害，并进行综合防治 7. 能够对高温、低温、风害、市政工程危害等及时进行有效防治和及时复壮 8. 能够掌握常绿乔木（大王椰子、白兰、小叶榕）的花期控制技术	
	职业素质	1. 解决实际问题的能力 2. 信息采集处理、资料整理、撰写技术报告的能力 3. 工作任务的分析、实施和监控的能力 4. 快速掌握新知识、新技能的能力 5. 自主学习和创新的能力 6. 综合分析、决策的能力	
	拓展能力	1. 培养组织协调能力和良好的沟通能力 2. 培养团结协作、诚实守信的品格 3. 培养吃苦耐劳、爱岗敬业的精神 4. 培养积极主动、认真负责的工作态度	
教与学	教学方法	1. 讨论法 2. 角色扮演法 3. 实战训练法 4. 案例法 5. 现场教学法 6. 系统管护法 7. 会诊法	
	教学资源	课件、图片、教学情境设计方案与实施方案、学习指南、工作任务单、考核单	
	对教师的专业理论技能要求	1. 具有高校教师资格，本科及以上学历，具有较强的专业技能 2. 掌握教学论与方法论，并根据教学论与方法论灵活设计学习情境 3. 能够指导学生查阅、收集资料及撰写技术报告 4. 能够识别常见的常绿乔木树种 5. 具有丰富的常绿乔木种植和养护的经验 6. 具有丰富的实践教学经验，能控制整个项目的进程 7. 能够及时准确地纠正学生的错误操作，并对学生的完成效果进行准确地评价 8. 能够指导学生对实施过程与结果进行总结和归纳	

（续）

教与学	对学习者的专业理论技能要求	1. 具有植物学、植物生理学的基本知识和技能 2. 具有基本的土、肥、水管理知识和病虫害防治知识 3. 具有环保、安全的相关知识 4. 具有基本的自学能力和创新能力 5. 具有一定的文献收集和整理能力 6. 具有一定的职业道德素质
考核与评价		1. 评价原则：评价范围的全面性、评价主题的多样性和评价方法的综合性相结合 2. 考核形式包括过程考核和结果考核：学生自评（10%）、工区对个人的评价（20%）、工区间的互评（20%）、教师对工区的评价（20%）、教师对个人的评价（30%） 3. 考核方法：笔试、操作、撰写报告等 4. 评价内容 1）专业技能评价：种植成活率，土、肥、水管理，整形修剪，病虫害症状的识别与防治，高温、低温、风害、市政工程危害等的防治技术，花期控制技术 2）知识和职业素质评价：信息收集、整理及撰写报告的能力，分析、处理问题的能力，创新能力，相关知识的掌握 3）态度评价：态度是否积极主动

学生工作任务单

学习情境1　常绿乔木的养护			
学习小组		指导教师	
工作任务描述： 　　根据实训基地生产需要，通过教师提供的参考书、教学课件、音像资料等，在教师的指导下完成常绿乔木（大王椰子、白兰、小叶榕）的养护任务，最后取得良好的景观效果			
具体工作任务： 1. 获得相关资料与信息 1）熟悉常绿乔木（大王椰子、白兰、小叶榕）的生物学习性 2）熟悉不同品种的植物学特性 3）熟悉当地生产设施、环境条件 4）熟悉种植的整个过程及质量要求（栽前准备工作，定点、放线，挖穴，栽植修剪，定植，栽后管理，清理场地等） 5）熟悉养护的整个过程及各阶段的质量要求（土、肥、水管理，病虫害防治，整形修剪，灾害防治等） 6）了解新技术 2. 制定、讨论、修改养护方案 3. 根据养护方案，购买苗木、肥料、农药等农资 4. 实施养护方案 1）定点、放线，适时种植 2）根据树体长势，适时、适量地进行土、肥、水管理 3）及时防治病虫害 4）适时整形修剪 5）及时防治各种灾害（高温、低温、风害、市政工程危害等） 6）观察常绿乔木（大王椰子、白兰、小叶榕）的生物学习性（植物学特性、生长发育对环境条件的要求） 5. 成果展示，并评定成绩 6. 讨论、总结、反思学习过程，撰写技术报告，各小组汇报学习体会，实现学习迁移 7. 提交养护业务档案、工作日记、小组工作总结、技术报告等，材料整理归档			
学习条件： 1. 多媒体教室 2. 植物栽培实训室 3. 园艺技术实训基地（含校园温室大棚） 4. 农机具、仪器设备、农业生产资料 5. 图片、课件、音像资料、网络资源 6. 工作任务单、养护业务档案、工作日记、实施方案、考核单等			

任务1　大王椰子养护技术

相关知识

学名：*Roystonea regia*
别名：王棕
科属：棕榈科王棕属

一、分布及园林用途

大王椰子的原产地为中美洲的古巴、牙买加、巴拿马，现产于各热带及亚热带地区。我国现产于华南、华东及西南地区。大王椰子主要用于行道树。

二、大王椰子生物学习性

（一）植物学特性

大王椰子茎单生，直立，圆柱形，乔木状，高约15～20m，中上部膨大呈长花瓶状，有环状叶柄痕。叶长约4～6m，羽状全裂，弓形并常下垂，叶轴每侧的羽片多达250片，羽片呈4列排列，线状披针形，渐尖，顶端浅2裂，长90～100cm，宽3～5cm，顶部羽片较短而狭，在中脉的每侧具粗壮的叶脉。花序长达1.5m，多分枝，佛焰苞在开花前像一根垒球棒；花小，雌雄同株。肉穗花序着生于最外侧的叶鞘着生处，花乳白色，雄花：花萼3片，花瓣3瓣，雄蕊6～12枚；雌花：花瓣啮合状排列，不完全雄蕊6枚，呈齿牙状突起，子房3室，柱头3个，果为浆果，含种子一枚，种子歪卵形。果实近球形至倒卵形。

（二）生长发育对环境条件的要求

1. 温度

大王椰子喜高温多湿的热带气候，喜温暖、潮湿、光照充足的环境，土壤要求排水良好、土质肥沃、土层深厚。生育适温为28～32℃，安全越冬温度为10～12℃。

大王椰子的原产地是热带、亚热带地区，因此比较适合气候温暖的生长环境。在气候温暖、温度变化较小的地区种植，植株生长正常，株形美观。如果室外温度低于14℃，生长就会受到影响，会进入休眠状态或受到不同程度的冻害，严重的甚至无法恢复生长或死亡。在热带地区，低温冻害出现相对较少，而在温带地区以及海拔较高的地区，冬季时容易出现冻伤。

2. 水分

大王椰子对水分的需求相对较多。在养护过程中，如果水分控制不当会使植株脱水、淹渍，导致植株长势衰弱甚至死亡，或造成株形矮化、歪曲等畸形，影响植株的经济价值和观赏价值。当空气湿度较低且变化较大时，叶片会逐渐失去光泽，变得暗淡无光，长势衰退后易遭受各类病虫害。

3．光照

播种刚出土的大王椰子苗较怕强光照，少量的光照或散射光就足够其生长需要。成年树适合阳光充足的环境，但也怕强光暴晒，尤其是在烈日炎炎的夏季，植株会失水过多，造成叶片枯萎甚至死亡。

4．养分

大王椰子在生长过程中，需要不断地补充各类肥料及微量元素。各地土壤类型不同，土壤中所含有机肥和元素也不相同，但是对植物来讲有些元素是不可缺少的，如大王椰子缺钾则生长速度减慢，植株发育迟缓，从老叶的叶尖或叶缘出现褪绿条纹，而叶基部仍保持暗绿，严重时褪绿区坏死，组织死亡，叶片干枯；缺磷时植株生长缓慢、矮小，叶变小，呈暗绿色或灰绿色而无光泽，根系发育差，易老化；缺氮、钙、硼等元素也会造成不同程度症状的生理性病害。

（三）生长发育周期

大王椰子树龄20年以上才可以开花结果，花期3～4月，果期10月。

养护管理操作技能

一、种植

（一）挖穴

栽植前应根据设计要求定点定位。在栽植点上挖栽植穴，栽植穴的直径比土球直径要大30～40cm，栽植穴的深度要比土球直径大20～30cm。在挖好的栽植穴底部，加入基肥后用土堆10～20cm的小土堆。如果栽植地土壤太差，还应加大穴的直径，采用客土法栽植。

（二）起苗、修剪、装运

经过围根法处理的植株，起苗时把填土挖起，切断底部，适当疏剪和短截叶片，保留4～7片托叶即可，以减少水分蒸腾，利于成活。运输前应把枝叶向上包好，保护好尾梢，土球要用稻草包好。苗木装车时应轻抬轻放，并将苗木根部装在车的前面。长途运输时应加以覆盖，以减少风吹日晒而失水，并适当喷水保湿。

（三）栽植

将土球放入洞穴中，使土球立在土堆上，将树扶正，使之稳定直立；然后剪碎包扎土球的稻草等材料，并尽量取出，之后边填土边捣实；栽好后土球表面与地面相平，立即浇足水，使根系与土壤直接接触，以利于成活和生长。

（四）栽植后的管理

栽植后应立即做好护株固植工作，立支柱支撑树木，但支撑不能打入土球或根系上。支柱一般立3根，并绑紧，防止大风吹动树干和吹歪树身。树干要缠上稻草保温越冬，土壤应保持湿润，如遇寒潮来要浇足水，而对稻草同样需要浇水保持湿润，雨水过多时应挖水沟排水。待树木确实成活后才能转入正常养护。

二、土、肥、水管理

（一）土壤管理

大王椰子喜充足的阳光和疏松肥沃的土壤。松土时不要距植株过近且不宜太深，若根部受损伤，被损伤的根部无法从土壤中吸收水分，即使浸入水中同样会枯萎。

（二）施肥管理

大王椰子施肥一般在春季到初夏，这个时期雨水多，植株生长迅速，急需大量营养；而冬季植物生长缓慢或处于休眠期，施肥或使用速效肥会导致植株严重烧伤，最好是间隔一定的时间少量施肥一次，同时要浇透水。新移植的植株，短期内不要施肥，等新根系长出后再施肥并且不能使用速效肥，因为长势弱的根或新根容易被烧伤。肥料可选择缓效肥、颗粒肥或液体肥。

（三）水分管理

大王椰子是须根性植物，浅根性树种，它们对水分反应极其灵敏。夏季温度一般较高，每天都可以进行足量浇水；冬季，植株对水分的需求减少，可适当地间隔几天浇足水。健壮、旺盛的植株比生长较慢或停止生长的植株需水更多，栽培土壤必须具有一定的保水性、排水性。粘重土壤在浇水后变得湿而粘，对大王椰子生长不利，会导致烂根，并使植株生长迟缓甚至死亡，所以可以适当加入一些砂土。土壤干燥时，应浇水至土壤彻底湿润，但不要让植株浸泡在水中或让土壤积水，积水容易使植株根部缺氧导致腐烂。

三、病虫害防治

（一）病害防治

1. 心腐病

心腐病是大王椰子重要的病害，其主要危害树冠中央最嫩的叶片和心叶，危害后幼嫩心叶基部腐烂，叶呈灰绿色下塌。稍用力即可将心叶拔出，解剖基部生长点甚至整株心部有糊状分泌物，具恶臭味，病部组织可长出白色霉状物。在每年的春末夏初，阴雨绵绵或台风雨后，此病害危害最重，干旱季节较少发生。

防治方法：①选择晴天，铲除病株，在病株周围撒施石灰消毒。②病初即每年的3～6

月用70%敌克松700～1000倍液，或用40%乙磷铝粉剂400倍液喷洒防治。③用阴阳灰撒施生长点，一周后用营养液喷射，促使其恢复生长。

2. 叶斑病

大王椰子幼苗、幼树和大树均能发生叶斑病。幼苗和幼树发病比较严重，发病初期叶片出现绿黄色小点，逐渐扩大为圆形或椭圆形斑点，直径2～10mm，中央灰白色，边缘橙黄或红褐色，多在叶片背后散生稀疏小黑点。

防治方法：①合理施肥，增施有机肥及钾肥，提高植株的抗病能力。②发病期间，可用代森锰锌（大生）600倍液，或用75%百菌清800～1000倍液，或用40%灭病威400～500倍液喷施防治。

3. 灰斑病

灰斑病在大王椰子植株中发生相当普遍，病菌侵害叶片后引起大量叶片变色、凋萎，最后脱落。发病初期，羽叶上出现橙黄色的小圆点，以后扩展成灰色条斑，长约50mm以上，病斑中心转灰白或暗褐色条斑，许多条斑汇聚在一起成为不规则的灰色坏死斑块。若病情继续发展，可致使整张叶片干枯、皱缩如火烧状。病斑边缘有暗褐色条带围绕，外围有黄晕，病斑上散生圆形或椭圆形小黑点，即为病原菌的分生孢子盘。

防治方法：①合理施肥，增施有机肥及钾肥，提高植株的抗病能力。②发病期间，可用代森锰锌（大生）600倍液，或用75%百菌清800～1000倍液，或用40%灭病威400～500倍液喷施防治。

4. 桐疫病（流胶病）

大王椰子发生桐疫病后，树头分泌出一种透明的褐色树胶，时间一长，柔软的树胶变成块。树胶有异味，状如桃流胶病流出的桃胶。

防治方法：①应对初发病植株用杀毒矾兑水500倍，或用乙磷铝300倍液添加40%洗衣粉灌心。②预防该病应做到挖掘苗时减少对根系的损伤，伤口用杀菌剂消毒处理。土球和树干要进行妥善包装，以免在装车运输过程中受损。栽植后用多菌灵、百菌清等杀菌剂进行一次全面喷洒，防止包括疫霉病在内的多种病原菌的侵害。

（二）虫害防治

椰心叶甲虫害是大王椰子常见的虫害。椰心叶甲一般栖息于寄主植物的茎顶心叶内，这给化学防治带来了一定的难度。因此，采用化学防治必须连续几次喷药，把药剂均匀喷洒到心叶及周围茎叶上，而且雾滴越细越好。一般施用农药以内吸、触杀两者兼有的杀虫剂为好。在选用药剂时要选用附着力强的药剂和高效低毒的药剂，而且喷药时必须注意早期的防治，才能遏制椰心叶甲的严重危害。可用40%氧化乐果乳油800倍液、马拉硫磷乳剂1000倍液、绿福500倍液或48%乐斯本800倍液药剂喷洒心叶及其叶片周围部分，每隔10天喷1次，连续喷3次。也可用略高浓度的药液涂抹心叶，或用棉花浸泡药液后绑在未展开的心叶上，使药液充分浸入到心叶内；也可采用椰甲清粉剂挂包法防治，效果良好；也可利用天敌，如寄生蜂、鸟类等进行生物防治；此外，低温对椰心叶甲也有致命的打击。研究发现，大王椰子植株喷洒40%氧化乐果800倍液1次可杀死害虫，两个月后受害的大王椰子均无发现椰心叶甲危害症状，并且植株生长良好。对危害严重的受害植株，采用清除运走、深埋或火烧处理，防止受害植株的椰心叶甲传播和蔓延。

大王椰子病虫害综合防治：

（1）加强检疫　首先在苗木调运过程中要把好检疫关，严格控制疫区的病虫害向外传播；其次移植苗木的时候为了缩短缓苗期和提高成活率，移栽时间最好选择在每年的3～9月份，移栽时提前1个月进行断根处理，这样可将缓苗期缩短为3个月。待运的大王椰子的裸根系用魔晶土（吸水力强，吸水后瞬间膨胀100倍）、砂与椰糠配制成湿润的混合物护根，用纤维袋包裹根团。在大王椰子的根系和茎基30cm处涂蘸吲哚丁酸红泥浆，促进新根多发快长，晾干后假植。种植时不能深栽，否则会发生漕根，影响其成活。种植大王椰子时要进行支撑，避免风吹而使根系受到损伤和影响。种植前在苗木的根部和受伤的部位喷洒防治病虫害的药剂，防止病虫害从受伤的茎干和根部侵入。

（2）合理选择药剂种类　要选那些选择性强、污染小、不伤害天敌、不会让害虫产生抗性和控制作用比较持久的药剂，多关注烟参碱、灭幼脲、性信息素等生物农药。将农业管理及化学防治和生物防治相结合，掌握喷洒药剂的最佳时机，这样不伤害天敌，安全且经济。

（3）及时清理园区　入冬前，及时修剪病残体并集中烧毁。除去杂草，在植株上喷洒杀虫剂防害虫产卵。在开春前再次对植株喷洒药剂，杀死植株上的越冬菌源、虫卵和蛹。掌握病虫害发生的各种原因和条件，及时发现问题、解决问题。

四、整形修剪

大王椰子叶子的寿命比较长，通常会有一年以上。修剪时应及时将枯叶和病叶从叶柄基部处剪除，病叶深埋或焚毁处理。

五、灾害防治

（一）低温危害防治

防寒防冻可采用茎干包裹法和薰烟法。茎干包裹法用稻草、草绳等包裹茎干，以保护生长点；薰烟法以稻草、枝条等积聚成堆再覆土，然后将草堆点燃，要火小烟大，才能取得较好的效果。如遇霜雪天气，早晨要及时用清水将附着在植物上的霜雪冲洗干净。

（二）高温危害防治

成年树喜欢有充足阳光的环境，但是也怕强光暴晒（尤其在夏季），强光会使植物失水过多导致叶片枯萎甚至死亡，尤其是新移植的苗木要搭盖遮阳网、遮阳棚，以免阳光暴晒而迅速失水。此外，每天还要给予足量的浇水。

（三）风害防治

大风可能会使植株倾斜甚至倾倒，应及时在暴风来临前做好相应的措施，如给树体作支撑，可用竹杆从三个方向支撑。被大风吹倒的植株应及时扶正并作支撑。

（四）市政工程危害防治

1．土层深度变化

（1）填方危害的防治　安装通气排水系统；环剥。

（2）挖方危害的防治　根系保鲜；施肥；合理修剪；尽量避开根区开挖，或从主根下通过。

2．地面铺装

地面铺装的危害包括：有碍水气交换；改变了下垫面的性质；造成干基环割。

防治方法：选择适应性强的树种；选择通透性强的铺装材料；改进铺装技术；设置通气、透水系统，避免整体浇筑。

实训任务单

子任务名称	子任务1 大王椰子的种植		学时	4
一、训练目标、要求 1．了解大王椰子的生物学习性、种植成活的基本原理。 2．熟悉大王椰子定植前的定点、放线。 3．掌握挖穴、换土、栽植、淋定根水、栽植修剪、支撑的相关要求。				
二、训练重点及难点 1．重点：栽植地选择。 2．难点：栽植深度的把握。				
三、训练用具、材料准备 1．苗木。 2．铁铲、锄头、剪刀、水桶、锯等工具、用具。 3．杀菌剂、生根剂。 4．塘泥、黄土、泥炭土等基质。 5．竹棍、水泥杆等支撑物。				
四、作业和思考题 1．大王椰子种植需要注意什么？ 2．如何提高大王椰子的种植成活率？				
五、训练内容与方法				

训练内容	训练方法	参考时间
下达种植任务，查阅相关技术和气象资料	以公司为单位查阅文献资料	课外
确定种植方案	通过讨论，确定种植方案	20分钟
领取工具、器具、材料	由工区负责人领取工具、器具、材料	5分钟
定点、放线	教师示范并指导学生实际操作	20分钟
挖穴、换土	教师示范并指导学生实际操作	35分钟
种植	教师示范并指导学生实际操作	40分钟
修剪、支撑、淋定根水	教师示范并指导学生实际操作	30分钟
生产小结、评比	现场提问、引导	30分钟

六、考核标准

考核要点	观测点	评定采分	得分
查阅资料、确定方案	信息获取能力	5	
	民主决策能力	5	
定点、放线	熟练使用仪器、工具	10	
	正确标记	5	
挖穴、换土	挖穴符合规格要求	10	
	营养土混配比例正确、混配均匀	15	
种植	深度适合	10	
	朝向正确、直立	5	
	土球完整、根系损伤少	10	
植后养护	修剪适度	10	
	支撑牢固、正确	5	
	淋定根水充足	5	
态度	积极主动	5	
合计		100	

七、课后小结
1．大王椰子种植成活的原理。
2．大王椰子种植的关键环节。

子任务名称	子任务2 大王椰子的土、肥、水管理		学时	6

一、训练目标、要求
1. 了解大王椰子的生长发育特点、种植地的土壤特性。
2. 熟悉大王椰子不同生长发育阶段对养分和水分的需求规律。
3. 掌握科学的松土方法、施肥方法、肥料用量、配方施肥以及浇水的方法。

二、训练重点及难点
1. 重点：施肥、水分管理。
2. 难点：配方施肥。

三、训练用具、材料准备
1. 氮、磷、钾及微量元素肥料。
2. 铁铲、锄头、水桶等工具、用具。

四、作业和思考题
1. 大王椰子的施肥方法？
2. 大王椰子如何进行配方施肥？

五、训练内容与方法

训练内容	训练方法	参考时间
下达施肥任务，查阅相关技术和气象资料	以公司为单位查阅文献资料	课外
确定施肥方案	通过讨论，确定施肥方案	20分钟
领取工具、器具、材料	由工区负责人领取工具、器具、材料	5分钟
松土、挖施肥沟	教师示范并指导学生实际操作	30分钟
施肥	教师示范并指导学生实际操作	95分钟
浇水	教师示范并指导学生实际操作	60分钟
覆土	教师示范并指导学生实际操作	30分钟
生产小结、评比	现场提问、引导	30分钟

六、考核标准

考核要点	观测点	评定采分	得分
查阅资料、确定方案	信息获取能力	5	
	民主决策能力	5	
松土、挖施肥沟	松土的深度适合	10	
	施肥沟与植株根系的距离适合	10	
施肥	施肥量的把握	10	
	准确判断缺素症状	15	
	配方施肥混配比例正确、混配均匀	10	
	施肥时机的把握	5	
	施肥间隔期的把握	5	
	根外追肥	5	
浇水	树体淋水量的把握	10	
	浇水间隔期的把握	5	
态度	积极主动	5	
合　计		100	

七、课后小结
1. 大王椰子需肥和需水的规律。
2. 大王椰子的配方施肥。
3. 大王椰子松土、施肥和浇水的关键环节。

子任务名称	子任务3 大王椰子的病虫害防治	学时	4

一、训练目标、要求

1．了解大王椰子常见病虫害的发生规律。
2．熟悉和识别大王椰子常见病虫害的症状及高峰期。
3．掌握大王椰子常见病虫害的防治方法。

二、训练重点及难点

1．重点：病虫害的防治。
2．难点：病虫害的识别。

三、训练用具、材料准备

1．农药。
2．石灰、刷子、水桶。
3．喷雾器、铁铲、锄头等工具、用具。

四、作业和思考题

1．大王椰子常见的病虫害有哪些？
2．如何进行大王椰子病虫害的综合防治？

五、训练内容与方法

训练内容	训练方法	参考时间
下达病虫害防治任务，查阅相关技术和气象资料	以公司为单位查阅文献资料	课外
确定病虫害防治方案	通过讨论，确定病虫害防治方案	20分钟
领取工具、器具、材料	由工区负责人领取工具、器具、材料	5分钟
除草	教师示范并指导学生实际操作	20分钟
配药	教师示范并指导学生实际操作	20分钟
喷药	教师示范并指导学生实际操作	50分钟
树干涂白	教师示范并指导学生实际操作	35分钟
生产小结、评比	现场提问、引导	30分钟

六、考核标准

考核要点	观测点	评定采分	得 分
症状诊断	症状诊断能力	15	
查阅资料、确定防治方案	信息获取能力	5	
	民主决策能力	5	
	防治方案的科学性	15	
配药	用药种类的把握	10	
	农药与水混配比例正确、混配均匀	10	
喷药	喷药是否均匀周到	10	
综合防治	物理、生物等防治方法的掌握	15	
除草	杂草识别	5	
	除草方法	5	
态度	积极主动	5	
合 计		100	

七、课后小结

1．大王椰子常见的病虫害。
2．大王椰子病虫害防治的关键环节。

子任务名称	子任务4 大王椰子的整形修剪	学时	4

一、训练目标、要求

1. 了解大王椰子的树形特点。

2. 熟悉园林景观树种的树形结构和整形修剪的常用方法。

3. 掌握大王椰子整形修剪的方法。

二、训练重点及难点

1. 重点：整形修剪。

2. 难点：整形修剪的方法。

三、训练用具、材料准备

高枝剪、折叠梯等工具、用具。

四、作业和思考题

大王椰子整形修剪的方法是什么？

五、训练内容与方法

训练内容	训练方法	参考时间
下达整形修剪任务，查阅相关技术和气象资料	以公司为单位查阅文献资料	课外
确定整形修剪方案	通过讨论，确定整形修剪方案	20分钟
领取工具、器具、材料	由工区负责人领取工具、器具、材料	5分钟
整形修剪	教师示范并指导学生实际操作	125分钟
生产小结、评比	现场提问、引导	30分钟

六、考核标准

考核要点	观 测 点	评定采分	得 分
查阅资料、确定方案	信息获取能力	5	
	民主决策能力	5	
整形修剪	整形是否美观	30	
	修剪适度	30	
	整形修剪时节的把握	20	
态度	积极主动	10	
合　　计		100	

七、课后小结

1. 大王椰子适宜的整形修剪季节。

2. 大王椰子整形修剪的关键环节。

子任务名称	子任务5 大王椰子的灾害防治	学时	2

一、训练目标、要求
1. 了解大王椰子常见的灼伤、冻害、寒害、风害、市政工程危害等症状。
2. 熟悉和识别大王椰子常见的灾害。
3. 掌握大王椰子灾害防治的方法。

二、训练重点及难点
1. 重点：灾害防治。
2. 难点：灾害防治的方法和最佳时机。

三、训练用具、材料准备
1. 叶面肥、喷雾器。
2. 石灰、刷子、水桶。
3. 枝剪、木棍、绳子等工具、用具。

四、作业和思考题
1. 如何防治大王椰子的低温危害？
2. 如何防治大王椰子的高温危害？
3. 如何防治大王椰子的风害？

五、训练内容与方法

训练内容	训练方法	参考时间
下达灾害防治任务，查阅相关技术和气象资料	以公司为单位查阅文献资料	课外
确定灾害防治方案	通过讨论，确定灾害防治方案	20分钟
领取工具、器具、材料	由工区负责人领取工具、器具、材料	5分钟
喷药复壮	教师示范并指导学生实际操作	10分钟
树干涂白（预防冻害、寒害）	教师示范并指导学生实际操作	10分钟
修剪	教师示范并指导学生实际操作	15分钟
支撑（风害）	教师示范并指导学生实际操作	10分钟
生产小结、评比	现场提问、引导	20分钟

六、考核标准

考核要点	观测点	评定采分	得 分
查阅资料、确定方案	信息获取能力	5	
	民主决策能力	5	
喷药复壮	药与水混配比例正确、混配均匀	10	
	喷药是否均匀	15	
树干涂白	涂白剂的配方合理	10	
	涂白是否均匀整齐，高度是否适合	10	
修剪	整形是否美观	10	
	修剪适度	15	
支撑	支撑牢固、正确	15	
态度	积极主动	5	
合 计		100	

七、课后小结
1. 大王椰子喷药复壮的关键环节。
2. 大王椰子树干涂白的关键环节。
3. 大王椰子各种灾害防治的关键环节。

任务2 白兰养护技术

相关知识

学名：*Michelia alba*
别名：白玉兰、白兰花、缅桂、芭兰、黄角兰
科属：木兰科含笑属

一、分布及园林用途

白兰原产于东南亚、印度尼西亚、爪哇等亚洲热带地区，在我国的广东、广西、云南、福建、台湾等地都有种植。白兰花洁白清香，夏秋间开放，花期长，叶色浓绿，是著名的庭园观赏树种，多作为行道树和庭院绿化树种。近年来，长江以北的广大地区广泛使用盆栽栽培白兰，特别是在向阳的窗台和阳台栽上一盆白兰花，5～9月花香不断，令人心旷神怡。

二、白兰生物学习性

（一）植物学特性

白兰为常绿乔木，高可达17m，枝广展，呈阔伞形树冠；树皮灰色；根为肉质根；枝繁叶茂，老枝茎干呈灰褐色，嫩枝茎干呈黄绿色，表皮有一层细微的茸毛；揉枝叶，有芳香。叶为长椭圆状披针形或短圆形，扁平光滑，富有光泽，叶薄革质，叶长10～15cm，先端渐尖，基部为楔形，叶柄长1.5cm以上，托叶痕长约0.5cm，边缘呈现三波状。白兰花白色，极香；花朵单生于新枝叶腋间，4～9月陆续开放，具有甜润的浓香，花蕾有绿色带毛的苞一枚，花瓣6～10枚，披针形，长约3～4cm，属两性花。白兰开花多，花期长，但通常不结实。

（二）生长发育对环境条件的要求

白兰喜阳光充足、暖热多湿的气候，不耐寒冷，忌霜冻。华南地区南部可露地栽培，华南北部、华中等广大地区只宜盆栽，在室内越冬。喜肥沃富腐殖质且排水良好的酸性砂质壤土，在粘重土中生长较差，在干旱贫瘠地生长极差。根肉质，怕积水，短期积水即可致整株死亡。

（三）生长发育周期

白兰在5～8月份为生长旺盛期，花期为4～9月，但通常不结果。

养护管理操作技能

一、种植

选择避风向阳、土壤肥沃疏松、土层深厚、排水良好、呈微酸性的地块，于夏、秋季定植。种植前先挖 1m×0.6m×0.8m 的坑。挖好坑后暴晒 15~30 天再回填土，回填时先将土里的绿肥或杂草铲入坑内，每坑施腐熟农家肥料 20~30kg、普钙 1~1.5kg、石灰粉 0.5kg，与表土混合拌匀后回填于坑内。种植后适当浇水，使土壤与根部密接，并在植株旁立支柱，以防风吹摇苗木，提高成活率。

白兰刚定植成活时每天浇水 1 次，成活后如遇干旱天气，适当浇水促进生长发育。

二、土、肥、水管理

白兰既不耐旱、不耐湿，也不耐寒冷，喜欢温暖的阳光照射，适宜在空气湿润的环境中生长。白兰适宜在疏松肥沃、排水良好、pH 值为 5.6~6.0 的砂质土壤中生长。

白兰喜肥，春季追肥每 10 天施一次，发芽前可加大施肥浓度，发芽后应逐渐降低。春季育蕾含苞期加大浓度。如植株生长势旺盛，叶片油绿光亮即说明施肥合理。如果顶部叶片常绿，部分叶片皱缩不舒展，说明施肥已过量，要立即停止施肥。一般情况下，施肥的第二天还要浇一次水以降低土壤溶液浓度，这对植株吸收更为有利。入冬后应停止施肥，抑制嫩芽抽生，使当年的新枝进一步木质化，以利植株越冬。

白兰的根是肉质根，所以浇水非常关键，水多了会烂根，水少了肉质根会干缩。对于盆栽白兰，随着春季气温的回升，生理活动加强，新芽开始萌动，这时要松土浇水，保持土壤的湿润。白兰在夏季长势旺盛，更应该浇足水，视其土壤，表面发白时就要浇水。观察植株的长势，如叶片发红，说明根部有积水，就要松土加强通风，使土壤中的水尽快蒸发；如果叶片皱缩不展或萎蔫，说明土壤水分过少，要及时浇水。

三、病虫害防治

（一）病害防治

1. 炭疽病

白兰炭疽病主要发生在叶上，初期表现为褪绿，出现黄色小斑点，后逐渐扩大成圆形或椭圆形，几个病斑合并成不规则斑，中央淡褐色，边缘暗褐色。病斑发生于叶缘时为半圆形，使叶有些扭曲。病害严重时叶片整片枯焦，发黑脱落。该病属真菌病害，病菌在寄主病组织中越冬。盆栽浇水过多、湿度过大易发炭疽病。一般于六月初开始发病，七至八月为盛发期。

防治方法：改进浇水方式，让水从盆沿注入，不可浇水太多；结合修剪，剪除病叶病梢，清除落叶并销毁，以减少病源；在春雨和梅雨季节，每隔 10~15 天喷等量式 100~200 倍波尔多液，或 65%代森锌 500~800 倍液，或 70%甲基托布津 1000 倍液，连喷 3~4 次，每次用不同的药，以抑制病害的发生。

2. 根腐病

白兰根腐病属真菌性病害。白兰浇水过多或遭受涝害，均易引起根系变黑腐烂，轻者生长不良，叶片萎黄脱落，重者整株死亡。

防治方法：努力改善土壤的排水条件是防病的重要措施。浇水要见干见湿，浇就浇透，并注意松土；植株生长期染病，可用65%代森锌250倍液，50%代森铵250倍液，或50%多菌灵500倍液等化学药剂浇灌根部土壤。

3. 黄化病

黄化病又名缺绿病，属生理性病害。症状是叶片由碧绿逐渐变成黄白色，严重时会使叶片局部坏死呈褐色。

防治方法：发病后，立即向叶面上喷射0.5%的硫酸亚铁溶液，每周喷一次，连续喷3~4次，同时施用矾肥水。

（二）虫害防治

白兰常遭受介壳虫和红蜘蛛危害。遭受虫害后的症状为植株叶子发黄，严重时纷纷脱落，影响生长发育。

防治方法：平时要经常检查叶子的背面，发现少量介壳虫可人工捕捉，或用杀扑磷1000~1200倍液喷杀，或蚧星1200~2000倍液喷杀。发现红蜘蛛时，可用杀螨剂防治，或用吡虫啉2000~2500倍液喷杀，均可收到良好的防治效果。蚜虫发生在春夏之间，5~6月发生最为严重，主要危害春夏新梢，可用吡虫啉2000~2500倍液喷杀。

四、整形修剪

白兰萌发力强，每年春季要适当地剪除长枝，对于病虫枝、过弱枝以及内膛枝要彻底剪除，要最大限度地减少植株的营养消耗。白兰一年抽发三次新梢，在新梢的叶腋内单生一朵花蕾；新枝停止生长，花芽就停止分化。因此，春梢长出5~6片叶后必须摘心，以集中养分，促进萌发新枝。

五、灾害防治

（一）低温危害防治

防寒防冻可采用茎干包裹法和薰烟法。茎干包裹法用稻草、草绳等包裹茎干，以保护生长点；薰烟法以稻草、枝条等积聚成堆再覆土，然后将草堆点燃，要火小烟大，才能取得较好的效果。如遇霜雪天气，早晨要及时用清水将附着在植物上的霜雪冲洗干净。

（二）高温危害防治

强光会使白兰失水过多导致叶片枯萎甚至死亡，尤其是新移植的苗木要搭盖遮阳网、遮阳棚，以免阳光暴晒而迅速失水。此外，还要给树冠喷布足量的水。

（三）风害防治

大风可能会使植株倾斜甚至倾倒，应及时在暴风来临前做好相应的措施，如给树体作支撑，可用竹杆从三个方向支撑。被大风吹倒的植株应及时扶正并作支撑。

（四）市政工程危害防治

1. 土层深度变化

（1）填方危害的防治　安装通气排水系统；环剥。

（2）挖方危害的防治　根系保鲜；施肥；合理修剪；尽量避开根区开挖，或从主根下通过。

2. 地面铺装

地面铺装的危害包括：有碍水气交换；改变了下垫面的性质；造成干基环割。

防治方法：选择适应性强的树种；选择通透性强的铺装材料；改进铺装技术；设置通气、透水系统，避免整体浇筑。

六、花期控制

通过修剪或蟠扎，构成新的树冠形式，使树冠内膛通风透光，长势旺盛，促进提早开花。另外，合理控制水肥，也可以达到控制花期的目的。在营养生长后期追施磷、钾肥也可促进提早开花。

实训任务单

子任务名称	子任务1 白兰的种植	学时	4

一、训练目标、要求
1. 了解白兰的生物学习性、种植成活的基本原理。
2. 熟悉白兰定植前的定点、放线。
3. 掌握白兰挖穴、换土、栽植、淋定根水、栽植修剪、支撑的相关要求。

二、训练重点及难点
1. 重点：栽植地的选择。
2. 难点：栽植深度的把握。

三、训练用具、材料准备
1. 苗木。
2. 铁铲、锄头、剪刀、水桶、锯等工具、用具。
3. 杀菌剂、生根剂。
4. 塘泥、黄土、泥炭土等基质。
5. 竹棍、水泥杆等支撑物。

四、作业和思考题
1. 白兰种植需要注意什么？
2. 如何提高白兰的种植成活率？

五、训练内容与方法

训练内容	训练方法	参考时间
下达种植任务，查阅相关技术和气象资料	以公司为单位查阅文献资料	课外
确定种植方案	通过讨论，确定种植方案	20分钟
领取工具、器具、材料	由工区负责人领取工具、器具、材料	5分钟
定点、放线	教师示范并指导学生实际操作	20分钟
挖穴、换土	教师示范并指导学生实际操作	35分钟
种植	教师示范并指导学生实际操作	40分钟
修剪、支撑、淋定根水	教师示范并指导学生实际操作	30分钟
生产小结、评比	现场提问、引导	30分钟

六、考核标准

考核要点	观测点	评定采分	得分
查阅资料、确定方案	信息获取能力	5	
	民主决策能力	5	
定点、放线	熟练使用仪器、工具	10	
	正确标记	5	
挖穴、换土	挖穴符合规格要求	10	
	营养土混配比例正确、混配均匀	15	
种植	深度适合	10	
	朝向正确、直立	5	
	土球完整、根系损伤少	10	
植后养护	修剪适度	10	
	支撑牢固、正确	5	
	淋定根水充足	5	
态度	积极主动	5	
合计		100	

七、课后小结
1. 白兰种植成活的原理。
2. 白兰种植的关键环节。

子任务名称	子任务2 白兰的土、肥、水管理	学时	5

一、训练目标、要求
1．了解白兰的生长发育特点、种植地的土壤特性。
2．熟悉白兰生长周期对养分和水分的需求规律。
3．掌握白兰科学的松土方法、施肥方法、肥料用量、配方施肥以及浇水的方法。

二、训练重点及难点
1．重点：施肥、浇水。
2．难点：配方施肥、判断是否缺水。

三、训练用具、材料准备
1．氮、磷、钾及微量元素肥料。
2．铁铲、锄头、水桶等工具、用具。

四、作业和思考题
1．白兰如何进行水分管理？缺水的症状有哪些？
2．白兰的施肥方法？如何进行配方施肥？

五、训练内容与方法

训练内容	训练方法	参考时间
下达施肥任务，查阅相关技术和气象资料	以公司为单位查阅文献资料	课外
确定施肥方案	通过讨论，确定施肥方案	20分钟
领取工具、器具、材料	由工区负责人领取工具、器具、材料	5分钟
松土、挖施肥沟	教师示范并指导学生实际操作	30分钟
施肥	教师示范并指导学生实际操作	65分钟
浇水	教师示范并指导学生实际操作	45分钟
覆土	教师示范并指导学生实际操作	30分钟
生产小结、评比	现场提问、引导	30分钟

六、考核标准

考核要点	观测点	评定采分	得 分
查阅资料、确定方案	信息获取能力	5	
	民主决策能力	5	
松土、挖施肥沟	松土的深度适合	10	
	施肥沟与植株根系的距离适合	10	
施肥	施肥量的把握	10	
	准确判断缺素症状	15	
	配方施肥混配比例正确、混配均匀	10	
	施肥时机的把握	5	
	施肥间隔期的把握	5	
	根外追肥	5	
浇水	树体淋水量的把握	10	
	浇水间隔期的把握	5	
态度	积极主动	5	
合 计		100	

七、课后小结
1．白兰需肥和需水的规律。
2．白兰配方施肥的原理。
3．白兰松土、施肥和浇水的关键环节。

子任务名称	子任务3 白兰的病虫害防治	学时	4

一、训练目标、要求

1．了解白兰常见病虫害的发生规律。
2．熟悉和识别白兰常见病虫害的症状及高峰期。
3．掌握白兰常见病虫害的防治方法。

二、训练重点及难点

1．重点：病虫害的防治。
2．难点：病虫害的识别。

三、训练用具、材料准备

1．农药。
2．石灰、刷子、水桶。
3．喷雾器、铁铲、锄头等工具、用具。

四、作业和思考题

1．白兰常见的病虫害有哪些？
2．如何进行白兰病虫害的综合防治？

五、训练内容与方法

训练内容	训练方法	参考时间
下达病虫害防治任务，查阅相关技术和气象资料	以公司为单位查阅文献资料	课外
确定病虫害防治方案	通过讨论，确定病虫害防治方案	20分钟
领取工具、器具、材料	由工区负责人领取工具、器具、材料	5分钟
除草	教师示范并指导学生实际操作	20分钟
配药	教师示范并指导学生实际操作	20分钟
喷药	教师示范并指导学生实际操作	50分钟
树干涂白	教师示范并指导学生实际操作	35分钟
生产小结、评比	现场提问、引导	30分钟

六、考核标准

考核要点	观测点	评定采分	得分
症状诊断	症状诊断能力	15	
查阅资料、确定防治方案	信息获取能力	5	
	民主决策能力	5	
	防治方案的科学性	15	
配药	用药种类的把握	10	
	农药与水混配比例正确、混配均匀	10	
喷药	喷药是否均匀周到	10	
综合防治	物理、生物等防治方法的掌握	15	
除草	杂草识别	5	
	除草方法	5	
态度	积极主动	5	
合计		100	

七、课后小结

1．白兰常见的病虫害。
2．白兰病虫害防治的关键环节。

子任务名称	子任务4 白兰的整形修剪	学时	3

一、训练目标、要求

1. 了解白兰的树形特点。

2. 熟悉园林景观树种的树形结构和整形修剪的常用方法。

3. 掌握白兰整形修剪的方法。

二、训练重点及难点

1. 重点：整形修剪。

2. 难点：整形修剪的方法。

三、训练用具、材料准备

高枝剪、修枝剪、折叠梯等工具、用具。

四、作业和思考题

1. 白兰整形修剪的方法有哪些？

2. 白兰修剪的最佳季节是何时？

五、训练内容与方法

训练内容	训练方法	参考时间
下达整形修剪任务，查阅相关技术和气象资料	以公司为单位查阅文献资料	课外
确定整形修剪方案	通过讨论，确定整形修剪方案	20分钟
领取工具、器具、材料	由工区负责人领取工具、器具、材料	5分钟
整形修剪	教师示范并指导学生实际操作	80分钟
生产小结、评比	现场提问、引导	30分钟

六、考核标准

考核要点	观测点	评定采分	得分
查阅资料、确定方案	信息获取能力	5	
	民主决策能力	5	
整形修剪	整形是否美观	30	
	修剪适度	30	
	整形修剪时节的把握	20	
态度	积极主动	10	
合 计		100	

七、课后小结

1. 白兰适宜的整形修剪季节。

2. 白兰整形修剪的关键环节。

子任务名称	子任务5 白兰的灾害防治	学时	2

一、训练目标、要求
1. 了解白兰常见的灼伤、冻害、寒害、风害、市政工程危害等症状。
2. 熟悉和识别白兰常见的灾害。
3. 掌握白兰灾害防治的方法。

二、训练重点及难点
1. 重点：灾害防治。
2. 难点：灾害防治的方法和最佳时机。

三、训练用具、材料准备
1. 叶面肥、喷雾器。
2. 石灰、刷子、水桶。
3. 枝剪、木棍、绳子等工具、用具。

四、作业和思考题
1. 如何防治白兰的低温危害？
2. 如何防治白兰的高温危害？
3. 如何防治白兰的风害？

五、训练内容与方法

训练内容	训练方法	参考时间
下达灾害防治任务，查阅相关技术和气象资料	以公司为单位查阅文献资料	课外
确定灾害防治方案	通过讨论，确定灾害防治方案	20分钟
领取工具、器具、材料	由工区负责人领取工具、器具、材料	5分钟
喷药复壮	教师示范并指导学生实际操作	10分钟
树干涂白（预防冻害、寒害）	教师示范并指导学生实际操作	10分钟
修剪	教师示范并指导学生实际操作	15分钟
支撑（风害）	教师示范并指导学生实际操作	10分钟
生产小结、评比	现场提问、引导	20分钟

六、考核标准

考核要点	观测点	评定采分	得分
查阅资料、确定方案	信息获取能力	5	
	民主决策能力	5	
喷药复壮	药与水混配比例正确、混配均匀	10	
	喷药是否均匀	15	
树干涂白	涂白剂的配方合理	10	
	涂白是否均匀整齐，高度是否适合	10	
修剪	整形是否美观	10	
	修剪适度	15	
支撑	支撑牢固、正确	15	
态度	积极主动	5	
合 计		100	

七、课后小结
1. 白兰喷药复壮的关键环节。
2. 白兰树干涂白的关键环节。
3. 白兰各种灾害防治的关键环节。

子任务名称		子任务6 白兰的花期控制	学时	2
一、训练目标、要求 1．了解白兰的植物生理学特性。 2．熟悉白兰生长发育的特点。 3．掌握白兰控制花期的方法。				
二、训练重点及难点 1．重点：花期控制。 2．难点：花期控制的方法。				
三、训练用具、材料准备 1．氮、磷、钾及微量元素肥料。 2．铁铲、锄头、水桶、枝剪等工具、用具。				
四、作业和思考题 白兰的花期调控如何进行？				
五、训练内容与方法				

训练内容	训练方法	参考时间
下达花期控制任务，查阅相关技术和气象资料	以公司为单位查阅文献资料	课外
确定花期控制方案	通过讨论，确定花期控制方案	20分钟
领取工具、器具、材料	由工区负责人领取工具、器具、材料	5分钟
施肥	教师示范并指导学生实际操作	20分钟
浇水	教师示范并指导学生实际操作	10分钟
合理修剪	教师示范并指导学生实际操作	5分钟
生产小结、评比	现场提问、引导	30分钟

六、考核标准

考核要点	观测点	评定采分	得分
查阅资料、确定方案	信息获取能力	5	
	民主决策能力	5	
	花期控制方案的正确性	15	
水分调控	浇水时机的把握	10	
	浇水量的把握	5	
肥料调控	施肥量的把握	10	
	配方施肥混配比例正确、混配均匀	10	
	施肥时机的把握	10	
修剪调控	修剪季节的把握	10	
	修剪适度	15	
态度	积极主动	5	
合　计		100	

七、课后小结
1．白兰花期控制的原理。
2．白兰花期控制的关键环节。

任务3 小叶榕养护技术

相关知识

学名：*Ficus microcarpa*
别名：榕树、细叶榕、万年青
科属：桑科榕属

一、分布及园林用途

小叶榕原产于我国华南地区，印度、越南、缅甸、马来西亚、菲律宾等地也有分布。小叶榕树形强健，绿荫蔽天，为低维护性高级遮荫树、行道树、庭荫树、园景树、防火树、防风树。

二、小叶榕生物学习性

（一）植物学特性

小叶榕为常绿乔木，高达15～25m，冠幅广展；树皮深灰色；枝具下垂须状气生根；叶薄革质，椭圆形至倒卵形，长4～10cm，先端钝状，基部楔形，表面深绿色，干后深褐色，有光泽，全缘或浅波状，基生叶脉延长，羽状脉，侧脉5～6对，叶柄长5～10mm，无毛；托叶小，披针形，长约8mm。隐花果腋生，成熟时黄或微红色，近扁球形，直径6～8mm，无总梗，基生苞片3，广卵形，宿存；雄花、雌花、瘿花同生于一榕果内，花间有少许短刚毛；雄花无柄或具柄；雌花与瘿花相似，花被片3，广卵形，花柱近侧生，柱头短，棒形。瘦果卵圆形。

（二）生长发育对环境条件的要求

小叶榕喜阳，喜暖热多雨的气候，要求酸性土壤，生长适温为23～32℃，生长快，寿命长，为热带季雨林的代表树种，耐热，怕旱，耐湿，耐阴，抗污染，耐修剪。对风和烟尘有一定的抗性。

（三）生长发育周期

小叶榕果熟时呈淡红色，花果期为5～12月。

养护管理操作技能

一、种植

1. 种植时间

小叶榕一年四季均可种植,最佳栽植时期为冬末春初,一般于2～3月带土球栽植。

2. 植穴及栽植规格

植穴大小应根据苗木根系、土球直径和土壤情况而定,比土球大20～80cm。株行距应根据具体应用而定。道路绿化,株行距为5～6 m;庭园绿化及其他园林绿地绿化、山地绿化,可根据设计而定,一般株行距应在3～4 m以上。

3. 种植方法

种植前应先往植穴内垫些松土,然后将土球与穴壁间的空隙用土填满、捣实,栽植深度与原来深度一样。Ⅲ级以上苗木栽植时应搭好护架。

4. 抚育管理

小叶榕种植成活后要注意松土、施肥和浇水并严防摇动。小叶榕萌芽能力很强,当枝叶过密时应及时修剪,如任其生长不加破坏,数年即可成荫。如要养成乔木状,需常年进行修枝,把主干下方的侧枝及时修剪,以保证养分供应和主干通直,达到所需高度后,注意摘心整枝,培育树冠。

二、土、肥、水管理

小叶榕怕旱耐湿,所以养护过程中要有足够的水分。新栽1～2年内的树木,要做好复土工作,必要时盖土保墒。灌溉之前,应先松土,做好土围。夏季灌溉应在早、晚进行;冬季则在中午前后进行,每次浇透浇足。灌溉可结合施肥,以提高耐旱力。

小叶榕喜肥,但施肥次数过多对榕树的生长会造成伤害。根据季节的不同,施肥量也要有所不同。冬季最好少施肥或不施肥。休眠期施一次基肥,以保证下一年的营养。施肥时,肥料不能玷污枝叶,以免烧伤。施肥要从效果和环境卫生方面考虑,应采用沟施或穴施,沟(穴)应开在树冠的冠缘线下,深度视根的深度而定,一般为25cm,施肥不能与粗根接触,施后将沟(穴)填平。化肥要与有机肥交替使用。磷肥、尿素作根外喷施,根外喷施宜在清晨或黄昏时进行,以叶面泾润为度。

三、病虫害防治

小叶榕的根容易产生由各种细菌、真菌引起的根腐病或根瘤病,应注意适当喷药进行防治。

小叶榕主要的虫害有灰白蚕蛾、大腿榕管蓟马、榕卵痣木虱等,可以采取以下方法进行综合防治。

1. **重视检疫工作**

区间及省外调运、移植苗木时,应加强检疫,防止某些有害生物人为地被传入。

2. **加强养护管理,搞好预防工作**

1)人工摘除零星发生的虫瘿、被害梢、卵块等,局部施药防治虫源株。

2)冬春季清园,将杂草落叶收集烧毁;树干涂白,破坏越冬场所,降低翌年受虫害的几率和程度。

3)冬季不宜修剪,否则易造成冻害,可较早进行修剪,修剪以病虫枝为主,修剪枝再涂白保护;春季修剪宜在2~3月进行。

4)合理间植,阻止虫害扩散。常绿与落叶树种间植、寄主植物与非寄主植物间植,树木之间的间距以6~8m为宜。

3. **加强监测及防治**

监测虫情,确定药剂防治时期,采用多种施药方法。

每年4~9月,定时定点调查虫情并上报。制定统一的防治指标,根据调查、计算确定防治时期;参照虫害高峰期,结合气候条件确定防治时期,将虫害控制在高峰期以前。

对灰白蚕蛾的防治:①幼虫危害期用菊酯类农药喷杀,效果良好。②用含100亿/克菌量的杀螟杆菌1000倍液喷洒。

对大腿榕管蓟马的防治:①少数植株被危害时,可用手捏杀成虫和若虫,或用肥皂水冲洗。②在发生病虫害高峰前期,喷洒鱼藤精乳剂(含鱼藤酮2.5%)或40%乐果乳剂500~800倍液、80%敌敌畏乳油1000倍液、50%马拉硫磷乳剂1000倍液,防治效果良好。

对榕卵痣木虱的防治:若虫盛发期,喷洒80%敌敌畏乳油800倍液、40%氧化乐果1000倍液、40%速扑杀乳油600~800倍液或50%高效大功臣可湿性粉剂800~1000倍液。

四、整形修剪

小叶榕的分枝力强,所以对其进行定期的修剪很有必要。生长旺季要对植株进行抹芽,秋季进行一次大的修剪,此后不进行修剪,因为植株冬季生长较慢,不宜在冬季修剪。修枝应剪去徒长枝、并生枝、病弱枝、交叉枝等,使植株整体产生层次美。整形修剪要根据以下几方面进行:

1)小叶榕整形方式有多种,如塔形、圆柱形、圆球形、半球形、自然开心形等。

2)为平衡树势,使各主枝、侧枝均衡生长,应"强主枝强剪,弱主枝弱剪"与"强枝弱剪,弱枝强剪"相结合,枯死枝、病虫枝、徒长枝、并生枝和损生枝要及时剪去。老衰树木可以强度修剪恢复树势。

3)修剪方法:修剪时切口必须靠节,剪口应在剪口芽的反侧面,呈45°斜面,剪口要平滑,对过粗的枝条应分段截枝,防止撕裂树皮。修剪应从树冠上方至下方,由内向外进行。生长期萌发的不定芽,除应保留者外,都要在未木质化前清除,扰乱树形的根际萌蘖应及时清除。

五、灾害防治

小叶榕的灾害主要有风害、低温危害、市政工程危害等。

（一）风害防治

选用抗风树种，合理修剪，设立支撑或防风障，改善生存环境，及时扶正风吹倒的树木。

（二）低温危害防治

低温危害主要有冻害和寒害，可采用茎干包裹法防治。用稻草、草绳等包裹茎干，以保护生长点。如遇霜雪天气，早晨要及时用清水将附着在植物上的霜雪冲洗干净。

（三）市政工程危害防治

1．土层深度变化

（1）填方危害的防治　安装通气排水系统；环剥。

（2）挖方危害的防治　根系保鲜；施肥；合理修剪；尽量避开根区开挖，或从主根下通过。

2．地面铺装

地面铺装的危害包括：有碍水气交换；改变了下垫面的性质；造成干基环割。

防治方法：选择适应性强的树种；选择通透性强的铺装材料；改进铺装技术；设置通气、透水系统，避免整体浇筑。

实训任务单

子任务名称	子任务1 小叶榕的种植	学时	4

一、训练目标、要求
1. 了解小叶榕的生物学习性、种植成活的基本原理。
2. 熟悉小叶榕定植前的定点、放线。
3. 掌握挖穴、换土、栽植、淋定根水、栽植修剪、支撑的相关要求。

二、训练重点及难点
1. 重点：栽植修剪。
2. 难点：栽植地选择。

三、训练用具、材料准备
1. 苗木。
2. 铁铲、锄头、剪刀、水桶、锯等工具、用具。
3. 杀菌剂、生根剂。
4. 塘泥、黄土、泥炭土等基质。
5. 竹棍、水泥杆等支撑物。

四、作业和思考题
1. 小叶榕种植需要注意什么？
2. 如何提高小叶榕的种植成活率？

五、训练内容与方法

训 练 内 容	训 练 方 法	参 考 时 间
下达种植任务，查阅相关技术和气象资料	以公司为单位查阅文献资料	课外
确定种植方案	通过讨论，确定种植方案	20分钟
领取工具、器具、材料	由工区负责人领取工具、器具、材料	5分钟
定点、放线	教师示范并指导学生实际操作	20分钟
挖穴、换土	教师示范并指导学生实际操作	35分钟
种植	教师示范并指导学生实际操作	40分钟
修剪、支撑、淋定根水	教师示范并指导学生实际操作	30分钟
生产小结、评比	现场提问、引导	30分钟

六、考核标准

考 核 要 点	观 测 点	评定采分	得 分
查阅资料、确定方案	信息获取能力	5	
	民主决策能力	5	
定点、放线	熟练使用仪器、工具	10	
	正确标记	5	
挖穴、换土	挖穴符合规格要求	10	
	营养土混配比例正确、混配均匀	15	
种植	深度适合	10	
	朝向正确、直立	5	
	土球完整、根系损伤少	10	
植后养护	修剪适度	10	
	支撑牢固、正确	5	
	淋定根水充足	5	
态度	积极主动	5	
合 计		100	

七、课后小结
1. 小叶榕种植成活的原理。
2. 小叶榕种植的关键环节。
3. 小叶榕最适宜的种植季节。

子任务名称	子任务2 小叶榕的土、肥、水管理	学时	5

一、训练目标、要求
1．了解小叶榕的生长发育特点、种植地的土壤特性。
2．熟悉小叶榕不同生长阶段对养分和水分的需求规律。
3．掌握小叶榕科学的松土方法、施肥方法、肥料用量、配方施肥以及浇水的方法。

二、训练重点及难点
1．重点：施肥、水分管理。
2．难点：配方施肥。

三、训练用具、材料准备
1．氮、磷、钾及微量元素肥料。
2．铁铲、锄头、水桶等工具、用具。

四、作业和思考题
1．小叶榕的水分管理应注意什么？
2．小叶榕的施肥方法有哪些？如何进行配方施肥？

五、训练内容与方法

训练内容	训练方法	参考时间
下达施肥任务，查阅相关技术和气象资料	以公司为单位查阅文献资料	课外
确定施肥方案	通过讨论，确定施肥方案	20分钟
领取工具、器具、材料	由工区负责人领取工具、器具、材料	5分钟
松土、挖施肥沟	教师示范并指导学生实际操作	30分钟
施肥	教师示范并指导学生实际操作	65分钟
浇水	教师示范并指导学生实际操作	45分钟
覆土	教师示范并指导学生实际操作	30分钟
生产小结、评比	现场提问、引导	30分钟

六、考核标准

考核要点	观测点	评定采分	得分
查阅资料、确定方案	信息获取能力	5	
	民主决策能力	5	
松土、挖施肥沟	松土的深度适合	10	
	施肥沟与植株根系的距离适合	10	
施肥	施肥量的把握	10	
	准确判断缺素症状	15	
	配方施肥混配比例正确、混配均匀	10	
	施肥时机的把握	5	
	施肥间隔期的把握	5	
	根外追肥	5	
浇水	树体淋水量的把握	10	
	浇水间隔期的把握	5	
态度	积极主动	5	
合　　计		100	

七、课后小结
1．小叶榕需肥和需水的规律。
2．小叶榕配方施肥的原理。
3．小叶榕松土、施肥和浇水的关键环节。

子任务名称	子任务 3 小叶榕的病虫害防治	学时	4

一、训练目标、要求
1. 了解小叶榕常见病虫害的发生规律。
2. 熟悉和识别小叶榕常见病虫害的症状及高峰期。
3. 掌握小叶榕常见病虫害的防治方法。

二、训练重点及难点
1. 重点：病虫害的防治。
2. 难点：病虫害的识别。

三、训练用具、材料准备
1. 农药。
2. 石灰、刷子、水桶。
3. 喷雾器、铁铲、锄头等工具、用具。

四、作业和思考题
1. 小叶榕常见的病虫害有哪些？
2. 如何进行小叶榕病虫害的综合防治？

五、训练内容与方法

训练内容	训练方法	参考时间
下达病虫害防治任务，查阅相关技术和气象资料	以公司为单位查阅文献资料	课外
确定病虫害防治方案	通过讨论，确定病虫害防治方案	20分钟
领取工具、器具、材料	由工区负责人领取工具、器具、材料	5分钟
除草	教师示范并指导学生实际操作	20分钟
配药	教师示范并指导学生实际操作	20分钟
喷药	教师示范并指导学生实际操作	50分钟
树干涂白	教师示范并指导学生实际操作	35分钟
生产小结、评比	现场提问、引导	30分钟

六、考核标准

考核要点	观测点	评定采分	得分
症状诊断	症状诊断能力	15	
查阅资料、确定防治方案	信息获取能力	5	
	民主决策能力	5	
	防治方案的科学性	15	
配药	用药种类的把握	10	
	农药与水混配比例正确、混配均匀	10	
喷药	喷药是否均匀周到	10	
综合防治	物理、生物等防治方法的掌握	15	
除草	杂草识别	5	
	除草方法	5	
态度	积极主动	5	
合　计		100	

七、课后小结
1. 小叶榕常见的病虫害。
2. 小叶榕病虫害防治的关键环节。

子任务名称	子任务4 小叶榕的整形修剪	学时	5

一、训练目标、要求

1. 了解小叶榕树的形特点。
2. 熟悉园林景观树种的树形结构和整形修剪的常用方法。
3. 掌握小叶榕整形修剪的方法。

二、训练重点及难点

1. 重点：整形修剪。
2. 难点：整形修剪的方法。

三、训练用具、材料准备

高枝剪、折叠梯等工具、用具。

四、作业和思考题

1. 小叶榕整形修剪的方法有哪些？
2. 小叶榕修剪的最佳季节是何时？
3. 小叶榕常用的整形方式有哪些？

五、训练内容与方法

训练内容	训练方法	参考时间
下达整形修剪任务，查阅相关技术和气象资料	以公司为单位查阅文献资料	课外
确定整形修剪方案	通过讨论，确定整形修剪方案	20分钟
领取工具、器具、材料	由工区负责人领取工具、器具、材料	5分钟
整形修剪	教师示范并指导学生实际操作	170分钟
生产小结、评比	现场提问、引导	30分钟

六、考核标准

考核要点	观测点	评定采分	得 分
查阅资料、确定方案	信息获取能力	5	
	民主决策能力	5	
整形修剪	整形是否美观	30	
	修剪适度	15	
	修剪方法的掌握	15	
	整形修剪时节的把握	20	
态度	积极主动	10	
合　　计		100	

七、课后小结

1. 小叶榕适宜的整形修剪季节。
2. 小叶榕整形修剪的方式、方法及注意事项。

子任务名称	子任务5 小叶榕的灾害防治	学时	2

一、训练目标、要求
1. 了解小叶榕常见的灼伤、冻害、寒害、风害、市政工程危害等症状。
2. 熟悉和识别小叶榕常见的灾害。
3. 掌握小叶榕灾害防治的方法。

二、训练重点及难点
1. 重点:灾害防治。
2. 难点:灾害防治的方法和最佳时机。

三、训练用具、材料准备
1. 叶面肥、喷雾器。
2. 石灰、刷子、水桶。
3. 枝剪、木棍、绳子等工具、用具。

四、作业和思考题
1. 如何防治小叶榕的低温危害?
2. 如何防治小叶榕的高温危害?
3. 如何防治小叶榕的风害?

五、训练内容与方法

训练内容	训练方法	参考时间
下达灾害防治任务,查阅相关技术和气象资料	以公司为单位查阅文献资料	课外
确定灾害防治方案	通过讨论,确定灾害防治方案	20分钟
领取工具、器具、材料	由工区负责人领取工具、器具、材料	5分钟
喷药复壮	教师示范并指导学生实际操作	10分钟
树干涂白(预防冻害、寒害)	教师示范并指导学生实际操作	10分钟
修剪	教师示范并指导学生实际操作	15分钟
支撑(风害)	教师示范并指导学生实际操作	10分钟
生产小结、评比	现场提问、引导	20分钟

六、考核标准

考核要点	观测点	评定采分	得分
查阅资料、确定方案	信息获取能力	5	
	民主决策能力	5	
喷药复壮	药与水混配比例正确、混配均匀	10	
	喷药是否均匀	15	
树干涂白	涂白剂的配方是否合理	10	
	涂白是否均匀整齐,高度是否适合	10	
修剪	整形是否美观	10	
	修剪适度	15	
支撑	支撑牢固、正确	15	
态度	积极主动	5	
合　计		100	

七、课后小结
1. 小叶榕喷药复壮的关键环节。
2. 小叶榕树干涂白的关键环节。
3. 小叶榕各种灾害防治的关键环节。

相关文献链接

[1] 肖子. 白兰花盛花期的养护[J]. 甘肃林业，2008，5.

[2] 段丽芝. 白兰花绵蚜虫的防治[J]. 云南农业科技，2006，3.

[3] 冯援东，朱长虹. 白兰花的花后管养[J]. 花卉，2004，11.

[4] 袁冀，江苏. 白兰花期管理[J]. 花卉，1992，5.

[5] 林云甲，高秀真. 白兰花莳养技术探讨[J]. 农村实用科技信息，2007，8.

[6] 农瑞红，贾宏炎. 红棕象甲防治技术初探[J]. 林业实用技术，2008，10.

[7] 肖金胜. 中山市大王椰子的栽植和管理[J]. 广东园林，1998，1.

[8] 张敏，徐晔春. "园林植物之王"——王棕的移植[J]. 中国花卉园艺，2004，6.

[9] 陈斌艳. 小叶榕常见病虫的发生特点及防治方法[J]. 广西植保，2006，19（3）.

[10] 宁玲. 小叶榕榕管蓟马的发生及防治[J]. 热带农业科技，2005，28（4）.

[11] 段渝萍. 万州区小叶榕主要害虫的发生与防治策略[J]. 安徽农学通报，2007，13（9）.

[12] 陈彩贤，龙秋羽. 小叶榕主要害虫与天敌的发生情况及相关性分析[J]. 广西农学报，2007，22（6）.

[13] 雷艳梅，黎健春. 小叶榕蓟马的发生为害情况及防治[J]. 广西热带农业，2003，4.

习 题

一、填空题

1. 大王椰子的学名是_____，属于_____科_____属，比较适合_____的生长环境，其主要园林用途是_____。

2. 大王椰子常见的病害有_____、_____、_____、_____；常见的虫害有_____。

3. 白兰的学名是_____，别名有_____，属于_____科_____属，其主要园林用途是_____。

4. 白兰的花期是_____月。

5. 白兰常见的病害有_____、_____、_____；常见的虫害有_____、_____。

6. 小叶榕的学名是_____，别名有_____，属于_____科_____属，其主要园林用途是_____。

7. 小叶榕具有_____根，花果期_____月，果实成熟时_____色，果_____形。

8. 小叶榕常见的虫害有_____、_____、_____等。

9. 小叶榕整形修剪的方式有多种，如_____、_____、_____、_____、_____等。

二、判断题

1. 大王椰子直立、高大，树形美观，是一种很好的行道树种，可以引种到北方种植。（　　）
2. 大王椰子一年四季都可以开花。（　　）
3. 大王椰子施肥一般在春季到初夏，最好"少量多次"。（　　）
4. 白兰的根是肉质根，怕积水，耐贫瘠，在黏性土壤中也可以良好生长。（　　）
5. 白兰的种植地应选择避风向阳、土壤肥沃疏松、土层深厚、排水良好、呈微酸性的地块。（　　）
6. 白兰在营养生长后期追施磷、钾肥可促进提早开花。（　　）
7. 小叶榕喜阳，喜暖热多雨的气候，耐热，怕旱，耐湿，耐阴，耐修剪，是一种很好的抗污染树种。（　　）
8. 小叶榕一年四季均可种植，最佳栽植时期为冬末春初，一般于2~3月带土球栽植。（　　）
9. 小叶榕的施肥和喷药最好在中午进行。（　　）
10. 小叶榕冬季可以施大量氮肥。（　　）

三、选择题

1. 大王椰子的根系是（　　），是（　　）树种，对水分反应极其灵敏。
   A. 须根系　　B. 直根系　　C. 浅根性　　D. 深根性
2. 白兰属于（　　）。
   A. 落叶乔木　　B. 常绿乔木　　C. 落叶灌木　　D. 常绿灌木
3. 白兰的花为（　　），极香。
   A. 鲜红色　　B. 黄色　　C. 白色　　D. 紫色
4. 小叶榕在（　　）的土壤中生长良好。
   A. 偏酸性　　B. 中性　　C. 偏碱性　　D. 碱性

四、简答题

1. 如何在寒潮来临前做好大王椰子的保护工作？
2. 大王椰子叶斑病的病症有哪些？如何做好防治工作？
3. 白兰养护应注意什么？用什么方法可以判断它是否需要浇水？
4. 如何防治白兰的黄化病？
5. 小叶榕遭受榕管蓟马危害的症状有哪些？应该如何防治？

学习情境 2

落叶乔木的养护

- 任务 1 大叶紫薇养护技术
- 任务 2 木棉养护技术
- 任务 3 黄槐养护技术

情境学习总览

学习情境 2	落叶乔木的养护		20 学时
简介		华南地区常见的落叶乔木有大叶紫薇、木棉、黄槐等。落叶乔木树体高大、落叶、适应性强、生长量大、需肥量大、树种品种多，季相变化比较明显，一般在群落的上层，多喜光，多为中日照植物，多喜温暖湿润气候	
学习目标	相关知识	1. 落叶乔木（大叶紫薇、木棉、黄槐）的分布及园林用途 2. 落叶乔木（大叶紫薇、木棉、黄槐）的生物学习性，包括植物学特性、生长发育对环境条件的要求 3. 种植技术 4. 土、肥、水管理技术 5. 整形修剪技术 6. 病虫害症状的识别与防治技术 7. 高温、低温、风害、市政工程危害等的防治技术 8. 花期控制技术	
	专业技能	1. 能够设计落叶乔木（大叶紫薇、木棉、黄槐）的养护方案 2. 能够根据落叶乔木（大叶紫薇、木棉、黄槐）的成活原理，选择适宜的栽植季节 3. 能够根据园林树木配置原理，掌握落叶乔木（大叶紫薇、木棉、黄槐）的栽植技术（施工前准备、施工原则、整地、苗木运输、确定栽植穴等技术） 4. 能够根据落叶乔木（大叶紫薇、木棉、黄槐）的长势，适时进行土、肥、水管理 5. 能够根据季节和天气的变化，选择适宜的时期采用适当的方法，对落叶乔木（大叶紫薇、木棉、黄槐）进行整形修剪 6. 能够描述病虫害的症状和及时诊断落叶乔木（大叶紫薇、木棉、黄槐）的病虫害，并进行综合防治 7. 能够对高温、低温、风害、市政工程危害等及时进行有效防治和及时复壮 8. 能够掌握落叶乔木（大叶紫薇、木棉、黄槐）的花期控制技术	
	职业素质	1. 解决实际问题的能力 2. 信息采集处理、资料整理、撰写技术报告的能力 3. 工作任务的分析、实施和监控的能力 4. 快速地掌握新知识、新技能的能力 5. 自主学习和创新的能力 6. 综合分析、决策的能力	
	拓展能力	1. 培养组织协调能力和良好的沟通能力 2. 培养团队协作、诚实守信的品格 3. 培养吃苦耐劳、爱岗敬业的精神 4. 培养积极主动的工作态度和扎实的实操能力	
教与学	教学方法	1. 讨论法 2. 角色扮演法 3. 实战训练法 4. 案例法 5. 现场教学法 6. 系统管护法 7. 会诊法	
	教学资源	课件、图片、教学情境设计方案与实施方案、任务书、工作记录单、考核单	
	对教师的专业理论技能要求	1. 具有高校教师资格，本科及以上学历，具有较强的专业技能 2. 掌握教学论与方法论，并根据教学论与方法论灵活设计学习情境 3. 能够指导学生查阅、收集资料及撰写技术报告 4. 能够识别常见的落叶乔木树种 5. 具有丰富的落叶乔木种植和养护的经验 6. 具有丰富的教学实践经验，能控制整个项目的进程 7. 能够及时准确地纠正学生的错误操作，并对学生的完成效果进行准确地评价 8. 能够指导学生对实施过程与结果进行总结和归纳	

（续）

教与学	对学习者的专业理论技能要求	1. 具有植物学、植物生理学的基本知识和技能 2. 具有环保、安全的相关知识 3. 具有基本的自学能力和创新能力 4. 具有一定的文献收集和整理能力 5. 具有一定的职业道德素质 6. 具有基本的土、肥、水管理知识和病虫害防治知识
考核与评价		1. 评价原则：评价范围的全面性、评价主题的多样性和评价方法的综合性相结合 2. 考核形式包括过程考核和结果考核：学生自评（20%）、学生互评（10%）、工区对个人的评价（20%）、工区间的互评（20%）、教师对个人的评价（30%） 3. 考核方法：笔试、操作、撰写报告等 4. 评价内容 1）专业技能评价：种植成活率，土、肥、水管理，整形修剪，病虫害症状的识别与防治，高温、低温、风害、市政工程危害等的防治技术，花期控制技术 2）知识和职业技能评价：信息收集、整理及撰写报告的能力，分析、处理问题的能力，创新能力，相关知识的掌握 3）态度评价：态度是否积极主动

学生工作任务单

学习情景2　落叶乔木的养护			
学习小组		指导教师	
工作任务描述： 　　根据实训基地生产需要，通过教师提供的参考书、教学课件、音像资料等，在教师的指导下完成落叶乔木（大叶紫薇、木棉、黄槐）的养护任务，最后取得良好的景观效果			
具体工作任务： 1. 获得相关资料与信息 1）熟悉落叶乔木（大叶紫薇、木棉、黄槐）的生物学习性 2）熟悉不同品种的植物学特性 3）熟悉生产设施、环境条件 4）熟悉种植的整个过程及质量要求（栽前准备工作，定点、放线，挖穴，栽植修剪，定植，栽后管理，清理场地等） 5）熟悉养护的整个过程及各阶段质量要求（土、肥、水管理，病虫害防治，整形修剪，灾害防治等） 6）了解新技术 2. 制定、讨论、修改养护方案 3. 根据养护方案，购买苗木、肥料、农药等农资 4. 实施养护方案 1）定点、放线，适时种植 2）根据树体长势，适时、适量地进行土、肥、水管理 3）及时防治病虫害 4）适时整形修剪 5）及时防治各种灾害（高温、低温、风害、市政工程危害等） 6）观察落叶乔木（大叶紫薇、木棉、黄槐）的生物学习性（植物学特性、生长发育对环境条件的要求） 5. 成果展示，并评定成绩 6. 讨论、总结、反思学习过程，撰写技术报告，各小组汇报学习体会，实现学习迁移 7. 提交养护业务档案、工作日记、小组工作总结、技术报告等，材料整理归档			
学习条件： 1. 多媒体教室 2. 植物栽培实训室 3. 园艺技术实训基地（含校园温室大棚） 4. 农机具、仪器设备、农业生产资料 5. 图片、课件、音像资料、教学录像、网络资源 6. 工作任务单、实施方案、工作日记、考核单等			

任务1　大叶紫薇养护技术

相关知识

学名：*Lagerstroemia speciosa*
别名：大花紫薇、百日红
科属：千屈菜科紫薇属

一、分布及园林用途

大叶紫薇早在20世纪70、80年代就已广泛用于行道树和庭园树种植，目前华南各大中小城镇普遍作为观花树种种植造景，是很好的庭院观赏树种。

二、大叶紫薇生物学习性

（一）植物学特性

1. 形态特征

大叶紫薇树高可达10m，树干、树枝多曲折，树冠广阔如伞，叶密集，庇荫效果极佳；晚春萌芽长新梢，嫩叶由赭色渐变为浅赭色至油绿色，叶大有光泽；新梢每年初夏开花，花期为5月中旬至7月，花序大，花朵多且密集，花色鲜艳；果期为10~11月，果圆，幼果绿色，成熟后黑色，干果不脱落；入冬后叶片由绿色渐变为褐色，冬末红叶脱落，裸枝越冬。

2. 观赏特点

大叶紫薇季相明显，观赏价值较高。春天，秃枝上长出簇簇嫩叶；盛夏，于紫薇婆娑树冠的庇荫之下，凉意宜人，片植的花海或行植的花带色彩艳丽，微风吹拂，千姿百态；秋日，挂满枝头的绿色圆果和片片红叶堪称秋色一景；冬末，观赏落叶后婀娜多姿的枝干令人心旷神怡。

3. 品种与开花关系

大叶紫薇的品种按花色分类，可分紫花和红花两大类。紫花和红花又可细分为淡紫色、紫色、深紫色和粉红色、红色、桃红色等。各色紫薇是其种间自然杂交的变种，其中以紫色和淡紫色紫薇分布较多，开花也多；又以深紫色和桃红色紫薇为最佳，花色悦目，受人青睐，但其树种分布少，单株花序花朵也少。

（二）生长发育对环境条件的要求

大叶紫薇属于阳性树种，喜光，稍耐阴；喜温暖气候，耐寒性不强；喜肥沃、湿润而排水良好的石灰性土壤，耐旱，怕涝。萌蘖性强，生长较慢，寿命长。在稀疏荫蔽下虽能生长，但不能正常开花。因此花枝和花序主要分布在树冠顶部和周边，下垂枝和冠内的半荫生枝因日照不足很少开花。

（三）生长发育周期

实生苗二龄幼树即进入开花生殖期。一年中枝条生长可分为春梢、夏梢和秋梢，春梢为大花期，夏梢仍可零星开花，当年春梢萌发至嫩叶片稳定后，约经 40 天即在梢末先端抽出花序，再经 20 多天花蕾发育膨大开花，当年主枝花序开花多。主枝顶端花序先开，随后侧生花枝往下顺延先后开放。当年未抽花序开花的春梢则营养枝延长生长，至第二次或第三次延长的夏梢或秋梢成熟时抽序开花，每朵小花可开放 10 天，一个花序可先后持续开放 35 天，一株树开花期可达 60 天，其中盛花期约 40 天。行植的路树或群植的树林全花期可达 100 天。花后如再修剪可促成当年 2 次开花，花期可延至深秋 11 月。

养护管理操作技能

一、种植

栽植时选择阳光充足的地方以及湿润、肥沃、排水良好的偏碱性土壤。移栽一般在 3～4 月初进行，清明时节最好，秋季也可以。移栽时应带土球，生长季节移栽要全部剪去当年生新枝嫩梢，以减少蒸腾消耗，栽植后保持土壤湿润，忌过分潮湿，以免烂根。

二、土、肥、水管理

（一）土壤管理

大叶紫薇喜湿润、肥沃、排水良好的偏碱性土壤。

（二）施肥管理

大叶紫薇定植前 7～10 天于植穴中预埋鸡粪等有机肥作基肥，以利其后的生长。幼株生长期间每月施用 1 次氮、磷、钾作追肥，成株后每年施有机肥或氮、磷、钾肥 2～3 次即可。充足的肥水可使翌年大叶紫薇抽枝旺、孕蕾多、开花好。

（三）水分管理

大叶紫薇在生长季节要求土壤湿润。春季萌芽前浇 1～2 遍透水，在生长期应经常保持土壤湿润，但不能有积水。

三、病虫害防治

（一）病害防治

大叶紫薇的主要病害有煤烟病和白粉病。

1. 煤烟病

煤烟病在每年3月至6月是危害大叶紫薇的高峰期，介壳虫、蚜虫、木虱等为该病的传播媒介，主要危害叶片。植株染病以后，叶片出现褐色霉斑，并很快形成黑色煤烟状物，引起生长不良和早期落叶，严重时植株枯萎。

防治方法：及时发现并消灭介壳虫等害虫，一旦发病可用500倍50%多菌灵或800倍70%代森锰锌配以2000倍20%灭扫利等高效、低毒的药物进行叶面喷洒。

2. 白粉病

白粉病发生时，主要侵害大叶紫薇的嫩叶、枝、花芽。病后枝叶表面密生一层白粉状物，叶片凹凸不平，花蕾不能开放，严重时叶片萎缩干枯，甚至整株枯死。

防治方法：应加强管理，创造有利的环境条件，使植株生长健壮，提高抗病能力。发病初期，发现病叶，及时摘除烧毁，减少传染源。在药物方面应采取一定的措施，如在植株发病之前，每隔7～10天喷洒1次100～200倍液波尔多液，防止病害的发生。

（二）虫害防治

大叶紫薇主要虫害为介壳虫、叶蜂和栗黄枯叶蛾。

1. 介壳虫

防治介壳虫，一是结合冬季修剪，剪去虫枝虫叶，集中销毁，平时用毛刷、竹片等清除虫卵与幼虫；二是用药物杀灭各类介壳虫。

2. 叶蜂

叶蜂属食叶害虫，它将植株叶片咬得残缺不全，影响花期。因此，应在每年春夏之交，密切注意叶蜂的动向，如果发现，应采用相应药物喷洒在植株嫩梢上对其进行诱杀或进行人工捕杀。

3. 栗黄枯叶蛾

栗黄枯叶蛾又名青枯叶蛾，属鳞翅目、枯叶蛾科。栗黄枯叶蛾以幼虫吃叶危害植株。此虫在广州每年可发生3～4代，最末一代在11月上旬出现。成虫飞翔能力较强，有趋光性。

防治方法：①用90%敌百虫或50%杀螟松乳剂1000～3000倍液喷雾，毒杀2～3龄幼虫，死亡率在96%以上，毒杀4～5龄幼虫，死亡率可达92%以上。②相对湿度较大时，可用白僵菌进行防治。

四、整形修剪

1. 修剪时间

（1）第一次休眠期修剪　大叶紫薇的落叶期较晚，宜在落叶后冬末初春的二三月份植株进入休眠期时修剪，最适宜时间是在春芽萌发前的 10~15 天前后，此时，修剪有利于集中树体营养促进春芽萌发长成健壮新梢——花枝。

（2）第二次生长期修剪　宜在抽花序后至开花前的初夏即 5 月中旬进行。

（3）第三次花后修剪　可选在末花期后的幼果期进行，修剪后能促使秋梢萌发，在当年有较长时间的生长，有利于多培育翌年开花健壮母枝，但是在末花期后过早修剪，会促使母枝新发秋梢二次开花。如果夏季不进行花后修剪，则可作秋季观果欣赏，待至果熟前再进行修剪。

2. 修剪强度

大叶紫薇耐修剪，萌芽力强。一年生至多年生枝条经不同强度的冬末初春修剪后，萌发的春梢都能在夏季开花。

修剪强度对开花母枝而言可分为轻剪、中剪和重剪。轻剪即从母枝长 2/3 处短截，剪去 1/3 的末梢，保留长母枝，剪后萌发的新梢花枝多，但花序较短；中剪即在母枝长 1/2 处短截剪去，留下中长母枝，萌发的新梢较健壮，花序也较大，花蕾多；重剪即剪去母枝长度的 2/3，留下短母枝，其萌发的新梢多能发育成健壮花枝，序大花多。

3. 修剪方法

（1）休眠期修剪　首先要注意整形修剪，即把那些伸出树冠的过长的枝条和乱枝剪去，保持树冠面整齐美观；其次，对上年花后已剪去残花果穗萌发的秋梢，其生长时间较长，芽眼饱满，应采用轻剪或中剪，长势强的可轻剪，长势弱的可中剪，促进母枝腋芽多分生健壮的侧枝发育成花枝。对上年花后未修剪而带果实越冬的结果母枝，因其营养积累少，应适当重剪，短截枝条的 2/3 至 1/2，保留基部芽眼较饱满的短母枝，以集中营养供应新梢发育成花枝。同时对那些往年生的过密枝、交叉枝和直立枝应从基部剪去。

（2）生长期修剪　修剪原则是轻剪疏剪，即把那些没有抽生花序的生长枝剪去顶梢 3、4 节，以抑制延长生长，促进花芽分化，长出新花枝；同时把那些长势差和密度大的花枝及错位交叉枝、阴生枝、直立枝、徒长枝等从基部剪去，以利通风透光，集中营养供应花枝发育开花。

（3）花后修剪　一般宜在花谢后至幼果期进行，按中度至强度修剪方法短截花枝，保障新长的秋梢于入冬前有较长的时间进行营养生长和营养累积。此次修剪不宜过早，如推迟至秋后果熟前修剪，还可作观果欣赏。对水肥管理较好的可进行秋季二次开花的修剪。在花枝长度的 1/3 至 1/2 处短截，促进母枝早萌发秋梢，秋末再次开花。

五、灾害防治

大叶紫薇常见的灾害有高温危害、低温危害、风害和市政工程危害。

（一）高温和低温危害防治

炎热的夏天要注意防止强光灼伤植株，防治的重点是浇水。每天下午3点过后和上午10点前进行淋水，不干不淋，淋水一定要淋透，不耐干旱的多淋水。

对于冷冬，在入冬前用稻草或草绳将大叶紫薇或新种树木的主干包起，卷干高度在1.5m或至分枝点处。

（二）风害防治

大风可将大叶紫薇吹倒，尤其是刚种植的植株。如发现植株被吹倒，应及时用竹竿或木棍和草绳将其固定。

（三）市政工程危害防治

1. 土层深度变化

（1）填方危害的防治　安装通气排水系统；环剥。

（2）挖方危害的防治　根系保鲜；施肥；合理修剪；尽量避开根区开挖，或从主根下通过。

2. 地面铺装

地面铺装的危害包括：有碍水气交换；改变了下垫面的性质；造成干基环割。

防治方法：选择适应性强的树种；选择通透性强的铺装材料；改进铺装技术；设置通气、透水系统，避免整体浇筑。

六、花期控制

1. 合理修剪

合理修剪能促进新梢萌发、生长健壮，花枝多，花序大；还可促成一年二次开花，延长花期。如修剪不当则会诱发大量无效分枝。果成熟前不及时修剪，黑色干果会悬挂枝头越冬，至翌年花期尚未完全脱落，这样既浪费大量营养，又极大地降低了观赏价值，而且影响下年的开花质量。大叶紫薇在冬季修剪，应把影响树冠的枝条剪除，留下的枝条约剪去树冠顶部1/3左右，可达到满树繁花的效果。

2. 利用夏剪延长花期

紫薇的花序着生在当年生新枝的顶端，健壮的枝条是花繁叶茂的前提和基础。紫薇开花后结籽容易，结实率高，利用夏剪及时剪去残花，可避免因结实而消耗大量的养分。第一批残花剪后，在第二批花开放之际，首批短截的花枝又开始抽枝孕蕾，如此轮番修剪，可使新枝、新花不断。紫薇的萌芽力很强，利用夏剪，及时疏去内膛的细弱枝、密生枝、徒长枝等，可以集中养分，促进开花。

实训任务单

子任务名称	子任务1 大叶紫薇的种植	学时	4

一、训练目标、要求
1. 了解大叶紫薇的生物学习性、种植成活的基本原理。
2. 熟悉大叶紫薇定植前的定点、放线。
3. 掌握挖穴、换土、栽植、淋定根水、栽植修剪、支撑的相关要求。

二、训练重点及难点
1. 重点：栽植地选择。
2. 难点：栽植修剪。

三、训练用具、材料准备
1. 苗木。
2. 铁铲、锄头、剪刀、水桶、锯等工具、用具。
3. 杀菌剂、生根剂。
4. 塘泥、黄土、泥炭土等基质。
5. 竹棍、水泥杆等支撑物。

四、作业和思考题
1. 大叶紫薇种植需要注意什么？种植地如何选择？
2. 如何提高大叶紫薇的种植成活率？

五、训练内容与方法

训 练 内 容	训 练 方 法	参 考 时 间
下达种植任务，查阅相关技术和气象资料	以公司为单位查阅文献资料	课外
确定种植方案	通过讨论，确定种植方案	20分钟
领取工具、器具、材料	由工区负责人领取工具、器具、材料	5分钟
定点、放线	教师示范并指导学生实际操作	20分钟
挖穴、换土	教师示范并指导学生实际操作	35分钟
种植	教师示范并指导学生实际操作	40分钟
修剪、支撑、淋定根水	教师示范并指导学生实际操作	30分钟
生产小结、评比	现场提问、引导	30分钟

六、考核标准

考 核 要 点	观 测 点	评 定 采 分	得 分
查阅资料、确定方案	信息获取能力	5	
	民主决策能力	5	
定点、放线	熟练使用仪器、工具	10	
	正确标记	5	
挖穴、换土	挖穴符合规格要求	10	
	营养土混配比例正确、混配均匀	15	
种植	深度适合	10	
	朝向正确、直立	5	
	土球完整、根系损伤少	10	
植后养护	修剪适度	10	
	支撑牢固、正确	5	
	淋定根水充足	5	
态度	积极主动	5	
合 计		100	

七、课后小结
1. 大叶紫薇种植成活的原理。
2. 大叶紫薇种植的关键环节。
3. 大叶紫薇种植地的选择。

子任务名称	子任务2 大叶紫薇的土、肥、水管理	学时	5

一、训练目标、要求
1. 了解大叶紫薇的生长发育特点、种植地的土壤特性。
2. 熟悉大叶紫薇生长周期对养分和水分的需求规律。
3. 掌握科学的松土方法、施肥方法、肥料用量、配方施肥以及浇水的方法。

二、训练重点及难点
1. 重点：施肥、水分管理。
2. 难点：配方施肥。

三、训练用具、材料准备
1. 氮、磷、钾及微量元素肥料。
2. 铁铲、锄头、水桶等工具、用具。

四、作业和思考题
1. 大叶紫薇的施肥方法有哪些？
2. 大叶紫薇如何进行配方施肥？
3. 如何判断大叶紫薇缺水？

五、训练内容与方法

训练内容	训练方法	参考时间
下达施肥任务，查阅相关技术和气象资料	以公司为单位查阅文献资料	课外
确定施肥方案	通过讨论，确定施肥方案	20分钟
领取工具、器具、材料	由工区负责人领取工具、器具、材料	5分钟
松土、挖施肥沟	教师示范并指导学生实际操作	30分钟
施肥	教师示范并指导学生实际操作	65分钟
浇水	教师示范并指导学生实际操作	45分钟
覆土	教师示范并指导学生实际操作	30分钟
生产小结、评比	现场提问、引导	30分钟

六、考核标准

考核要点	观测点	评定采分	得分
查阅资料、确定方案	信息获取能力	5	
	民主决策能力	5	
松土、挖施肥沟	松土的深度适合	10	
	施肥沟与植株根系的距离适合	10	
施肥	施肥量的把握	10	
	准确判断缺素症状	15	
	配方施肥混配比例正确、混配均匀	10	
	施肥时机的把握	5	
	施肥间隔期的把握	5	
	根外追肥	5	
浇水	树体淋水量的把握	10	
	浇水间隔期的把握	5	
态度	积极主动	5	
合计		100	

七、课后小结
1. 大叶紫薇需肥和需水的规律。
2. 大叶紫薇配方施肥的原理。
3. 大叶紫薇松土、施肥和浇水的关键环节。

子任务名称		子任务3 大叶紫薇的病虫害防治	学时	4
一、训练目标、要求 1. 了解大叶紫薇常见病虫害的发生规律。 2. 熟悉和识别大叶紫薇常见病虫害的症状及高峰期。 3. 掌握大叶紫薇常见病虫害的防治方法。				
二、训练重点及难点 1. 重点：病虫害的防治。 2. 难点：病虫害的识别。				
三、训练用具、材料准备 1. 农药。 2. 石灰、刷子、水桶。 3. 喷雾器、铁铲、锄头等工具、用具。				
四、作业和思考题 1. 大叶紫薇常见的病虫害有哪些？ 2. 如何进行大叶紫薇病虫害的综合防治？				
五、训练内容与方法				
训练内容		训练方法	参考时间	
下达病虫害防治任务，查阅相关技术和气象资料		以公司为单位查阅文献资料	课外	
确定病虫害防治方案		通过讨论，确定病虫害防治方案	20分钟	
领取工具、器具、材料		由工区负责人领取工具、器具、材料	5分钟	
除草		教师示范并指导学生实际操作	20分钟	
配药		教师示范并指导学生实际操作	20分钟	
喷药		教师示范并指导学生实际操作	50分钟	
树干涂白		教师示范并指导学生实际操作	35分钟	
生产小结、评比		现场提问、引导	30分钟	
六、考核标准				
考核要点	观 测 点		评定采分	得 分
症状诊断	症状诊断能力		15	
查阅资料、确定防治方案	信息获取能力		5	
	民主决策能力		5	
	防治方案的科学性		15	
配药	用药种类的把握		10	
	农药与水混配比例正确、混配均匀		10	
喷药	喷药是否均匀周到		10	
综合防治	物理、生物等防治方法的掌握		15	
除草	杂草识别		5	
	除草方法		5	
态度	积极主动		5	
合　　计			100	
七、课后小结 1. 大叶紫薇常见的病虫害。 2. 大叶紫薇病虫害防治的关键环节。				

子任务名称	子任务4 大叶紫薇的整形修剪	学时	3

一、训练目标、要求

1．了解大叶紫薇的树形特点。

2．熟悉园林景观树种的树形结构和整形修剪的常用方法。

3．掌握大叶紫薇整形修剪的方法。

二、训练重点及难点

1．重点：整形修剪。

2．难点：整形修剪的方法。

三、训练用具、材料准备

高枝剪、折叠梯等工具、用具。

四、作业和思考题

1．大叶紫薇整形修剪的方法有哪些？

2．大叶紫薇修剪的最佳季节是何时？

五、训练内容与方法

训练内容	训练方法	参考时间
下达整形修剪任务，查阅相关技术和气象资料	以公司为单位查阅文献资料	课外
确定整形修剪方案	通过讨论，确定整形修剪方案	20分钟
领取工具、器具、材料	由工区负责人领取工具、器具、材料	5分钟
整形修剪	教师示范并指导学生实际操作	80分钟
生产小结、评比	现场提问、引导	30分钟

六、考核标准

考核要点	观测点	评定采分	得 分
查阅资料、确定方案	信息获取能力	5	
	民主决策能力	5	
整形修剪	整形是否美观	30	
	修剪适度	30	
	整形修剪时节的把握	20	
态度	积极主动	10	
合　计		100	

七、课后小结

1．大叶紫薇适宜的整形修剪季节。

2．大叶紫薇整形修剪的关键环节。

子任务名称	子任务5　大叶紫薇的灾害防治	学时	2

一、训练目标、要求

1．了解大叶紫薇常见的灼伤、冻害、寒害、风害、市政工程危害等症状。
2．熟悉和识别大叶紫薇常见的灾害。
3．掌握大叶紫薇灾害的防治方法。

二、训练重点及难点

1．重点：灾害防治。
2．难点：灾害防治的方法和最佳时机。

三、训练用具、材料准备

1．叶面肥、喷雾器。
2．石灰、刷子、水桶。
3．枝剪、木棍、绳子等工具、用具。

四、作业和思考题

1．如何防治大叶紫薇的低温危害？
2．如何防治大叶紫薇的高温危害？
3．如何防治大叶紫薇的风害？

五、训练内容与方法

训练内容	训练方法	参考时间
下达灾害防治任务，查阅相关技术和气象资料	以公司为单位查阅文献资料	课外
确定灾害防治方案	通过讨论，确定灾害防治方案	20分钟
领取工具、器具、材料	由工区负责人领取工具、器具、材料	5分钟
喷药复壮	教师示范并指导学生实际操作	10分钟
树干涂白（预防冻害、寒害）	教师示范并指导学生实际操作	10分钟
修剪	教师示范并指导学生实际操作	15分钟
支撑（风害）	教师示范并指导学生实际操作	10分钟
生产小结、评比	现场提问、引导	20分钟

六、考核标准

考核要点	观测点	评定采分	得分
查阅资料、确定方案	信息获取能力	5	
	民主决策能力	5	
喷药复壮	药与水混配比例正确、混配均匀	10	
	喷药是否均匀	15	
树干涂白	涂白剂的配方合理	10	
	涂白是否均匀整齐，高度是否适合	10	
修剪	整形是否美观	10	
	修剪适度	15	
支撑	支撑牢固、正确	15	
态度	积极主动	5	
合　计		100	

七、课后小结

1．大叶紫薇喷药复壮的关键环节。
2．大叶紫薇树干涂白的关键环节。
3．大叶紫薇各种灾害防治的关键环节。

子任务名称	子任务6 大叶紫薇的花期控制	学时	2

一、训练目标、要求
1. 了解大叶紫薇的植物生理学特性。
2. 熟悉大叶紫薇的生长发育特点。
3. 掌握大叶紫薇控制花期的方法。

二、训练重点及难点
1. 重点：花期控制。
2. 难点：花期控制的方法。

三、训练用具、材料准备
1. 氮、磷、钾及微量元素肥料。
2. 铁铲、锄头、水桶、枝剪等工具、用具。

四、作业和思考
如何进行大叶紫薇的花期调控？

五、训练内容与方法

训练内容	训练方法	参考时间
下达花期控制任务，查阅相关技术和气象资料	以公司为单位查阅文献资料	课外
确定花期控制方案	通过讨论，确定花期控制方案	20分钟
领取工具、器具、材料	由工区负责人领取工具、器具、材料	5分钟
施肥	教师示范并指导学生实际操作	20分钟
浇水	教师示范并指导学生实际操作	10分钟
合理修剪	教师示范并指导学生实际操作	5分钟
生产小结、评比	现场提问、引导	30分钟

六、考核标准

考核要点	观测点	评定采分	得分
查阅资料、确定方案	信息获取能力	5	
	民主决策能力	5	
	花期控制方案的正确性	15	
水分调控	浇水时机的把握	10	
	浇水量的把握	5	
肥料调控	施肥量的把握	10	
	配方施肥混配比例正确、混配均匀	10	
	施肥时机的把握	10	
修剪调控	修剪季节的把握	10	
	修剪适度	15	
态度	积极主动	5	
合 计		100	

七、课后小结
1. 大叶紫薇花期控制的原理。
2. 大叶紫薇花期控制的关键环节。

任务 2　木棉养护技术

相关知识

学名：*Bombax malabaricum*
别名：红棉、英雄树、攀枝花、斑芝棉、斑芝树、攀枝
科属：木棉科木棉属

一、分布及园林用途

木棉的果实在成熟之后会自动裂开，释出带棉絮的种子，所以称为木棉。木棉的原产地为印度，马来西亚及澳大利亚也有分布；在我国种植于云南、四川、贵州、广西、江西、广东、福建、台湾等亚热带地区。木棉可作行道树或庭园树，也可嫁接矮化作盆栽，宜孤植、对植或丛植。木棉是华南干热地区重要的造林树种。

二、木棉生物学习性

（一）植物学特性

木棉为落叶大乔木，树形高大雄伟，高耸挺拔，树冠整齐壮丽，高可达 25m，树冠伞形，深根性，抗风，抗大气污染。大枝轮生呈水平伸展，树干具板根和粗短的圆锥状刺。掌状复叶，小叶 5~7 枚，长椭圆形，长 10~20cm；顶端渐尖，基部阔或渐狭，全缘，两面均无毛，羽状侧脉 15~17 对。叶脱落后才开花，花朵脱落后才抽新叶；花单生枝顶叶腋，花瓣肉质，倒卵状长圆形；两性花，花萼成杯状，长 3~4.5cm，常 5 浅裂；花瓣长 8~10cm；雄蕊多数，合生成短管，排成 3 轮，最外轮的集生为 5 束；子房 5 室。花冠呈钟形，红色或橙红色，单生，数朵聚生近枝端。蒴果大，长 10~15cm，长圆形，近木质，裂为 5 瓣，内有绵毛；裂开有白色软长毛托着黑色的种子；种子多数倒卵形，光滑。

（二）生长发育对环境条件的要求

木棉为阳性树种，喜光，喜温暖气候，耐旱；喜生于干热气候、石灰岩地带的平坦地及江河两岸的冲积土中；萌芽力强，生长迅速；抗寒力中等，能耐 0℃低温，在绝对低温-3℃时，幼苗和幼树枝梢受害枯死；在日光充足的地方开花良好，在强酸性红粘土上则生长不良；深根性，抗风，抗大气污染；树皮厚，耐火烧。

（三）生长发育周期

木棉速生，花期为 2~3 月，盛开期为 3~4 月，果实 5 月成熟。春季先花后叶，阳春三月，花红满树，蔚为壮观，夏季绿荫如盖，秋冬季落叶前叶子变黄。

养护管理操作技能

一、种植

木棉种植时宜疏不宜密,且不宜连片种植,一般作孤植或列植,株距 8m×10m 或更疏。定植宜挖大穴,放足基肥,于 2～3 月带土团定植,淋足定根水,前 3 年每年施肥 2～3 次,促进其生长。

1. 选地整地

选择向阳的、土层深厚肥沃的微酸性和中性土壤种植。

2. 种植方法

一年生的苗木高达 50cm 以上,秋后或次年春季出圃定植。因木棉植株高大,定植时可根据地形适当安排行株距。应事先挖好坑穴,捡出石块,施入有机肥料、钙、镁、磷肥和复合肥,并用多菌灵、石灰进行土壤消毒。每穴的直径和深度都不应少于 60cm,栽树时要对过长的须根进行修剪,保持苗根疏展,栽后及时浇水,封坨。选择阴雨天栽植易于成活。定植后当天全面浇灌 1 次定根水。

二、土、肥、水管理

1. 土壤管理

木棉对土壤肥力及光热要求较高,种植地宜选择阳光充足、排水良好、土层深厚肥沃的中性或稍偏碱性冲积土为好,在干旱瘠薄、土壤黏重的地方生长不良。

2. 施肥管理

根据木棉的生长节律,安排追肥。木棉有 2 个生长高峰期和 1 个缓长期。一般情况下第 1 次追肥在 4 月中旬,即在苗木抽梢之前,采用沟施法,即在苗根 30cm 处开一条沟,深度到苗木营养根系集中分布层,施 225kg/hm^2 氮肥;第 2 次追肥在 7 月中旬,施 300kg/hm^2 复合肥;第 3 次追肥在 9 月中旬进行,施 300kg/hm^2 钾肥,目的是提高苗木的越冬抗冻寒能力。

3. 水分管理

由于木棉耐干热怕水湿,所以排灌更关键,特别是在雨季一定要十分注意做好排水工作。旱季每月浇水 2～3 次,做到土壤保墒为准,一般在追肥时要同步实施浇水,以防根系灼伤。

三、病虫害防治

(一)病害防治

1. 木棉炭疽病

植株受害后,叶片多自叶尖、叶缘始现病斑。病斑近圆形、半圆形、椭圆形以至不定形,茶褐色至黑色，直径数毫米至 1cm 以上，斑边缘分界明显或不明显，外呈较宽阔的变黄色部，斑面有时现隐约可见的轮纹，其上还可见散生或轮生的小黑点（病菌分孢盘），病斑相互连合时叶片大部分变黑干枯，叶片易脱落。病菌以菌丝体和分孢盘在病叶上或遗落在土中的病残体上越冬，以分生孢子作为初侵与再侵接种体，借风雨传播，从寄主伤口、自然孔口侵入或直接侵入致病。病害自 4 月木棉抽叶时发生，以 7~9 月高温高湿季节时发病较重。发病的迟早、轻重同当年的台风和降雨情况密切相关。

防治方法：①冬春清除病、落叶集中烧毁，随即地面及植株喷药一次，可减轻发病。②于抽叶期和发病初期喷施 75%百菌清+70%甲基托布津可湿粉（1:1）800~1000 倍液，或 40%多硫胶悬剂 600 倍液，或 50%施保功可湿粉 1000 倍液，或 25%炭特灵可湿粉 500 倍液，或 60%多福可湿粉 600 倍液。视天气和病情连续交替喷施 3~4 次，隔 7~15 天喷一次。③合理施肥，注意氮、磷、钾肥搭配，促进植株生长健壮，提高抗病能力。

2．木棉斑点病

发病初期，叶片上出现褐色小点，后逐渐发展成圆形、近圆形或不规则的病斑，直径可达 20mm。病斑中部黄褐色至浅灰色，病斑边缘黑褐色。后期，部分病斑穿孔。发病严重时，可造成落叶。广州地区以 4 月下旬至 6 月下旬发病最重。

防治方法：①减少侵染来源，及时清除落叶，集中销毁。②加强栽培管理，适当疏植，以利于通风透光，创造不利于病害发生的环境。③药剂防治。发病初期，喷洒 1:1:100 波尔多液，或 50%苯来特可湿性粉剂 2000 倍液，或 65%代森锌可湿性粉剂 500 倍液，每隔 10~15 天喷 1 次，喷 2~3 次。

（二）虫害防治

1．木棉织蛾

防治方法：①除虫时可用 50%辛硫磷乳剂 1500 倍液或用 35%伏杀磷乳剂 2000 倍液喷雾。②在幼虫蛀入枝条髓心后，可用棉花沾 1:5 倍的敌敌畏液堵塞蛀口。

2．木棉小绿叶蝉

防治方法：①冬春清除杂草落叶，必要时地面喷药一次，以减少虫源。②抓住年发生高峰前及初龄若虫期，喷施 20%溴灭菊酯、40%菊马乳油 2000~3000 倍液，或 2.5%敌杀死、2.5%功夫乳油、50%抗蚜威乳油 3000 倍液，隔 7 天后再喷一次效果更佳。

四、整形修剪

木棉侧枝平展而发达，到夏末就基本郁闭了，所以为了增加透光度，控制枝条徒长，促进茎干增粗和增强越冬抗寒力，秋前把 1~1.2m 以下的侧枝、枯枝全部修剪掉，以促使木棉苗长得挺拔而粗壮。

五、灾害防治

（1）高温危害防治　合理修剪；改善生存环境。

（2）低温危害防治

1）加强抗寒栽培，促枝梢老熟（多施氮、钾肥，少施磷肥），浇冻水、培土、涂白、包草、搭风障，推迟萌芽；改善小气候。

2）对受害植株进行养护。合理修剪（修至正常部位，否则会继续坏掉）；合理施肥；加强病虫防治；伤口保护与修补。

（3）风害防治　合理修剪；改善生存环境，设立支柱或防风障；及时扶正被风吹倒的树木。

（4）市政工程危害防治

1）土层深度变化：①填方危害防治：安装通气排水系统；环剥。②挖方危害防治：根系保鲜；施肥；合理修剪；尽量避开根区开挖，或从主根下通过（主根起固定作用，断主根危害不大）。

2）地面铺装：选择适应性强的树种；选择通透性强的铺装材料；改进铺装技术；设置通气、透水系统，避免整体浇筑。

六、花期控制

1. 合理的水肥管理

木棉花在整个生长过程中需要较多的水分和养分。对于幼苗，在每年的落叶后期或春梢萌发前期，施一些迟效性肥料，能缓慢地将各种养分供给植株以保证生长的需要；对于性成熟的植株，在冬季或 5~6 月，施一些迟效性肥料，缓慢地供给植株氮、磷、钾等全元素养分，对木棉花来年开花挂果极为有利。

2. 适宜的温度和光照

木棉花最适宜的生长温度为 20~35℃，这样的温度对植株的生长发育、生理机能、现蕾开花均十分有利。此外，适宜的整形修剪、植物激素和植物生长调节剂的使用都可调节木棉花期。

实训任务单

子任务名称	子任务1 木棉的种植	学时	4

一、训练目标、要求
1. 了解木棉的生物学习性、种植成活的基本原理。
2. 熟悉木棉定植前的定点、放线。
3. 掌握挖穴、换土、栽植、淋定根水、栽植修剪、支撑的相关要求。

二、训练重点及难点
1. 重点：栽植修剪。
2. 难点：栽植深度的把握。

三、训练用具、材料准备
1. 苗木。
2. 铁铲、锄头、剪刀、水桶、锯等工具、用具。
3. 杀菌剂、生根剂。
4. 塘泥、黄土、泥炭土等基质。
5. 竹棍、水泥杆等支撑物。

四、作业和思考题
1. 木棉种植需要注意什么？种植地如何选择？
2. 如何提高木棉的种植成活率？

五、训练内容与方法

训练内容	训练方法	参考时间
下达种植任务，查阅相关技术和气象资料	以公司为单位查阅文献资料	课外
确定种植方案	通过讨论，确定种植方案	20分钟
领取工具、器具、材料	由工区负责人领取工具、器具、材料	5分钟
定点、放线	教师示范并指导学生实际操作	20分钟
挖穴、换土	教师示范并指导学生实际操作	35分钟
种植	教师示范并指导学生实际操作	40分钟
修剪、支撑、淋定根水	教师示范并指导学生实际操作	30分钟
生产小结、评比	现场提问、引导	30分钟

六、考核标准

考核要点	观测点	评定采分	得分
查阅资料、确定方案	信息获取能力	5	
	民主决策能力	5	
定点、放线	熟练使用仪器、工具	10	
	正确标记	5	
挖穴、换土	挖穴符合规格要求	10	
	营养土混配比例正确、混配均匀	15	
种植	深度适合	10	
	朝向正确、直立	5	
	土球完整、根系损伤少	10	
植后养护	修剪适度	10	
	支撑牢固、正确	5	
	淋定根水充足	5	
态度	积极主动	5	
合计		100	

七、课后小结
1. 木棉种植成活的原理。
2. 木棉种植的关键环节。
3. 木棉种植地的选择。

子任务名称	子任务 2　木棉的土、肥、水管理	学时	5

一、训练目标、要求

1. 了解木棉的生长发育特点、种植地的土壤特性。
2. 熟悉木棉生长周期对养分和水分的需求规律。
3. 掌握科学的松土方法、施肥方法、肥料用量、配方施肥以及浇水的方法。

二、训练重点及难点

1. 重点：施肥。
2. 难点：配方施肥。

三、训练用具、材料准备

1. 氮、磷、钾及微量元素肥料。
2. 铁铲、锄头、水桶等工具、用具。

四、作业和思考题

1. 木棉喜碱性土壤，对于强酸性土壤如何进行改良？
2. 木棉的施肥方法有哪些？如何进行配方施肥？

五、训练内容与方法

训练内容	训练方法	参考时间
下达施肥任务，查阅相关技术和气象资料	以公司为单位查阅文献资料	课外
确定施肥方案	通过讨论，确定施肥方案	20 分钟
领取工具、器具、材料	由工区负责人领取工具、器具、材料	5 分钟
松土、挖施肥沟	教师示范并指导学生实际操作	30 分钟
施肥	教师示范并指导学生实际操作	65 分钟
浇水	教师示范并指导学生实际操作	45 分钟
覆土	教师示范并指导学生实际操作	30 分钟
生产小结、评比	现场提问、引导	30 分钟

六、考核标准

考核要点	观 测 点	评定采分	得　分
查阅资料、确定方案	信息获取能力	5	
	民主决策能力	5	
松土、挖施肥沟	松土的深度适合	10	
	施肥沟与植株根系的距离适合	10	
施肥	施肥量的把握	10	
	准确判断缺素症状	15	
	配方施肥混配比例正确、混配均匀	10	
	施肥时机的把握	5	
	施肥间隔期的把握	5	
	根外追肥	5	
浇水	树体淋水量的把握	10	
	浇水间隔期的把握	5	
态度	积极主动	5	
合　　计		100	

七、课后小结

1. 木棉需肥和需水的规律。
2. 木棉配方施肥的原理。
3. 木棉土壤管理、施肥和浇水的关键环节。

子任务名称	子任务3 木棉的病虫害防治	学时	4

一、训练目标、要求
1. 了解木棉常见病虫害的发生规律。
2. 熟悉和识别木棉常见病虫害的症状及高峰期。
3. 掌握木棉常见病虫害的防治方法。

二、训练重点及难点
1. 重点：病虫害的防治。
2. 难点：病虫害的识别。

三、训练用具、材料准备
1. 农药。
2. 石灰、刷子、水桶。
3. 喷雾器、铁铲、锄头等工具、用具。

四、作业和思考题
1. 木棉常见的病虫害有哪些？
2. 如何进行木棉病虫害的综合防治？

五、训练内容与方法

训练内容	训练方法	参考时间
下达病虫害防治任务，查阅相关技术和气象资料	以公司为单位查阅文献资料	课外
确定病虫害防治方案	通过讨论，确定病虫害防治方案	20分钟
领取工具、器具、材料	由工区负责人领取工具、器具、材料	5分钟
除草	教师示范并指导学生实际操作	20分钟
配药	教师示范并指导学生实际操作	20分钟
喷药	教师示范并指导学生实际操作	50分钟
树干涂白	教师示范并指导学生实际操作	35分钟
生产小结、评比	现场提问、引导	30分钟

六、考核标准

考核要点	观测点	评定采分	得分
症状诊断	症状诊断能力	15	
查阅资料、确定防治方案	信息获取能力	5	
	民主决策能力	5	
	防治方案的科学性	15	
配药	用药种类的把握	10	
	农药与水混配比例正确、混配均匀	10	
喷药	喷药是否均匀周到	10	
综合防治	物理、生物等防治方法的掌握	15	
除草	杂草识别	5	
	除草方法	5	
态度	积极主动	5	
合计		100	

七、课后小结
1. 木棉常见的病虫害。
2. 木棉病虫害防治的关键环节。

子任务名称	子任务4　木棉的整形修剪	学时	3

一、训练目标、要求

1．了解木棉的树形特点。

2．熟悉园林景观树种的树形结构和整形修剪的常用方法。

3．掌握木棉整形修剪的方法。

二、训练重点及难点

1．重点：整形修剪。

2．难点：整形修剪的方法。

三、训练用具、材料准备

高枝剪、枝剪、折叠梯等工具、用具。

四、作业和思考题

1．木棉整形修剪的方法有哪些？

2．木棉修剪的最佳季节是何时？

3．木棉常用的整形修剪方式有哪些？

五、训练内容与方法

训练内容	训练方法	参考时间
下达整形修剪任务，查阅相关技术和气象资料	以公司为单位查阅文献资料	课外
确定整形修剪方案	通过讨论，确定整形修剪方案	20分钟
领取工具、器具、材料	由工区负责人领取工具、器具、材料	5分钟
整形修剪	教师示范并指导学生实际操作	80分钟
生产小结、评比	现场提问、引导	30分钟

六、考核标准

考核要点	观测点	评定采分	得分
查阅资料、确定方案	信息获取能力	5	
	民主决策能力	5	
整形修剪	整形是否美观	30	
	修剪适度	30	
	整形修剪时节的把握	20	
态度	积极主动	10	
合　计		100	

七、课后小结

1．木棉适宜的整形修剪季节。

2．木棉整形修剪的关键环节。

子任务名称		子任务5 木棉的灾害防治	学时	2
一、训练目标、要求 1. 了解常见的灼伤、冻害、寒害、风害、市政工程危害等症状。 2. 熟悉和识别常见的灾害。 3. 掌握灾害的防治方法。				
二、训练重点及难点 1. 重点：灾害防治。 2. 难点：灾害防治的方法和最佳时机。				
三、训练用具、材料准备 1. 叶面肥、喷雾器。 2. 石灰、刷子、水桶。 3. 枝剪、木棍、绳子等工具、用具。				
四、作业和思考题 1. 如何防治木棉的低温危害？ 2. 如何防治木棉的高温危害？ 3. 如何防治木棉的风害？				
五、训练内容与方法				

训练内容	训练方法	参考时间
下达灾害防治任务，查阅相关技术和气象资料	以公司为单位查阅文献资料	课外
确定灾害防治方案	通过讨论，确定灾害防治方案	20分钟
领取工具、器具、材料	由工区负责人领取工具、器具、材料	5分钟
喷药复壮	教师示范并指导学生实际操作	10分钟
树干涂白（预防冻害、寒害）	教师示范并指导学生实际操作	10分钟
修剪	教师示范并指导学生实际操作	15分钟
支撑（风害）	教师示范并指导学生实际操作	10分钟
生产小结、评比	现场提问、引导	20分钟

六、考核标准

考核要点	观测点	评定采分	得分
查阅资料、确定方案	信息获取能力	5	
	民主决策能力	5	
喷药复壮	药与水混配比例正确、混配均匀	10	
	喷药是否均匀	15	
树干涂白	涂白剂的配方合理	10	
	涂白是否均匀整齐，高度是否适合	10	
修剪	整形是否美观	10	
	修剪适度	15	
支撑	支撑牢固、正确	15	
态度	积极主动	5	
合计		100	

七、课后小结
1. 木棉喷药复壮的关键环节。
2. 木棉树干涂白的关键环节。
3. 木棉各种灾害防治的关键环节。

子任务名称	子任务6 木棉的花期控制	学时	2

一、训练目标、要求

1．了解木棉的植物生理学特性。
2．熟悉木棉的生长发育特点。
3．掌握木棉控制花期的方法。

二、训练重点及难点

1．重点：花期控制。
2．难点：花期控制的方法。

三、训练用具、材料准备

1．氮、磷、钾及微量元素肥料。
2．铁铲、锄头、水桶、枝剪等工具、用具。

四、作业和思考题

如何进行木棉的花期调控？

五、训练内容与方法

训练内容	训练方法	参考时间
下达花期控制任务，查阅相关技术和气象资料	以公司为单位查阅文献资料	课外
确定花期控制方案	通过讨论，确定花期控制方案	20分钟
领取工具、器具、材料	由工区负责人领取工具、器具、材料	5分钟
施肥	教师示范并指导学生实际操作	20分钟
浇水	教师示范并指导学生实际操作	10分钟
合理修剪	教师示范并指导学生实际操作	5分钟
生产小结、评比	现场提问、引导	30分钟

六、考核标准

考核要点	观测点	评定采分	得分
查阅资料、确定方案	信息获取能力	5	
	民主决策能力	5	
	花期控制方案的正确性	15	
水分调控	浇水时机的把握	10	
	浇水量的把握	5	
肥料调控	施肥量的把握	10	
	配方施肥混配比例正确、混配均匀	10	
	施肥时机的把握	10	
修剪调控	修剪季节的把握	10	
	修剪适度	15	
态度	积极主动	5	
合　　计		100	

七、课后小结

1．木棉花期控制的原理。
2．木棉花期控制的关键环节。

任务 3　黄槐养护技术

相关知识

学名：*Cassia surattensis*
别名：黄槐决明
科属：苏木科决明属

一、分布及园林用途

黄槐原产于印度、斯里兰卡、马来群岛等地，我国引种地区较广，从华南南部到华南北部及贵州、四川等地均有栽培。黄槐是美丽的观花树种，花期长，花色艳，园林景观效果特别明显，作为行道树和庭园树被广泛栽植，列植、孤植、群植于花坛、花带均可。

二、黄槐生物学习性

（一）植物学特性

黄槐属落叶小乔木或灌木，高可达 5～7m；分枝多，小枝有肋条；树皮颇光滑，灰褐色；嫩枝、叶轴、叶柄被微柔毛。叶长 10～15cm；叶轴及叶柄呈扁四方形，在叶轴上面最下 2 或 3 对小叶之间和叶柄上部有棍棒状腺体 2～3 枚；小叶 7～9 对，长椭圆形或卵形，长 2～5cm，宽 1～1.5cm，下面粉白色，被疏散、紧贴的长柔毛，边全缘；小叶柄长 1～1.5mm，被柔毛；托叶线形，弯曲，长约 1cm，早落。总状花序生于枝条上部的叶腋内；苞片卵状长圆形，外被微柔毛，长 5～8cm；萼片卵圆形；花瓣鲜黄至深黄色，卵形至倒卵形；荚果扁平，带状，开裂，长 7～10cm，宽 8～12mm，果柄明显，种子 10～12 颗，有光泽。

（二）生长发育对环境条件的要求

黄槐根系较浅，风大则易倒。忌积水，对土壤要求不严，能在肥力中等的微酸性或砖红壤中生长。不怕灰尘，抗烟雾能力强，能抗虫害。

（三）生长发育周期

黄槐生性强健，80～100cm 的小苗一年生即可开花。全年均能开花，但以 9～10 月为盛期。

养护管理操作技能

一、种植

（一）挖穴

栽植前应根据设计要求定点定位。在栽植点上挖栽植穴，栽植穴的直径比土球直径要大30～40cm，深度要比土球直径大20～30cm。在挖好的栽植穴底部，加入基肥后用土堆10～20cm的小土堆。如果栽植地土壤太差，还应加大穴的直径，采用客土法栽植。

（二）起苗、修剪、装运

经过围根法处理的植株，起苗时把填土挖起，切断底部，适当疏剪和短截叶片，保留4～7个托叶即可，以减少水分蒸腾，利于成活。运输前应把枝叶向上包好，保护好尾梢，土球要用稻草包好。苗木装车时应轻抬轻放，并将苗木根部装在车的前面。长途运输时应加以覆盖，以减少风吹日晒而失水，并适当喷水保湿。

（三）栽植

将土球放入洞穴中，使土球立在土堆上，将树扶正，使之稳定直立；然后剪碎包扎土球的稻草等材料，并尽量取出，之后边填土边捣实。栽好后土球表面与地面相平，立即浇足水，使根系与土壤直接接触，利于成活和生长。

（四）栽植后的管理

栽植后应立即做好护株固植工作，立支柱支撑树木，但支撑不能打入土球或根系上。支柱一般立3根，并绑紧，防止大风吹动树干和吹歪树身。树干要缠上稻草保温越冬，土壤应保持湿润，如遇寒潮来要浇足水，而对稻草同样需要浇水保持湿润。雨水过多时应挖水沟排水。待树木确实成活后才能转入正常养护。

二、土、肥、水管理

黄槐苗木种植后，对一些地径较细的林木，用竹子做架扶助，使林木不会被风吹摇动或受其他损伤。初植时，若是晴天、天气干燥，每天应喷1～3次水，保证穴中湿润，这样才能提高树木的成活率，以后每周淋水2次。为了确保树木正常生长，不受任何破坏，要挂关于保护树木有关条款的牌子。每年春、夏、秋应施肥2～3次，每次每株施尿素0.1kg（复合肥每株50g）并浇水，使其粗壮，并形成较大的冠幅。花前和花期追肥2～3次，以补充磷、钾肥为主，也可喷0.2%的磷酸二氢钾，使花朵肥大并延长花期。每次施肥要在穴边先挖小穴，把肥料放在穴里，然后盖上一层土，这样可减少肥料蒸发，以免造成浪费，又可保证树木能吸收到营养，促进林木的生长。当树木生长到3m左右，要进行修剪整枝，同时结合松土和追肥，保证来年开花质量。

三、病虫害防治

（一）病害防治

黄槐常见的病害有锈病，发病率为30%～50%，危害叶片，可造成早期落叶。发病初期，在叶片上散生淡黄色小点，逐渐生成突起的黄褐色圆形斑，直径1～3mm，严重受害的叶片有数十个病斑。以后小斑突破表皮，开裂散出堆状黄粉。病斑后期为黄褐色至灰褐色，边缘略鼓起，全叶黄化，但斑点周围仍有一绿色环带，最后叶片脱落。

防治方法：①冬末彻底剪除苗木的病叶，减少越冬病原。发病初期及早摘除病叶，集中掩埋，防止夏孢子飞散和侵染。②发病初期喷洒1:2:200倍液波尔多液保护；发病初期则可喷洒20%粉锈宁2000倍液，或12.5%烯唑醇2000～3000倍液，或25%萎锈灵可湿性粉剂200～400倍液。

（二）虫害防治

1. 桑寄生粉蝶

成虫为彩色粉碟，以幼虫（蚕）为害黄槐叶片，严重时整树叶片被吃光、枝条枯死。其一年发生4～5代，卵、蛹、幼虫、成虫都非常集中，所以最好进行人工摘除，集中处理，也可用90%敌百虫晶体800～1000倍液、或氯氰菊脂800～1000倍液喷杀成虫、幼虫。

2. 金龟子

幼虫（鸡䗪虫）为害黄槐和寄主根系，成虫为害嫩叶。

防治方法：种植时施长效农药于穴中预防；杀灭幼虫用90%敌百虫晶体、50%辛硫磷各800倍液浇灌根部，杀灭成虫则用90%敌百虫晶体、40%氧化乐果各800～1000倍液，或用5%氯氰菊脂800～1000倍液喷杀。

3. 糠片盾蚧

植地植株过于密集，通风不良，造成环境潮湿，植株长势差时易发生，主要为害嫩枝叶。

防治方法：适当修剪寄主植物和黄槐下层枝叶，使植地通风透光，植株生长健壮。药剂防治可在卵盛孵期，用40%氧化乐果1500～2000倍液、25%扑虱灵可湿性粉剂2000倍液喷雾，每隔10～15天一次，连续2～3次。

四、整形修剪

幼树期，当植株的侧枝生长过高时，要及时去其顶芽，以保证主枝拔高生长。随着植株的成长，在保证不影响黄槐正常生长的基础上，应自下而上、分期分批剪去下层的侧枝，以促进主干的增粗和长高，并减轻风害和增加植地的通风透光度。

五、灾害的防治

黄槐常见的灾害有高温危害、低温危害、风害和市政工程危害。

（一）高温和低温危害防治

炎热的夏天要注意防止强光灼伤植株，防治的重点是浇水。每天下午 3 点过后和上午 10 点前进行淋水，不干不淋，淋水一定要淋透，不耐干旱的多淋水。

对于冷冬，在入冬前用稻草或草绳将黄槐或新种树木的主干包起，卷干高度在 1.5m 或至分枝点处。

（二）风害防治

大风可将黄槐吹到，尤其是刚种植的植株。如发现植株被吹倒，应及时用竹竿或木棍和草绳将其固定。

（三）市政工程危害防治

1．土层深度变化

1）填方危害防治：安装通气排水系统；环剥。
2）挖方危害防治：根系保鲜；施肥；合理修剪；尽量避开根区开挖，或从主根下通过。

2．地面铺装

地面铺装的危害包括：有碍水气交换；改变了下垫面的性质；造成干基环割。
防治方法：选择适应性强的树种；选择通透性强的铺装材料；改进铺装技术；设置通气、透水系统，避免整体浇筑。

六、花期控制

（一）水肥控法

通常情况下，氮肥和水分充足可促进营养生长而延迟开花，增施磷肥、钾肥有助于抑制营养生长而促进花芽分化。一般情况下，在营养生长后期追施磷、钾肥可促进提早开花。花期较长的植物，在开花后期增施营养可延长总花期。

控制水分也可达到提前开花的目的。在干旱季节，充分灌水有利于生长发育，促进开花。在休眠期和花芽分化期，可通过水肥控制迫使植物休眠或促进花芽分化。

（二）修剪法

用摘心、修剪、摘蕾、剥芽、摘叶、环剥等措施，调节植物生长速度。摘心处理有利于植株整形和延迟开花。剥去侧芽侧蕾，有利于主芽开花。摘除顶芽顶蕾，有利于侧芽侧蕾开花。环割可使养分聚于上部花枝，有利于开花。不同植株分期修剪可使花期相接。

实训任务单

子任务名称	子任务1 黄槐的种植	学时	4

一、训练目标、要求
1. 了解黄槐的生物学习性、种植成活的基本原理。
2. 熟悉黄槐定植前的定点、放线。
3. 掌握挖穴、换土、栽植、淋定根水、栽植修剪、支撑的相关要求。

二、训练重点及难点
1. 重点：栽植修剪。
2. 难点：栽植深度的把握。

三、训练用具、材料准备
1. 苗木。
2. 铁铲、锄头、剪刀、水桶、锯等工具、用具。
3. 杀菌剂、生根剂。
4. 塘泥、黄土、泥炭土等基质。
5. 竹棍、水泥杆等支撑物。

四、作业和思考题
1. 黄槐种植需要注意什么？
2. 如何提高黄槐的种植成活率？

五、训练内容与方法

训练内容	训练方法	参考时间
下达种植任务，查阅相关技术和气象资料	以公司为单位查阅文献资料	课外
确定种植方案	通过讨论，确定种植方案	20分钟
领取工具、器具、材料	由工区负责人领取工具、器具、材料	5分钟
定点、放线	教师示范并指导学生实际操作	20分钟
挖穴、换土	教师示范并指导学生实际操作	35分钟
种植	教师示范并指导学生实际操作	40分钟
修剪、支撑、淋定根水	教师示范并指导学生实际操作	30分钟
生产小结、评比	现场提问、引导	30分钟

六、考核标准

考核要点	观测点	评定采分	得分
查阅资料、确定方案	信息获取能力	5	
	民主决策能力	5	
定点、放线	熟练使用仪器、工具	10	
	正确标记	5	
挖穴、换土	挖穴符合规格要求	10	
	营养土混配比例正确、混配均匀	15	
种植	深度适合	10	
	朝向正确、直立	5	
	土球完整、根系损伤少	10	
植后养护	修剪适度	10	
	支撑牢固、正确	5	
	淋定根水充足	5	
态度	积极主动	5	
合　计		100	

七、课后小结
1. 黄槐种植成活的原理。
2. 黄槐种植的关键环节。
3. 黄槐种植地的选择。

子任务名称	子任务2 黄槐的土、肥、水管理	学时	5

一、训练目标、要求

1. 了解黄槐的生长发育特点、种植地的土壤特性。
2. 熟悉黄槐生长周期对养分和水分的需求规律。
3. 掌握科学的松土方法、施肥方法、肥料用量、配方施肥以及浇水的方法。

二、训练重点及难点

1. 重点：施肥。
2. 难点：配方施肥。

三、训练用具、材料准备

1. 氮、磷、钾及微量元素肥料。
2. 铁铲、锄头、水桶等工具、用具。

四、作业和思考题

1. 黄槐的施肥方法有哪些？
2. 黄槐如何进行配方施肥？

五、训练内容与方法

训练内容	训练方法	参考时间
下达施肥任务，查阅相关技术和气象资料	以公司为单位查阅文献资料	课外
确定施肥方案	通过讨论，确定施肥方案	20分钟
领取工具、器具、材料	由工区负责人领取工具、器具、材料	5分钟
松土、挖施肥沟	教师示范并指导学生实际操作	30分钟
施肥	教师示范并指导学生实际操作	65分钟
浇水	教师示范并指导学生实际操作	45分钟
覆土	教师示范并指导学生实际操作	30分钟
生产小结、评比	现场提问、引导	30分钟

六、考核标准

考核要点	观测点	评定采分	得分
查阅资料、确定方案	信息获取能力	5	
	民主决策能力	5	
松土、挖施肥沟	松土的深度适合	10	
	施肥沟与植株根系的距离适合	10	
施肥	施肥量的把握	10	
	准确判断缺素症状	15	
	配方施肥混配比例正确、混配均匀	10	
	施肥时机的把握	5	
	施肥间隔期的把握	5	
	根外追肥	5	
浇水	树体淋水量的把握	10	
	浇水间隔期的把握	5	
态度	积极主动	5	
合 计		100	

七、课后小结

1. 黄槐需肥和需水的规律。
2. 黄槐配方施肥的原理。
3. 黄槐松土、施肥和浇水的关键环节。

子任务名称	子任务3 黄槐的病虫害防治	学时	4

一、训练目标、要求
1．了解黄槐常见病虫害的发生规律。
2．熟悉和识别黄槐常见病虫害的症状及高峰期。
3．掌握黄槐常见病虫害的防治方法。

二、训练重点及难点
1．重点：病虫害的防治。
2．难点：病虫害的识别。

三、训练用具、材料准备
1．农药。
2．石灰、刷子、水桶。
3．喷雾器、铁铲、锄头等工具、用具。

四、作业和思考题
1．黄槐的常见病虫害有哪些？
2．如何进行黄槐病虫害的综合防治？

五、训练内容与方法

训练内容	训练方法	参考时间
下达病虫害防治任务，查阅相关技术和气象资料	以公司为单位查阅文献资料	课外
确定病虫害防治方案	通过讨论，确定病虫害防治方案	20分钟
领取工具、器具、材料	由工区负责人领取工具、器具、材料	5分钟
除草	教师示范并指导学生实际操作	20分钟
配药	教师示范并指导学生实际操作	20分钟
喷药	教师示范并指导学生实际操作	50分钟
树干涂白	教师示范并指导学生实际操作	35分钟
生产小结、评比	现场提问、引导	30分钟

六、考核标准

考核要点	观测点	评定采分	得分
症状诊断	症状诊断能力	15	
查阅资料、确定防治方案	信息获取能力	5	
	民主决策能力	5	
	防治方案的科学性	15	
配药	用药种类的把握	10	
	农药与水混配比例正确、混配均匀	10	
喷药	喷药是否均匀周到	10	
综合防治	物理、生物等防治方法的掌握	15	
除草	杂草识别	5	
	除草方法	5	
态度	积极主动	5	
合　　计		100	

七、课后小结
1．黄槐常见的病虫害。
2．黄槐病虫害防治的关键环节。

子任务名称	子任务4　黄槐的整形修剪	学时	3

一、训练目标、要求

1．了解黄槐的树形特点。

2．熟悉园林景观树种的树形结构和整形修剪的常用方法。

3．掌握黄槐整形修剪的方法。

二、训练重点及难点

1．重点：整形修剪。

2．难点：整形修剪的方法。

三、训练用具、材料准备

高枝剪、折叠梯等工具、用具。

四、作业和思考题

1．黄槐整形修剪的方法有哪些？

2．黄槐修剪的最佳季节是何时？

3．黄槐常用的整形修剪方式有哪些？

五、训练内容与方法

训练内容	训练方法	参考时间
下达整形修剪任务，查阅相关技术和气象资料	以公司为单位查阅文献资料	课外
确定整形修剪方案	通过讨论，确定整形修剪方案	20分钟
领取工具、器具、材料	由工区负责人领取工具、器具、材料	5分钟
整形修剪	教师示范并指导学生实际操作	80分钟
生产小结、评比	现场提问、引导	30分钟

六、考核标准

考核要点	观测点	评定采分	得分
查阅资料、确定方案	信息获取能力	5	
	民主决策能力	5	
整形修剪	整形是否美观	30	
	修剪适度	30	
	整形修剪时节的把握	20	
态度	积极主动	10	
合　计		100	

七、课后小结

1．黄槐适宜的整形修剪季节。

2．黄槐整形修剪的关键环节。

子任务名称	子任务5 黄槐的灾害防治	学时	2

一、训练目标、要求
1. 了解常见的灼伤、冻害、寒害、风害、市政工程危害等症状。
2. 熟悉和识别常见的灾害。
3. 掌握灾害防治的方法。

二、训练重点及难点
1. 重点：灾害防治。
2. 难点：灾害防治的方法和最佳时机。

三、训练用具、材料准备
1. 叶面肥、喷雾器。
2. 石灰、刷子、水桶。
3. 枝剪、木棍、绳子等工具、用具。

四、作业和思考题
1. 如何防治黄槐的低温危害？
2. 如何防治黄槐的高温危害？
3. 如何防治黄槐的风害？

五、训练内容与方法

训练内容	训练方法	参考时间
下达灾害防治任务，查阅相关技术和气象资料	以公司为单位查阅文献资料	课外
确定灾害防治方案	通过讨论，确定灾害防治方案	20分钟
领取工具、器具、材料	由工区负责人领取工具、器具、材料	5分钟
喷药复壮	教师示范并指导学生实际操作	10分钟
树干涂白（预防冻害、寒害）	教师示范并指导学生实际操作	10分钟
修剪	教师示范并指导学生实际操作	15分钟
支撑（风害）	教师示范并指导学生实际操作	10分钟
生产小结、评比	现场提问、引导	20分钟

六、考核标准

考核要点	观测点	评定采分	得分
查阅资料、确定方案	信息获取能力	5	
	民主决策能力	5	
喷药复壮	药与水混配比例正确、混配均匀	10	
	喷药是否均匀	15	
树干涂白	涂白剂的配方合理	10	
	涂白是否均匀整齐，高度是否适合	10	
修剪	整形是否美观	10	
	修剪适度	15	
支撑	支撑牢固、正确	15	
态度	积极主动	5	
合计		100	

七、课后小结
1. 黄槐喷药复壮的关键环节。
2. 黄槐树干涂白的关键环节。
3. 黄槐各种灾害防治的关键环节。

子任务名称	子任务6 黄槐的花期控制	学时	2

一、训练目标、要求
1. 了解黄槐的植物生理学特性。
2. 熟悉黄槐的生长发育特点。
3. 掌握控制花期的方法。

二、训练重点及难点
1. 重点：花期控制。
2. 难点：花期控制的方法。

三、训练用具、材料准备
1. 氮、磷、钾及微量元素肥料。
2. 铁铲、锄头、水桶、枝剪等工具、用具。

四、作业和思考题
如何进行黄槐的花期调控？

五、训练内容与方法

训练内容	训练方法	参考时间
下达花期控制任务，查阅相关技术和气象资料	以公司为单位查阅文献资料	课外
确定花期控制方案	通过讨论，确定花期控制方案	20分钟
领取工具、器具、材料	由工区负责人领取工具、器具、材料	5分钟
施肥	教师示范并指导学生实际操作	20分钟
浇水	教师示范并指导学生实际操作	10分钟
合理修剪	教师示范并指导学生实际操作	5分钟
生产小结、评比	现场提问、引导	30分钟

六、考核标准

考核要点	观测点	评定采分	得分
查阅资料、确定方案	信息获取能力	5	
	民主决策能力	5	
	花期控制方案的正确性	15	
水分调控	浇水时机的把握	10	
	浇水量的把握	5	
肥料调控	施肥量的把握	10	
	配方施肥混配比例正确、混配均匀	10	
	施肥时机的把握	10	
修剪调控	修剪季节的把握	10	
	修剪适度	15	
态度	积极主动	5	
合 计		100	

七、课后小结
1. 黄槐花期控制的原理。
2. 黄槐花期控制的关键环节。

相关文献链接

[1] 黎可华，梁锦钧. 大叶紫薇的修剪技术[J]. 广东园林，2007，29（6）.
[2] 张世陆. 大叶紫薇多次开花的方法[J]. 广西林业，2005，1.
[3] 刘慧敏，龙冰雁. 大叶紫薇多次开花的技术[J]. 园林，2006，7.
[4] 何天华，李祥贵. 木棉大苗培育技术[J]. 林业科技开发，2004，18（6）.
[5] 李中岳. 美丽的木棉树[J]. 湖南林业，2004，3.
[6] 韦京华，李耀先. 木棉树物候期的农业气象意义[J]. 广西气象，1998，19（3）.
[7] 王青天，谢环素. 城市绿化美化树种[J]. 中国城市林业，2007，5（1）.
[8] 周荣文，呼木吉勒图. 绿化新树种黄槐[J]. 内蒙古林业，2007，2.
[9] 陈定如. 黄槐（黄槐决明）[J]. 广东园林，2006，28（3）.
[10] 吴良鸣. 黄槐育苗造林技术[J]. 河北林业科技，2007，6.
[11] 农淑霞. 城乡绿化观花树种——双荚决明[J]. 中国林业，2008，15.

习 题

一、填空题

1. 大叶紫薇的学名是_____，别名为_____，属于_____科_____属，其主要园林用途是_____。
2. 大叶紫薇的花期是_____月，果期是_____月。
3. 大叶紫薇的栽植地最好选择在_____。
4. 大叶紫薇常见的病害有_____、_____；常见的虫害有_____、_____、_____。
5. 木棉的学名是_____，别名为_____，属于_____科_____属，其主要园林用途是_____。
6. 木棉速生，花期是_____月。
7. 木棉常见的病害有_____、_____；常见的虫害有_____、_____。
8. 黄槐的学名是_____，别名为_____，属于_____科_____属，其主要园林用途是_____。
9. 黄槐常见的病害有_____，常见的虫害有_____、_____、_____等。
10. 黄槐被大风吹倒，要及时用_____将其扶直固定。

二、判断题

1. 大叶紫薇的季相明显，因此观赏价值较高。　　　　　　　　　　　　（　　）
2. 大叶紫薇属于阴性树种，在稀疏荫蔽下也能正常开花。　　　　　　　（　　）
3. 木棉是阳性树种，喜光，喜温暖气候，耐旱。　　　　　　　　　　　（　　）

4. 木棉春季先花后叶,秋季落叶前叶子变黄。   (   )
5. 黄槐根系发达,再生能力强,忌积水,对土壤要求不严,能抗虫害。   (   )

三、选择题

1. 大叶紫薇的花色有(   )。
   A. 淡紫色　　　　B. 深紫色　　　　C. 粉红色　　　　D. 桃红色
2. 大叶紫薇在(   )土壤中生长良好。
   A. 偏酸性　　　　B. 中性　　　　　C. 偏碱性　　　　D. 强酸性
3. 木棉是一种很好的(   )树种。
   A. 观花　　　　　B. 观枝　　　　　C. 观果　　　　　D. 观叶
4. 木棉是(   )树种,是一种很好的防风树种。
   A. 深根性　　　　B. 浅根性　　　　C. 极浅根性　　　D. 极深根性
5. 黄槐的盛花期为(   )。
   A. 5~6月　　　　B. 7~8月　　　　C. 9~10月　　　　D. 11~12月
6. 黄槐适宜的种植季节是(   )。
   A. 春季　　　　　B. 夏季　　　　　C. 秋季　　　　　D. 冬季

四、简答题

1. 大叶紫薇常见的园林景观用途有哪些?
2. 如何通过修剪来控制大叶紫薇开花和延长花期?
3. 木棉常见的病虫害有哪些?
4. 如何对木棉进行科学的土肥水管理?
5. 黄槐防台风、防严寒的措施有哪些?
6. 黄槐最适宜的种植季节?

学习情境 3 常绿灌木的养护

- 任务 1　海桐养护技术
- 任务 2　扶桑养护技术
- 任务 3　九里香养护技术

情境学习总览

学习情境3	常绿灌木的养护		22学时
简介		华南地区常见的常绿灌木有海桐、扶桑、九里香等。常绿灌木一般树体矮小，通常无明显主干，多数呈丛生状或分支较低，许多种灌木由于小巧，多作为园艺植物栽培，用于装点园林	
学习目标	相关知识	1. 常绿灌木（海桐、扶桑、九里香）的分布及园林用途 2. 常绿灌木（海桐、扶桑、九里香）的生物学习性，包括植物学特性、生长发育对环境条件的要求 3. 种植技术 4. 土、肥、水管理技术 5. 整形修剪技术 6. 病虫害症状的识别与防治技术 7. 高温、低温、风害、市政工程危害等的防治技术 8. 花期控制技术	
	专业技能	1. 能够设计常绿灌木（海桐、扶桑、九里香）的养护方案 2. 能够根据常绿灌木（海桐、扶桑、九里香）的成活原理，选择适宜的栽植季节 3. 能够根据园林树木配置原理，掌握常绿灌木（海桐、扶桑、九里香）的栽植技术（施工前准备、施工原则、整地、苗木运输、确定栽植穴等技术） 4. 能够根据常绿灌木（海桐、扶桑、九里香）的长势，适时进行土、肥、水管理 5. 能够根据季节和天气的变化，选择适宜的时期采用适当的方法，对常绿灌木（海桐、扶桑、九里香）进行整形修剪 6. 能够描述病虫害的症状和及时诊断常绿灌木（海桐、扶桑、九里香）的病虫害，并进行综合防治 7. 能够对高温、低温、风害、市政工程危害等及时进行有效防治和及时复壮 8. 能够掌握常绿灌木（海桐、扶桑、九里香）的花期控制技术	
	职业素质	1. 解决实际问题的能力 2. 信息采集处理、资料整理、撰写技术报告的能力 3. 工作任务的分析、实施和监控的能力 4. 快速地掌握新知识、新技能的能力 5. 自主学习和创新的能力 6. 综合分析、决策的能力	
	拓展能力	1. 培养组织协调能力和良好的沟通能力 2. 培养团队协作、诚实守信的品格 3. 培养吃苦耐劳、爱岗敬业的精神 4. 培养积极主动的工作态度和扎实的实操能力	
教与学	教学方法	1. 讨论法 2. 角色扮演法 3. 实战训练法 4. 案例法 5. 现场教学法 6. 系统管护法 7. 会诊法	
	教学资源	课件、图片、教学情境设计方案与实施方案、任务书、工作记录单、考核单	
	对教师的专业理论技能要求	1. 具有高校教师资格，本科及以上学历，具有较强的专业技能 2. 掌握教学论与方法论，并根据教学论与方法论灵活设计学习情境 3. 能够指导学生查阅、收集资料及撰写技术报告 4. 能够识别常见的常绿灌木树种 5. 具有丰富的常绿灌木种植和养护的经验 6. 具有丰富的教学实践经验，能控制整个项目的进程 7. 能够及时准确地纠正学生的错误操作，并对学生的完成效果进行准确地评价 8. 能够指导学生对实施过程与结果进行总结和归纳	

（续）

教与学	对学习者的专业理论技能要求	1. 具有植物学、植物生理学的基本知识和技能 2. 具有基本的土、肥、水管理知识和病虫害防治知识 3. 具有环保、安全的相关知识 4. 具有基本的自学能力和创新能力 5. 具有一定的文献收集和整理能力 6. 具有一定的职业道德素质
考核与评价		1. 评价原则：评价范围的全面性、评价主题的多样性和评价方法的综合性相结合 2. 考核形式包括过程考核和结果考核：学生自评（20%）、学生互评（10%）、工区对个人的评价（20%）、工区间的互评（20%）、教师对个人的评价（30%） 3. 考核方法：笔试、操作、撰写报告等 4. 评价内容 1）专业技能评价：种植成活率，土、肥、水管理，整形修剪，病虫害症状的识别与防治，高温、低温、风害、市政工程危害等的防治技术，花期控制技术 2）知识和职业技能评价：信息收集、整理及撰写报告的能力，分析、处理问题的能力，创新能力，相关知识的掌握 3）态度评价：态度是否积极主动

学生工作任务单

学习情景3　常绿灌木的养护			
学习小组		指导教师	

工作任务描述：
根据实训基地生产需要，通过教师提供的参考书、教学课件、音像资料等，在教师的指导下完成常绿灌木（海桐、扶桑、九里香）的养护任务，最后取得良好的景观效果

具体工作任务：
1. 获得相关资料与信息
1）熟悉常绿灌木（海桐、扶桑、九里香）的生物学习性
2）熟悉不同品种的植物学特性
3）熟悉生产设施、环境条件
4）熟悉种植的整个过程及质量要求（栽前准备工作，定点、放线，挖穴，栽植修剪，定植，栽后管理，清理场地等）
5）熟悉养护的整个过程及各阶段质量要求（土、肥、水管理，病虫害防治，整形修剪，灾害防治等）
6）了解新技术
2. 制定、讨论、修改养护方案
3. 根据养护方案，购买苗木、肥料、农药等农资
4. 实施养护方案
1）定点、放线，适时种植
2）根据树体长势，适时、适量地进行土、肥、水管理
3）及时防治病虫害
4）适时整形修剪
5）及时防治各种灾害（高温、低温、风害、市政工程危害等）
6）观察常绿灌木（海桐、扶桑、九里香）的生物学习性（植物学特性、生长发育对环境条件的要求）
5. 成果展示，并评定成绩
6. 讨论、总结、反思学习过程，撰写技术报告，各小组汇报学习体会，实现学习迁移
7. 提交养护业务档案、工作日记、小组工作总结、技术报告等，材料整理归档

学习条件：
1. 多媒体教室
2. 植物栽培实训室
3. 园艺技术实训基地（含校园温室大棚）
4. 农机具、仪器设备、农业生产资料
5. 图片、课件、音像资料、教学录像、网络资源
6. 工作任务单、实施方案、工作日记、考核单等

任务1　海桐养护技术

相关知识

学名：*Pittosporum tobira*
别名：山矾花、七里香
科属：海桐科海桐属

一、分布及园林用途

海桐原产于我国及日本，现分布于长江流域及东南沿海各地，各地庭院也多栽培。其可作为花坛造景树种，或造园绿化树种，尤其适合种植于海滨地区。北方常盆栽观赏，于温室过冬。

二、海桐生物学习性

（一）植物学特性

海桐为常绿阔叶小乔木或灌木，高可达3m，枝条近轮生，叶聚生枝端。叶面光滑，革质，狭倒卵形，长5~12cm，宽1~4cm，全缘，边缘平直或外卷；有柄，长2cm；叶上面深绿色，发亮，干后暗晦无光，先端圆形或钝，常微凹入或微心形，基部窄楔形，侧脉6~8对，在靠近边缘处相结合，网脉稍明显，网眼细小。花两性，花白色或带黄绿色，芳香，花序近伞形，3瓣裂，花柄长0.8~1.5cm；萼片、花瓣、雄蕊各5个；子房上位，密生短柔毛。蒴果近球形，有棱角，长达1.5cm，成熟时3瓣裂，果瓣木质；种子多数，长4mm，多角形，红色，有黏液，种柄长约2mm。

（二）生长发育对环境条件的要求

海桐喜温暖湿润的海洋性气候，喜光，能耐寒冷，也非常耐暑热。黄河流域以南，可在露地安全越冬，华南地区可在全光照下安全越夏，以长江流域至南岭以北生长最佳。黄河以北，多作盆栽，置于室内防寒越冬。对光照的适应能力也较强，较耐荫蔽，也颇耐烈日，但以半荫地生长最佳。

海桐对土壤要求不严，黏土、沙土、偏碱性土及中性土均能适应，但喜肥沃湿润土壤，偏碱或中性土壤生长势最盛。在干旱贫瘠地生长不良，稍耐干旱，颇耐水湿。萌芽力强，耐修剪，生长快。盆栽或地植，可用一般表土，施钙、镁、磷肥及腐熟饼肥或禽畜粪作基肥，以后可进行一般管理。

（三）生长发育周期

海桐花期为4~5月，果实成熟期为9~10月。

养护管理操作技能

一、种植

（一）整地

在移植前对预备用于栽种的土地进行翻耕，并结合翻耕施用有机肥做基肥。

（二）确定栽植穴

栽植前应根据设计要求定点、放线。

（三）挖穴

单植、丛植一般穴为圆筒状，绿篱时为长方形槽，成片密植则用几何大块，可以加大株间的距离，即扩大植株的营养面积，增加日照，有利于通风透光，使植株健壮生长。

（四）移植

将植株带土移植，如果土壤比较肥沃，可以直接作为回填土，因此挖穴时要把表土和底土分开，经暴晒1~2个月后才进行回穴，回填时将底土混上草木灰以及有机肥为主的肥料垫于底层和中层，再将表土覆盖于定植穴的上层，要将所有挖出来的土全部回穴，并培成土丘，等穴土沉实后栽植；但最好是用晒干的塘泥同样混以草木灰以及有机肥为主的肥料垫于底层和中层，再用晒干的塘泥覆盖于定植穴上层。

移植以植株水分蒸腾量极低时进行最为适宜。原因是移植时必然伤及根系，使吸水量下降，与植株水分蒸腾量失去平衡，造成植株萎焉而影响成活。因此在无风的阴天移植最为理想，降雨前移植成活率更高。就一天来说，傍晚进行最好，这样有一夜的缓苗时间，更有利于成活。移植后浇定根水，要浇透。

二、土、肥、水管理

海桐的管理较粗放。幼苗时期以水分管理为主，用水分调节温热变化，定植后干旱时适当浇水。冬季施1次基肥。

三、病虫害防治

（一）病害防治

海桐花很少发生病害。病害主要有叶斑病，可用1000倍液甲基托布津或800倍液多菌灵喷雾防治。

（二）虫害防治

海桐的主要虫害是蚧壳虫中糠蚧和吹棉蚧。这两种都属刺吸式害虫，其体外有一层蜡膜，故一般的杀虫剂效果均不佳。用吡虫啉或吡虫啉的改良剂，如万里红、顶红等，其效果较好。发现虫害，可用万里红稀释3000倍喷雾灭杀。开花期常有蝇类群集，应注意防治。

注意蚜虫、地老虎、红蜘蛛的发生，湿度过大时应防止霉烂，立枯病、炭疽病在碱性土壤中发生严重时应以综合防治为主。若采用自然土，采取客土改良、轮作、土壤消毒等措施，一般都能及时防治。土壤消毒可用硫酸亚铁、代森锰锌、辛硫磷、福尔马林等药剂或暴晒土壤，可以有效地防治土壤中的病虫。

四、整形修剪

一般 4~5 年生以后，可根据观赏要求，修剪成平台状、圆球状、圆柱状等多种形状，但应自小去其顶并注意整形。6 月进行修剪为宜，因为这时萌芽力强，可长出新枝。夏季应摘心，防止徒长。如秋季修剪，新枝停止生长，萌芽慢，会使生长势变弱。

五、灾害防治

海桐常见的灾害有低温危害和市政工程的危害。

（一）低温危害防治

选择健康树种，加强抗寒栽培，推迟萌芽期，改善小气候条件。

（二）市政工程危害防治

1. 土层深度变化

（1）填方危害的防治　安装通气排水系统；环剥。
（2）挖方危害的防治　根系保鲜；施肥；合理修剪；尽量避开根区开挖，或从主根下通过。

2. 地面铺装

地面铺装的危害包括：有碍水气交换；改变了下垫面的性质；造成干基环割。
防治方法：选择适应性强的树种；选择通透性强的铺装材料；改进铺装技术；设置通气、透水系统，避免整体浇筑。

六、花期控制

（一）水肥控法

通常情况下，氮肥和水分充足可促进营养生长而延迟开花，增施磷肥、钾肥有助于抑制营养生长而促进花芽分化。在海桐营养生长后期追施磷、钾肥可促进提早开花。花期较长的植物，在开花后期增施营养可延长总花期。

控制水分也可达到促进提前开花的目的。在干旱季节，充分灌水有利于生长发育，促进海桐开花。在休眠期和花芽分化期，可通过水肥控制迫使植物休眠或促进花芽分化。

（二）修剪法

可采用摘心、修剪、摘蕾等措施，调节植物生长速度。摘心处理有利于海桐植株整形和延迟开花。剥去侧芽侧蕾，有利于主芽开花。摘除顶芽顶蕾，有利于侧芽侧蕾开花。不同植株分期修剪可使花期相接。

实训任务单

子任务名称	子任务1 海桐的种植	学时	4

一、训练目标、要求
1. 了解海桐的生物学习性、种植成活的基本原理。
2. 熟悉海桐定植前的定点、放线。
3. 掌握挖穴、换土、栽植、淋定根水、栽植修剪、支撑的相关要求。

二、训练重点及难点
1. 重点：栽植地选择。
2. 难点：移植。

三、训练用具、材料准备
1. 苗木。
2. 铁铲、锄头、剪刀、水桶、锯等工具、用具。
3. 杀菌剂、生根剂。
4. 塘泥、黄土、泥炭土等基质。
5. 竹棍、水泥杆等支撑物。

四、作业和思考题
1. 海桐种植需要注意什么？
2. 如何提高海桐的种植成活率？

五、训练内容与方法

训练内容	训练方法	参考时间
下达种植任务，查阅相关技术和气象资料	以公司为单位查阅文献资料	课外
确定种植方案	通过讨论，确定种植方案	20分钟
领取工具、器具、材料	由工区负责人领取工具、器具、材料	5分钟
定点、放线	教师示范并指导学生实际操作	20分钟
挖穴、换土	教师示范并指导学生实际操作	35分钟
种植	教师示范并指导学生实际操作	40分钟
修剪、支撑、淋定根水	教师示范并指导学生实际操作	30分钟
生产小结、评比	现场提问、引导	30分钟

六、考核标准

考核要点	观测点	评定采分	得分
查阅资料、确定方案	信息获取能力	5	
	民主决策能力	5	
定点、放线	熟练使用仪器、工具	10	
	正确标记	5	
挖穴、换土	挖穴符合规格要求	10	
	营养土混配比例正确、混配均匀	15	
种植	深度适合	10	
	朝向正确、直立	5	
	土球完整、根系损伤少	10	
植后养护	修剪适度	10	
	支撑牢固、正确	5	
	淋定根水充足	5	
态度	积极主动	5	
合计		100	

七、课后小结
1. 海桐种植成活的原理。
2. 海桐种植的关键环节。
3. 海桐种植的适宜季节。

子任务名称	子任务2 海桐的土、肥、水管理	学时	5

一、训练目标、要求
1. 了解海桐的生长发育特点、种植地的土壤特性。
2. 熟悉海桐生长周期对养分和水分的需求规律。
3. 掌握海桐科学的松土方法、施肥方法、肥料用量、配方施肥以及浇水的方法。

二、训练重点及难点
1. 重点：施肥。
2. 难点：配方施肥。

三、训练用具、材料准备
1. 氮、磷、钾及微量元素肥料。
2. 铁铲、锄头、水桶等工具、用具。

四、作业和思考题
1. 海桐的施肥方法有哪些？
2. 海桐如何进行配方施肥？

五、训练内容与方法

训练内容	训练方法	参考时间
下达施肥任务，查阅相关技术和气象资料	以公司为单位查阅文献资料	课外
确定施肥方案	通过讨论，确定施肥方案	20分钟
领取工具、器具、材料	由工区负责人领取工具、器具、材料	5分钟
松土、挖施肥沟	教师示范并指导学生实际操作	30分钟
施肥	教师示范并指导学生实际操作	65分钟
浇水	教师示范并指导学生实际操作	45分钟
覆土	教师示范并指导学生实际操作	30分钟
生产小结、评比	现场提问、引导	30分钟

六、考核标准

考核要点	观测点	评定采分	得分
查阅资料、确定方案	信息获取能力	5	
	民主决策能力	5	
松土、挖施肥沟	松土的深度适合	10	
	施肥沟与植株根系的距离适合	10	
施肥	施肥量的把握	10	
	准确判断缺素症状	15	
	配方施肥混配比例正确、混配均匀	10	
	施肥时机的把握	5	
	施肥间隔期的把握	5	
	根外追肥	5	
浇水	树体淋水量的把握	10	
	浇水间隔期的把握	5	
态度	积极主动	5	
合 计		100	

七、课后小结
1. 海桐需肥和需水的规律。
2. 海桐配方施肥的原理。
3. 海桐松土、施肥和浇水的关键环节。

子任务名称		子任务3 海桐的病虫害防治	学时	4
一、训练目标、要求 1. 了解海桐常见病虫害的发生规律。 2. 熟悉和识别海桐常见病虫害的症状及高峰期。 3. 掌握海桐常见病虫害的防治方法。				
二、训练重点及难点 1. 重点：病虫害的防治。 2. 难点：病虫害的识别。				
三、训练用具、材料准备 1. 农药。 2. 石灰、刷子、水桶。 3. 喷雾器、铁铲、锄头等工具、用具。				
四、作业和思考题 1. 海桐的常见病虫害有哪些？ 2. 如何进行海桐病虫害的综合防治？				
五、训练内容与方法				
训练内容		训练方法	参考时间	
下达病虫害防治任务，查阅相关技术和气象资料		以公司为单位查阅文献资料	课外	
确定病虫害防治方案		通过讨论，确定病虫害防治方案	20分钟	
领取工具、器具、材料		由工区负责人领取工具、器具、材料	5分钟	
除草		教师示范并指导学生实际操作	20分钟	
配药		教师示范并指导学生实际操作	20分钟	
喷药		教师示范并指导学生实际操作	50分钟	
树干涂白		教师示范并指导学生实际操作	35分钟	
生产小结、评比		现场提问、引导	30分钟	
六、考核标准				
考核要点	观 测 点		评定采分	得 分
症状诊断	症状诊断能力		15	
查阅资料、确定防治方案	信息获取能力		5	
	民主决策能力		5	
	防治方案的科学性		15	
配药	用药种类的把握		10	
	农药与水混配比例正确、混配均匀		10	
喷药	喷药是否均匀周到		10	
综合防治	物理、生物等防治方法的掌握		15	
除草	杂草识别		5	
	除草方法		5	
态度	积极主动		5	
合　　计			100	
七、课后小结 1. 海桐常见的病虫害。 2. 海桐病虫害防治的关键环节。				

子任务名称	子任务 4　海桐的整形修剪	学时	5

一、训练目标、要求

1．了解海桐的树形特点。

2．熟悉园林景观树种的树形结构和整形修剪的常用方法。

3．掌握海桐整形修剪的方法。

二、训练重点及难点

1．重点：整形修剪。

2．难点：整形修剪的方法。

三、训练用具、材料准备

绿篱剪、枝剪、箩筐等工具、用具。

四、作业和思考题

1．海桐整形修剪的方法有哪些？

2．海桐修剪的最佳季节是何时？

五、训练内容与方法

训练内容	训练方法	参考时间
下达整形修剪任务，查阅相关技术和气象资料	以公司为单位查阅文献资料	课外
确定整形修剪方案	通过讨论，确定整形修剪方案	20 分钟
领取工具、器具、材料	由工区负责人领取工具、器具、材料	5 分钟
整形修剪	教师示范并指导学生实际操作	170 分钟
生产小结、评比	现场提问、引导	30 分钟

六、考核标准

考核要点	观测点	评定采分	得　分
查阅资料、确定方案	信息获取能力	5	
	民主决策能力	5	
整形修剪	整形是否美观	30	
	修剪适度	30	
	整形修剪时节的把握	20	
态度	积极主动	10	
合　计		100	

七、课后小结

1．海桐适宜的整形修剪季节。

2．海桐整形修剪的关键环节。

子任务名称	子任务 5 海桐的灾害防治		学时	2

一、训练目标、要求
1．了解常见的灼伤、冻害、寒害、风害、市政工程危害等症状。
2．熟悉和识别常见的灾害。
3．掌握灾害防治的方法。

二、训练重点及难点
1．重点：灾害防治。
2．难点：灾害防治的方法和最佳时机。

三、训练用具、材料准备
1．叶面肥、喷雾器。
2．石灰、刷子、水桶。
3．枝剪、木棍、绳子等工具、用具。

四、作业和思考题
1．如何防治海桐的低温危害？
2．如何防治海桐的高温危害？
3．如何防治海桐的风害？

五、训练内容与方法

训 练 内 容	训 练 方 法	参 考 时 间
下达灾害防治任务，查阅相关技术和气象资料	以公司为单位查阅文献资料	课外
确定灾害防治方案	通过讨论，确定灾害防治方案	20 分钟
领取工具、器具、材料	由工区负责人领取工具、器具、材料	5 分钟
喷药复壮	教师示范并指导学生实际操作	10 分钟
遮荫或麻布包裹（预防灼烧、寒害）	教师示范并指导学生实际操作	10 分钟
修剪	教师示范并指导学生实际操作	15 分钟
支撑（风害）	教师示范并指导学生实际操作	10 分钟
生产小结、评比	现场提问、引导	20 分钟

六、考核标准

考 核 要 点	观 测 点	评 定 采 分	得 分
查阅资料、确定方案	信息获取能力	5	
	民主决策能力	5	
喷药复壮	药与水混配比例正确、混配均匀	10	
	喷药是否均匀	15	
遮荫或麻布包裹	是否能达到预期效果	10	
	遮荫或麻布包裹是否整齐、美观	10	
修剪	整形是否美观	10	
	修剪适度	15	
支撑	支撑牢固、正确	15	
态度	积极主动	5	
合 计		100	

七、课后小结
海桐灾害防治的关键环节。

子任务名称	子任务6　海桐的花期控制	学时	2

一、训练目标、要求
1. 了解海桐的植物生理学特性。
2. 熟悉海桐的生长发育特点。
3. 掌握海桐控制花期的方法。

二、训练重点及难点
1. 重点：花期控制。
2. 难点：花期控制的方法。

三、训练用具、材料准备
1. 氮、磷、钾及微量元素肥料。
2. 铁铲、锄头、水桶、枝剪等工具、用具。

四、作业和思考题
如何进行海桐的花期调控？

五、训练内容与方法

训练内容	训练方法	参考时间
下达花期控制任务，查阅相关技术和气象资料	以公司为单位查阅文献资料	课外
确定花期控制方案	通过讨论，确定花期控制方案	20分钟
领取工具、器具、材料	由工区负责人领取工具、器具、材料	5分钟
施肥	教师示范并指导学生实际操作	20分钟
浇水	教师示范并指导学生实际操作	10分钟
合理修剪	教师示范并指导学生实际操作	5分钟
生产小结、评比	现场提问、引导	30分钟

六、考核标准

考核要点	观测点	评定采分	得分
查阅资料、确定方案	信息获取能力	5	
	民主决策能力	5	
	花期控制方案的正确性	15	
水分调控	浇水时机的把握	10	
	浇水量的把握	5	
肥料调控	施肥量的把握	10	
	配方施肥混配比例正确、混配均匀	10	
	施肥时机的把握	10	
修剪调控	修剪季节的把握	10	
	修剪适度	15	
态度	积极主动	5	
合　　计		100	

七、课后小结
1. 海桐花期控制的原理。
2. 海桐花期控制的关键环节。

任务2 扶桑养护技术

相关知识

学名：*Hibiscus rosa-sinensis*
别名：朱槿、佛桑、大红花、桑槿、状元红
科属：锦葵科木槿属

一、分布及园林用途

扶桑产于我国南部，现温带至热带均有栽培，是著名的观赏花木。扶桑品种繁多，有红、粉、黄、白色品种和单瓣、重瓣品种，是花坛、会场、宾馆以及家庭栽植的最好花木之一。除盆栽观赏外，也常用于道路两侧及庭院和水滨绿化。扶桑为马来西亚、苏丹、斐济的国花。

二、扶桑生物学习性

（一）植物学特性

扶桑高可达1~3m，小枝圆柱形，疏被星状柔毛。叶广卵形至长卵形，长4~9cm，宽2~5cm，先端渐尖，基部近圆形且全缘，缘有粗齿，两面无毛或背面沿脉有疏毛，表面有光泽。夏秋开花，花单生于上部叶腋间，常下垂，疏被星状柔毛或近平滑无毛；萼钟形，长约2cm，被星状柔毛，卵形至披针形；花冠漏斗形，通常为鲜红色，直径6~10cm，雄蕊柱和花柱长，伸出花冠外，花梗长3~5cm，近顶端有关节。蒴果卵球形，直径约2.5cm。

（二）生长发育对环境的要求

扶桑喜光，喜温暖湿润的气候，不耐寒，喜肥沃湿润且排水良好的微酸性土壤。扶桑对光照有特殊要求，如光照不足会使花蕾脱落，花朵缩小，花色暗淡。因此，扶桑每天要有8小时以上的光照，但在盛夏需遮阳，以防止烈日灼射植株。

（三）生长发育周期

扶桑花大，有单瓣、重瓣之分，花朵鲜艳夺目，朝开暮萎，花期全年，夏、秋最盛。

养护管理操作技能

一、种植

（一）整地

在移植前对预备用于栽种的土地进行翻耕，并结合翻耕施用有机肥做基肥。

（二）栽植穴的确定

根据种植要求定点、放线。

（三）挖穴

栽植穴一般为圆筒状，栽植穴的直径比土球直径要大 30~40cm，深度要比土球直径大 20~30cm。在树坑的侧面刻一些凹槽，以便根部能够穿透土壤。

（四）移植

如果土壤比较肥沃，可以直接作为回填土，因此挖穴时要把表土和底土分开，经暴晒 1~2 个月后才进行回穴，回填时将底土混上草木灰以及有机肥为主的肥料垫于底层和中层，再将表土覆盖于定植穴的上层，要将所有挖出来的土全部回穴，并培成土丘，等穴土沉实后栽植；但最好是用晒干的塘泥同样混以草木灰以及有机肥为主的肥料垫于底层和中层，再用晒干的塘泥覆盖于定植穴上层，做法同上。

移植以植株水分蒸腾量极低时进行最为适宜。因为移植时必然伤及根系，使吸水量下降，与植株水分蒸腾量失去平衡，造成植株萎焉而影响成活。在无风的阴天移植最为理想，降雨前移植成活率更高。就一天来说，傍晚进行移植最好，这样有一夜的缓苗时间，更有利于成活。

（五）修枝

在种植之前，应剪掉扶桑 1/3~1/2 数量的枝条，使植株达到一个健康的平衡状态。当灌木从苗圃中挖掘出来并经过处理以方便运送之后，会失去大部分营养根，细嫩的幼根则会负责吸收水分。在移植的灌木长出新的营养根之前，它是无法像以前一样支持所有生长活动的。因而，修枝可以通过减少幼芽来平衡根部的损失。在修枝时，首先要去除基部老化、变弱、受损或拥挤在一起的枝条，但不要不加选择地将植物的顶枝剪掉。枝梢上的顶芽释放的激素，可以促进根的生长。

（六）填土

扶正植株后填土，埋土至根颈部，做圆形畦。

（七）浇水

调好生根剂，浇定根水。栽植后立即浇足水，使根系与土壤直接接触，利于成活和生长。

二、土、肥、水管理

（一）土壤管理

扶桑对土壤要求不高，除盐碱土外一般均可适应，但以疏松、肥沃、排水良好的微酸性壤土或黏土壤为好。早春培土一次，每季除草、培土一次。

（二）施肥管理

扶桑喜肥，要经常追施腐熟有机质，促使花大且多，花期连绵。每株施猪干粪肥 50g，与磷肥、腐熟堆肥适量拌合作为基肥；每月追施 0.2%尿素水溶液及磷肥为主的淡薄肥 2~3 次。如遇多雨季节，可改施复合颗粒肥于根部，每株 100g。秋后应停止施氮肥，多施磷、钾肥。

（三）水分管理

扶桑浇水要充足，通常每天浇水一次，以浇透为度。伏天每天早、晚各浇水一次，并需对地面喷水多次，以降温和增加空气的湿度，防止花叶早落。冬季则应减少浇水、停止施肥，使之安全过冬。

三、病虫害防治

（一）病害防治

1. 炭疽病

扶桑炭疽病是半知菌类刺盘孢属真菌侵染所致，主要危害叶片。发病初期在叶的表面产生暗红或黄白色水渍状小点，逐渐扩大成圆形或不规则的病斑。后期在病斑边缘形成较宽而稍隆起的黑褐色环带，病斑边缘紫红色，中间灰褐色，上面散生黑褐色小点。该病 6~9 月发生较多，常造成叶片黄化脱落，发生严重时可引起枝梢枯死。

防治方法：①清除枯枝落叶，集中销毁。②加强栽培管理，适当增施磷、钾肥，促使植株生长健壮，提高抗病力。③初发病时，喷洒 50%多菌灵可湿性粉剂 1000 倍液，或 75%百菌清可湿性粉剂 600~800 倍液，每隔 10 天喷 1 次。

2. 叶斑病

扶桑叶斑病是半知菌类叶点霉属真菌侵染所致。病原菌大多从叶缘、叶尖侵入，向内扩展，初期形成长圆形或不规则的斑块。病斑暗灰色，病部与健康部交界处明显，边缘稍隆起，暗红色。后期在病部表面着生密集的小黑点，即分生孢子器。该病常在秋末、冬初发生，导致叶片枯黄、早落，严重影响植株生长。

防治方法：①清除枯枝病叶，集中销毁。②加强栽培管理，提高抗病力。③初发病时，喷洒 1:200 波尔多液，或 70%甲基硫菌灵可湿性粉剂 1000 倍液，每隔 10~14 天喷 1 次，连续喷洒 3~4 次。

3. 花腐病

扶桑花腐病是半知菌类葡萄孢属真菌——灰葡萄孢侵染所致。病原菌先从花瓣的尖端侵入，发病后，病部呈水渍状，褪色，最后花瓣变腐烂，花朵脱落。病部的灰色霉层，即分生孢子梗及分生孢子。病原菌以菌核或菌丝体在病株残体上越冬，翌春产生分生孢子，借风雨传播，侵染危害。

防治方法：①注意通风透光，降低湿度。②及时摘除病花，集中销毁。③发病初期，喷

1:200 波尔多液，或 75%百菌清可湿性粉剂 600~800 倍液，每 2 周喷 1 次。

（二）虫害防治

1. 枯鳞粉蚧

扶桑的虫害主要是枯鳞粉蚧，别名柑橘堆粉蚧，是同翅目蚧总科粉蚧科害虫。若虫和雌成虫寄生在枝条和叶片上刺吸危害植株。受害植株叶片发黄，早期脱落，植株矮小，重者枝条或整株枯死。该害虫每年可发生 5~6 代，世代重叠，雄虫数量较少，主要行孤雌生殖。

防治方法：①结合冬、春修剪，剪除虫枝，集中销毁。②人工用竹片刮除幼虫，集中烧毁。③在若虫孵化期（4~5 月），用 40%氧化乐果或 25%亚胺硫磷 1000 倍液防治。

2. 棉卷叶野螟

棉卷叶野螟属鳞翅目、螟蛾科。幼虫常把叶片卷成圆筒状的虫苞，隐匿其中危害叶片。轻者使花木失去观赏价值，重者将叶片吃光，致使植株枯萎。

防治方法：①人工捕杀。小面积发生时用人工摘除虫苞，捏杀幼虫和蛹。②将寄主附近可以隐藏幼虫的枯枝落叶清扫销毁，消灭越冬幼虫。③在幼虫幼龄期进行药剂防治，每隔 1 周左右喷洒药剂 1 次，连续 2~3 次。药剂可用 90%敌百虫 500~800 倍液，80%敌敌畏 1000~1500 倍液，50%辛硫磷乳油 1500 倍液，40%氧化乐果 1500~2000 倍液。④保护天敌。该虫的天敌有寄生于幼虫体内的螟蛉绒茧蜂，幼虫到蛹期有广黑点瘤姬蜂和玉米螟大腿小蜂，此外螳螂、草蛉、小花蝽、蜘蛛等对该虫的发生也有一定的抑制作用。

四、整形修剪

为了保持树形优美，着花量多，根据扶桑发枝萌蘖能力强的特性，可于早春前后进行修剪整形，各枝除基部留 2~3 芽外，上部全部剪截，剪修可促使发新枝，长势将更旺盛，株形也更美观。修剪后，因地上部分消耗减少，要适当节制水肥。

扶桑老枝不开花，花芽都生长在新梢先端的几片叶腋间，修剪的目的是增加分枝，促使多孕蕾开花。扶桑每花只开一天，修剪不好，几天才开一两朵花，大大降低了观赏价值。适度修剪能保证多花同时怒放。从小苗开始，就要修剪保留 30~50 个侧枝，侧枝长到 5 片叶时摘心，每枝可抽出 2~3 个芽，经过培养基本定型。大株每个枝条长到 15cm 时摘心。为了不影响开花，可分期分批进行，每次摘除全部枝条的 1/3，每年春季还要进行一次强剪，侧枝全部短截 1/3，交叉枝、徒长枝、病虫枝、枯枝等无效枝条从基部剪掉。此外，因品种不同、长势不同，修剪也不尽相同，有的品种树形开张，枝条垂，要重剪；有的品种枝条强健，可轻剪。

五、灾害防治

（一）高温危害防治

炎热夏季拉用遮荫网，防止暴晒；喷洒水，降低温度；加强水分管理。

（二）低温危害防治

当土壤冰冻且晴天风很大时，扶桑会通过暴露在外面的叶子而失去水分，但不能通过冰冻的根系获得水分，叶子会枯萎变成褐色，茎也可能会枯萎，甚至整株植物都会枯死。

防治方法：①用粗麻布或稻草包裹可以为扶桑披上一层外衣，起到防寒的作用。②加强抗寒栽培，确保在秋季时精心灌溉，以保证树体储存充足的水分。

（三）风害防治

风害流行季节应采取防风措施。如发现植株被吹倒，应及时用竹竿或木棍和草绳将其固定。风障的防风效果也极为显著，在大风的地区可以设置风障。

（四）市政工程危害防治

1. 土层深度变化

（1）填方危害的防治　安装通气排水系统；环剥。
（2）挖方危害的防治　根系保鲜；施肥；合理修剪；尽量避开根区开挖，或从主根下通过。

2. 地面铺装

地面铺装的危害包括：有碍水气交换；改变了下垫面的性质；造成干基环割。

防治方法：选择适应性强的树种；选择通透性强的铺装材料；改进铺装技术；设置通气、透水系统，避免整体浇筑。

六、花期控制

（一）修剪法

合理修剪能促进扶桑新梢萌发，生长健壮，花枝多，花序大；还可促成一年二次开花，延长花期。如修剪不当则会诱发大量无效分枝。整形修剪应把影响扶桑树冠的枝条剪除，留下的枝条约剪去树冠顶部1/3左右。

（二）水肥控法

通常情况下，氮肥和水分充足可促进营养生长而延迟开花，增施磷肥、钾肥有助于抑制营养生长而促进花芽分化。在扶桑营养生长后期追施磷、钾肥可促进提早开花。花期较长的植物，在开花后期增施营养可延长总花期。

控制水分也可达到促进提前开花的目的。在干旱季节，充分灌水有利于生长发育，促进开花。在休眠期和花芽分化期，可通过水肥控制迫使植物休眠或促进花芽分化。

实训任务单

子任务名称	子任务1 扶桑的种植	学时	4
一、训练目标、要求 1．了解扶桑的生物学习性、种植成活的基本原理。 2．熟悉扶桑定植前的定点、放线。 3．掌握挖穴、换土、栽植、淋定根水、栽植修剪、支撑的相关要求。			
二、训练重点及难点 1．重点：栽植地选择。 2．难点：栽植修剪。			
三、训练用具、材料准备 1．苗木。 2．铁铲、锄头、剪刀、水桶、锯等工具、用具。 3．杀菌剂、生根剂。 4．塘泥、黄土、泥炭土等基质。 5．竹棍、水泥杆等支撑物。			
四、作业和思考题 1．扶桑种植需要注意什么？ 2．如何提高扶桑的种植成活率？			

五、训练内容与方法		
训练内容	训练方法	参考时间
下达种植任务，查阅相关技术和气象资料	以公司为单位查阅文献资料	课外
确定种植方案	通过讨论，确定种植方案	20分钟
领取工具、器具、材料	由工区负责人领取工具、器具、材料	5分钟
定点、放线	教师示范并指导学生实际操作	20分钟
挖穴、换土	教师示范并指导学生实际操作	35分钟
种植	教师示范并指导学生实际操作	40分钟
修剪、支撑、淋定根水	教师示范并指导学生实际操作	30分钟
生产小结、评比	现场提问、引导	30分钟

六、考核标准			
考核要点	观测点	评定采分	得分
查阅资料、确定方案	信息获取能力	5	
	民主决策能力	5	
定点、放线	熟练使用仪器、工具	10	
	正确标记	5	
挖穴、换土	挖穴符合规格要求	10	
	营养土混配比例正确、混配均匀	15	
种植	深度适合	10	
	朝向正确、直立	5	
	土球完整，根系损伤少	10	
植后养护	修剪适度	10	
	支撑牢固、正确	5	
	淋定根水充足	5	
态度	积极主动	5	
合　　计		100	

七、课后小结 1．扶桑种植成活的原理。 2．扶桑种植的关键环节。 3．扶桑种植的适宜季节。

子任务名称	子任务2 扶桑的土、肥、水管理	学时	5

一、训练目标、要求

1. 了解扶桑的生长发育特点、种植地的土壤特性。
2. 熟悉扶桑生长周期对养分和水分的需求规律。
3. 掌握科学的松土方法、施肥方法、肥料用量、配方施肥以及浇水的方法。

二、训练重点及难点

1. 重点：浇水、施肥。
2. 难点：配方施肥。

三、训练用具、材料准备

1. 氮、磷、钾及微量元素肥料。
2. 铁铲、锄头、水桶等工具、用具。

四、作业和思考题

1. 如何对扶桑进行水分管理？
2. 扶桑的施肥方法？如何进行配方施肥？

五、训练内容与方法

训练内容	训练方法	参考时间
下达施肥任务，查阅相关技术和气象资料	以公司为单位查阅文献资料	课外
确定施肥方案	通过讨论，确定施肥方案	20分钟
领取工具、器具、材料	由工区负责人领取工具、器具、材料	5分钟
松土、挖施肥沟	教师示范并指导学生实际操作	30分钟
施肥	教师示范并指导学生实际操作	65分钟
浇水	教师示范并指导学生实际操作	45分钟
覆土	教师示范并指导学生实际操作	30分钟
生产小结、评比	现场提问、引导	30分钟

六、考核标准

考核要点	观测点	评定采分	得分
查阅资料、确定方案	信息获取能力	5	
	民主决策能力	5	
松土、挖施肥沟	松土的深度适合	10	
	施肥沟与植株根系的距离适合	10	
施肥	施肥量的把握	10	
	准确判断缺素症状	15	
	配方施肥混配比例正确、混配均匀	10	
	施肥时机的把握	5	
	施肥间隔期的把握	5	
	根外追肥	5	
浇水	树体淋水量的把握	10	
	浇水间隔期的把握	5	
态度	积极主动	5	
合　　计		100	

七、课后小结

1. 扶桑需肥和需水的规律。
2. 扶桑配方施肥的原理。
3. 扶桑松土、施肥和浇水的关键环节。

学习情境 3　常绿灌木的养护

子任务名称	子任务3 扶桑的病虫害防治	学时	4

一、训练目标、要求
1．了解扶桑常见病虫害的发生规律。
2．熟悉和识别扶桑常见病虫害的症状及高峰期。
3．掌握扶桑常见病虫害的防治方法。

二、训练重点及难点
1．重点：病虫害的防治。
2．难点：病虫害的识别。

三、训练用具、材料准备
1．农药。
2．石灰、刷子、水桶。
3．喷雾器、铁铲、锄头等工具、用具。

四、作业和思考题
1．扶桑常见的病虫害有哪些？
2．如何进行扶桑病虫害的综合防治？

五、训练内容与方法

训练内容	训练方法	参考时间
下达病虫害防治任务，查阅相关技术和气象资料	以公司为单位查阅文献资料	课外
确定病虫害防治方案	通过讨论，确定病虫害防治方案	20分钟
领取工具、器具、材料	由工区负责人领取工具、器具、材料	5分钟
除草	教师示范并指导学生实际操作	20分钟
配药	教师示范并指导学生实际操作	20分钟
喷药	教师示范并指导学生实际操作	50分钟
树干涂白	教师示范并指导学生实际操作	35分钟
生产小结、评比	现场提问、引导	30分钟

六、考核标准

考核要点	观测点	评定采分	得分
症状诊断	症状诊断能力	15	
查阅资料、确定防治方案	信息获取能力	5	
	民主决策能力	5	
	防治方案的科学性	15	
配药	用药种类的把握	10	
	农药与水混配比例正确、混配均匀	10	
喷药	喷药是否均匀周到	10	
综合防治	物理、生物等防治方法的掌握	15	
除草	杂草识别	5	
	除草方法	5	
态度	积极主动	5	
合 计		100	

七、课后小结
1．扶桑常见的病虫害。
2．扶桑病虫害防治的关键环节。

子任务名称		子任务 4 扶桑的整形修剪	学时	5
一、训练目标、要求				
1. 了解扶桑的树形特点。				
2. 熟悉园林景观树种的树形结构和整形修剪的常用方法。				
3. 掌握扶桑整形修剪的方法。				
二、训练重点及难点				
1. 重点：整形修剪。				
2. 难点：整形修剪的方法。				
三、训练用具、材料准备				
绿篱剪、枝剪、箩筐等工具、用具。				
四、作业和思考题				
1. 扶桑整形修剪的方法有哪些？				
2. 扶桑修剪的最佳季节是何时？				
3. 扶桑常用的整形修剪方式有哪些？				

五、训练内容与方法

训练内容	训练方法	参考时间
下达整形修剪任务，查阅相关技术和气象资料	以公司为单位查阅文献资料	课外
确定整形修剪方案	通过讨论，确定整形修剪方案	20 分钟
领取工具、器具、材料	由工区负责人领取工具、器具、材料	5 分钟
整形修剪	教师示范并指导学生实际操作	170 分钟
生产小结、评比	现场提问、引导	30 分钟

六、考核标准

考核要点	观测点	评定采分	得分
查阅资料、确定方案	信息获取能力	5	
	民主决策能力	5	
整形修剪	整形是否美观	30	
	修剪适度	30	
	整形修剪时节的把握	20	
态度	积极主动	10	
合计		100	

七、课后小结

1. 扶桑适宜的整形修剪季节。

2. 扶桑整形修剪的关键环节。

子任务名称	子任务5 扶桑的灾害防治	学时	2

一、训练目标、要求
1. 了解常见的灼伤、冻害、寒害、风害、市政工程危害等症状。
2. 熟悉和识别常见的灾害。
3. 掌握灾害防治的方法。

二、训练重点及难点
1. 重点：灾害防治。
2. 难点：灾害防治的方法和最佳时机。

三、训练用具、材料准备
1. 叶面肥、喷雾器。
2. 石灰、刷子、水桶。
3. 枝剪、木棍、绳子等工具、用具。

四、作业和思考题
1. 如何防治扶桑的低温危害？
2. 如何防治扶桑的高温危害？
3. 如何防治扶桑的风害？

五、训练内容与方法

训练内容	训练方法	参考时间
下达灾害防治任务，查阅相关技术和气象资料	以公司为单位查阅文献资料	课外
确定灾害防治方案	通过讨论，确定灾害防治方案	20分钟
领取工具、器具、材料	由工区负责人领取工具、器具、材料	5分钟
喷药复壮	教师示范并指导学生实际操作	10分钟
遮荫或麻布包裹（预防灼烧、寒害）	教师示范并指导学生实际操作	10分钟
修剪	教师示范并指导学生实际操作	15分钟
支撑（风害）	教师示范并指导学生实际操作	10分钟
生产小结、评比	现场提问、引导	20分钟

六、考核标准

考核要点	观测点	评定采分	得分
查阅资料、确定方案	信息获取能力	5	
	民主决策能力	5	
喷药复壮	药与水混配比例正确、混配均匀	10	
	喷药是否均匀	15	
遮荫或麻布包裹	是否能达到预期效果	10	
	遮荫或麻布包裹是否整齐、美观	10	
修剪	整形是否美观	10	
	修剪适度	15	
支撑	支撑牢固、正确	15	
态度	积极主动	5	
合　　计		100	

七、课后小结
扶桑灾害防治的关键环节。

子任务名称		子任务6 扶桑的花期控制	学时	2

一、训练目标、要求
1. 了解扶桑的植物生理学特性。
2. 熟悉扶桑的生长发育特点。
3. 掌握扶桑控制花期的方法。

二、训练重点及难点
1. 重点：花期控制。
2. 难点：花期控制的方法。

三、训练用具、材料准备
1. 氮、磷、钾及微量元素肥料。
2. 铁铲、锄头、水桶、枝剪等工具、用具。

四、作业和思考题
如何进行扶桑的花期调控？

五、训练内容与方法

训练内容	训练方法	参考时间
下达花期控制任务，查阅相关技术和气象资料	以公司为单位查阅文献资料	课外
确定花期控制方案	通过讨论，确定花期控制方案	20分钟
领取工具、器具、材料	由工区负责人领取工具、器具、材料	5分钟
施肥	教师示范并指导学生实际操作	20分钟
浇水	教师示范并指导学生实际操作	10分钟
合理修剪	教师示范并指导学生实际操作	5分钟
生产小结、评比	现场提问、引导	30分钟

六、考核标准

考核要点	观测点	评定采分	得分
查阅资料、确定方案	信息获取能力	5	
	民主决策能力	5	
	花期控制方案的正确性	15	
水分调控	浇水时机的把握	10	
	浇水量的把握	5	
肥料调控	施肥量的把握	10	
	配方施肥混配比例正确、混配均匀	10	
	施肥时机的把握	10	
修剪调控	修剪季节的把握	10	
	修剪适度	15	
态度	积极主动	5	
合计		100	

七、课后小结
1. 扶桑花期控制的原理。
2. 扶桑花期控制的关键环节。

任务 3 九里香养护技术

相关知识

学名：*Murraya exotica*
别名：石桂树
科属：芸香科九里香属

一、分布及园林用途

九里香产于中国云南、贵州、湖南、广东、广西、福建、台湾等地，以及亚洲其他一些热带及亚热带地区。常见于离海岸不远的平地、缓坡、小丘的灌木丛中。开花时香气宜人，南方做绿篱栽植，或做建筑物的基础栽植，也可盆栽供室内观赏。

二、九里香生物学习性

（一）植物学特性

九里香嫩枝呈圆柱形，直径 1～5mm，表面灰褐色，具纵皱纹。质坚韧，不易折断，断面不平坦。羽状复叶有小叶 3～9 片，多已脱落；小叶片呈倒卵形或近菱形，最宽处在中部以上，长约 3cm，宽约 1.5cm；两侧常不对称，先端钝，急尖或凹入，基部略偏斜，全缘，平展；黄绿色，薄革质，上表面有透明腺点，小叶柄短或近无柄，下部有时被柔毛；花序通常顶生，或顶生兼腋生，花多聚成伞状，为短缩的圆锥状聚伞花序；花白色，芳香，味苦、辛，有麻舌感；果橙黄至朱红色，阔卵形或椭圆形，顶部短尖，略歪斜，果肉有粘胶质液，种子有短的棉质毛。

（二）生长发育对环境条件的要求

九里香喜阳也耐干旱，忌渍水。栽培土一定要疏水透气，一般用山泥加沙，或用略粗泥粒与沙混合，在贴近根系的地方适量全用沙。

九里香喜温暖、湿润的气候，要求阳光充足、土层深厚、肥沃及排水良好的土壤，不耐寒。

（三）生长发育周期

九里香的花期为 4～8 月，也有秋后开花的，果期为 9～12 月。

养护管理操作技能

一、种植

（一）整地

在移植前对预备用于栽种的土地进行翻耕，并结合翻耕施用有机肥做基肥。

（二）确定栽植穴

栽植前应根据设计要求定点、放线。

（三）挖穴

单植或丛植一般穴为圆筒状，绿篱时为长方形槽，成片密植则用几何大块浅坑。栽植穴的直径比土球直径要大30～40cm，深度要比土球直径大20～30cm。在挖好的栽植穴底部，加入基肥后用土堆10～20cm的小土堆。如果栽植地土壤太差，还应加大穴的直径，采用客土法栽植。可以加大株间的距离，即扩大植株的营养面积，增加日照，有利于通风透光，使植株生长健壮。

（四）移植

将植株带土移植，如果土壤比较肥沃，可以直接作为回填土，因此挖穴时要把表土和底土分开，经暴晒1～2个月后才进行回穴，回填时将底土混上草木灰以及有机肥为主的肥料垫于底层和中层，再将表土覆盖于定植穴的上层，要将所有挖出来的土全部回穴，并培成土丘，等穴土沉实后栽植；但最好是用晒干的塘泥同样混以草木灰以及有机肥为主的肥料垫于底层和中层，再用晒干的塘泥覆盖于定植穴上层。在地下水位较低的地方，可堆土丘来栽植。

九里香的移植以植株水分蒸腾量极低时进行最为适宜。因为移植时必然伤及根系，使吸水量下降，与植株水分蒸腾量失去平衡，造成植株萎蔫而影响成活。因此，在无风的阴天移植最为理想，降雨前移植成活率更高。就一天来说，傍晚进行移植最好，这样有一夜的缓苗时间，更有利于成活。

移植后要扶正，填土，埋土至根颈部，做圆形畦。浇足定根水，使根系与土壤直接接触，利于成活和生长。

二、土、肥、水管理

（一）土壤管理

种植地宜选择阳光充足、排水良好、土层深厚肥沃的中性或稍偏碱性冲积土为好，在干旱瘠薄、土壤黏重的地方生长不良。

（二）施肥管理

植株的施肥原则是"适时、适当、适量"。刚移植的植株还较小，施肥仍以勤施薄施为主。随着植株的生长，植株的生理状态发生变化，施肥可以分为施基肥和追肥两种。

施基肥除了在定植前结合整地进行以外，一般在每年的春秋两季九里香生长发育旺盛时期施两次基肥。施肥的方法可以根据树的形态和大小，在树冠下（造型特殊的植株可根据实际情况而定）开盘穴或条状沟（要注意不要伤及主要侧根），埋入肥料。施基肥主要以经腐熟的有机肥为主，某些化肥也可作基肥，但要注意不要施得太早和太深，以免利用率不高，同时要掌握其用量。

追肥是为补充基肥的不足。常用的追肥肥料有化肥、腐熟的饼肥水和人粪尿等。在春秋九里香生长旺盛期，可适当追肥。要及时观察和分析植株的生长状况，当由于缺素而影响生长时要及时追施相应肥料。最好在春季施磷、钾较多的迟效有机肥。在开花孕蕾前，要适当追施磷、钾肥，有利于多开花，花香浓。如果施氮肥过多，磷、钾肥偏少，易导致枝叶徒长，使植株不能正常孕蕾开花。另外在花芽分化时，还应节制浇水，这样有利于孕蕾。

（三）水分管理

九里香较耐干旱，生长期间不宜浇水过多，保持土壤稍湿润即可。夏季高温浇水要充足，但不能有积水，否则会烂根，影响其开花结果；此时还要给枝叶喷水，降低温度，使叶色变得油绿。土壤过干或过湿会出现叶片发黄脱落。

三、病虫害防治

（一）病害防治

白粉病是九里香常见的病害。常在叶面、叶背上布满白色粉状物，使叶片失绿、黄化、脱落，在新梢抽生期间发生病害严重。雨水多、湿度大时，特别容易发病，且蔓延迅速。

防治方法：在新梢抽生期间，必须分别在新梢刚刚萌动时，对新梢叶喷洒一次1500倍晴菌唑水溶液，或800倍粉锈宁水溶液，或1000倍白粉净水溶液等，均匀喷湿所有的枝叶（以开始有水珠往下滴为宜）。当雨水多、湿度大时，要在晴天及时喷洒一次800倍甲基托布津水溶液。如喷药后四小时内遇雨，应重新补喷一次，以提高防治效果。

（二）虫害防治

九里香常见的虫害有红蜘蛛、枝梢天牛、金龟子、凤蝶、卷叶蛾、蚜虫、桔光绿天牛等。

1. 红蜘蛛

红蜘蛛为害叶片，吸附在叶片上刺吸汁液，使植株营养不良，造成叶片失绿、黄化，导致大量落叶。

防治方法：红蜘蛛为害在高温干旱时易发生，要注意检查叶片，发现叶面、叶背上有针头大小的红色小虫在爬动时，就要连续喷洒 2～3 次 1000 倍液乐斯本水溶液，或 1500 倍液螨即死水溶液，或 2000 倍液灭扫利水溶液进行防治，每 10～15 天喷洒一次。

2. 枝梢天牛

枝梢天牛为害枝干、枝梢，从表皮层蛀入为害，形成虫道，使树势衰弱，严重时枝干、枝梢折断，甚至枯死。

防治方法：在九里香生长季节，要注意经常检查枝干、枝梢，发现有虫粪排出时，就要找到虫孔，然后用棉花蘸敌敌畏原液，将虫孔口堵塞住，使枝梢天牛被闷死在虫道内。在枝梢天牛产卵和孵化季节（一般在秋季），每 7～10 天在枝干和枝梢上喷洒一次乐斯本水溶液，或 1000 倍液敌敌畏水溶液，连续喷 2～3 次，即可将卵粒和刚孵化的幼虫杀死。

3. 金龟子、凤蝶

金龟子、凤蝶为害叶片，主要是啃食嫩叶，使叶片减少，削弱树势，影响正常生长。

防治方法：在嫩叶生长期间，可以喷洒一次 800 倍液敌百虫水溶液进行防治。

4. 卷叶蛾、蚜虫

卷叶蛾、蚜虫为害嫩叶，使叶片卷曲后枯死，或使生长点萎缩不长，影响叶片正常生长。

防治方法：在嫩叶生长期间，可以喷洒一次 1500 倍液蚜虱净水溶液。

5. 桔光绿天牛

发生桔光绿天牛虫害后，被害树枝内空，易于风折，有的甚至干枯。受害的树枝，每隔一定距离可见有排粪孔，故该虫又称吹箫虫。用刀劈开树枝，可见淡黄色的天牛幼虫。随着虫龄的增大，蛀食量的增多，树枝内的虫道越来越大，而树枝内木质部却越来越少，终因水分输送不足干枯，并易被风吹折倒。

防治方法：桔光绿天牛为蛀食性害虫，隐蔽性强，不易发现，防治困难。常采用药物和园林修剪措施，结合修剪使用敌敌畏、敌杀死的防治效果较好。

四、整形修剪

九里香常修剪培养成丛状或绿篱带。整形修剪时要注意以下几点：

（1）生长期修剪　修剪原则是轻剪疏剪，即把那些没有抽生花序的生长枝剪去顶梢 3～4 节，以抑制延长生长，促进花芽分化，长出新花枝；同时把那些长势差和密度大的花枝及错位交叉枝、阴生枝、直立枝、徒长枝等从基部剪去，以利通风透光，集中营养供花枝发育开花，并保持树冠面整齐美观。

（2）花后修剪　一般宜在花谢后进行，按中度至强度修剪的方法短截花枝，保障新长的秋梢于入冬前有较长时间进行营养生长和营养累积。

五、灾害防治

九里香常见的灾害有低温危害和市政工程危害。

（一）低温危害防治

低温时，九里香会通过暴露在外面的叶子而失去水分，但不能通过冰冻的根系获得水分，叶子会枯萎变成褐色，茎也可能会枯萎，甚至整株植物都会枯死。

防治方法：①选择健壮树种，加强抗寒栽培促枝梢老熟（多施氮、钾肥，少施磷肥）。②加强抗寒栽培，确保在秋季时精心灌溉，以保证植株储存充足的水分。③浇冻水、培土、涂白、包草、搭风障推迟萌芽期，改善小气候条件。用粗麻布或稻草包裹可以为扶桑披上一层外衣，起到防寒的作用。

（二）市政工程危害防治

1. 土层深度变化

（1）填方危害的防治　安装通气排水系统；环剥。
（2）挖方危害的防治　根系保鲜；施肥；合理修剪；尽量避开根区开挖，或从主根下通过。

2. 地面铺装

地面铺装的危害包括：有碍水气交换；改变了下垫面的性质；造成干基环割。

防治方法：选择适应性强的树种；选择通透性强的铺装材料；改进铺装技术；设置通气、透水系统，避免整体浇筑。

六、花期控制

（一）水肥控法

通常情况下，氮肥和水分充足可促进营养生长而延迟开花，增施磷肥、钾肥有助于抑制营养生长而促进花芽分化。一般情况下，在营养生长后期追施磷、钾肥可促进提早开花。花期较长的植物，在开花后期增施营养可延长总花期。

控制水分也可达到促进提前开花的目的。在干旱季节，充分灌水有利于生长发育，促进开花。在休眠期和花芽分化期，可通过水肥控制迫使植物休眠或促进花芽分化。

（二）修剪法

可采用摘心、修剪、摘蕾等措施，调节植物生长速度。摘心处理有利于植株整形和延迟开花。剥去侧芽侧蕾，有利于促进主芽开花。摘除顶芽顶蕾，有利于促进侧芽侧蕾开花。不同植株分期修剪可使花期相接。

实训任务单

子任务名称	子任务1 九里香的种植	学时	4

一、训练目标、要求
1. 了解九里香的生物学习性、种植成活的基本原理。
2. 熟悉九里香定植前的定点、放线。
3. 掌握挖穴、换土、栽植、淋定根水、栽植修剪、支撑的相关要求。

二、训练重点及难点
1. 重点：栽植修剪、移植。
2. 难点：栽植地选择。

三、训练用具、材料准备
1. 苗木。
2. 铁铲、锄头、剪刀、水桶、锯等工具、用具。
3. 杀菌剂、生根剂。
4. 塘泥、黄土、泥炭土等基质。
5. 竹棍、水泥杆等支撑物。

四、作业和思考题
1. 九里香种植需要注意什么？
2. 如何提高九里香的种植成活率？

五、训练内容与方法

训练内容	训练方法	参考时间
下达种植任务，查阅相关技术和气象资料	以公司为单位查阅文献资料	课外
确定种植方案	通过讨论，确定种植方案	20分钟
领取工具、器具、材料	由工区负责人领取工具、器具、材料	5分钟
定点、放线	教师示范并指导学生实际操作	20分钟
挖穴、换土	教师示范并指导学生实际操作	35分钟
种植	教师示范并指导学生实际操作	40分钟
修剪、支撑、淋定根水	教师示范并指导学生实际操作	30分钟
生产小结、评比	现场提问、引导	30分钟

六、考核标准

考核要点	观测点	评定采分	得分
查阅资料、确定方案	信息获取能力	5	
	民主决策能力	5	
定点、放线	熟练使用仪器、工具	10	
	正确标记	5	
挖穴、换土	挖穴符合规格要求	10	
	营养土混配比例正确、混配均匀	15	
种植	深度适合	10	
	朝向正确、直立	5	
	土球完整，根系损伤少	10	
植后养护	修剪适度	10	
	支撑牢固、正确	5	
	淋定根水充足	5	
态度	积极主动	5	
合 计		100	

七、课后小结
1. 九里香种植成活的原理。
2. 九里香种植的关键环节。
3. 九里香适宜种植的季节。

子任务名称	子任务2 九里香的土、肥、水管理	学时	5

一、训练目标、要求

1. 了解九里香的生长发育特点、种植地的土壤特性。
2. 熟悉九里香生长周期对养分和水分的需求规律。
3. 掌握科学的松土方法、施肥方法、肥料用量、配方施肥以及浇水的方法。

二、训练重点及难点

1. 重点：施肥。
2. 难点：配方施肥。

三、训练用具、材料准备

1. 氮、磷、钾及微量元素肥料。
2. 铁铲、锄头、水桶等工具、用具。

四、作业和思考题

1. 九里香的施肥方法有哪些？
2. 九里香如何进行配方施肥？

五、训练内容与方法

训练内容	训练方法	参考时间
下达施肥任务，查阅相关技术和气象资料	以公司为单位查阅文献资料	课外
确定施肥方案	通过讨论，确定施肥方案	20分钟
领取工具、器具、材料	由工区负责人领取工具、器具、材料	5分钟
松土、挖施肥沟	教师示范并指导学生实际操作	30分钟
施肥	教师示范并指导学生实际操作	65分钟
浇水	教师示范并指导学生实际操作	45分钟
覆土	教师示范并指导学生实际操作	30分钟
生产小结、评比	现场提问、引导	30分钟

六、考核标准

考核要点	观测点	评定采分	得分
查阅资料、确定方案	信息获取能力	5	
	民主决策能力	5	
松土、挖施肥沟	松土的深度适合	10	
	施肥沟与植株根系的距离适合	10	
施肥	施肥量的把握	10	
	准确判断缺素症状	15	
	配方施肥混配比例正确、混配均匀	10	
	施肥时机的把握	5	
	施肥间隔期的把握	5	
	根外追肥	5	
浇水	树体淋水量的把握	10	
	浇水间隔期的把握	5	
态度	积极主动	5	
合计		100	

七、课后小结

1. 九里香需肥和需水的规律。
2. 九里香配方施肥的原理。
3. 九里香松土、施肥和浇水的关键环节。

子任务名称	子任务3 九里香的病虫害防治	学时	4

一、训练目标、要求

1. 了解九里香常见病虫害的发生规律。
2. 熟悉和识别九里香常见病虫害的症状及高峰期。
3. 掌握九里香常见病虫害的防治方法。

二、训练重点及难点

1. 重点：病虫害的防治。
2. 难点：病虫害的识别。

三、训练用具、材料准备

1. 农药。
2. 石灰、刷子、水桶。
3. 喷雾器、铁铲、锄头等工具、用具。

四、作业和思考题

1. 九里香的常见病虫害？
2. 如何进行九里香病虫害的综合防治？

五、训练内容与方法

训练内容	训练方法	参考时间
下达病虫害防治任务，查阅相关技术和气象资料	以公司为单位查阅文献资料	课外
确定病虫害防治方案	通过讨论，确定病虫害防治方案	20分钟
领取工具、器具、材料	由工区负责人领取工具、器具、材料	5分钟
除草	教师示范并指导学生实际操作	20分钟
配药	教师示范并指导学生实际操作	20分钟
喷药	教师示范并指导学生实际操作	50分钟
树干涂白	教师示范并指导学生实际操作	35分钟
生产小结、评比	现场提问、引导	30分钟

六、考核标准

考核要点	观测点	评定采分	得 分
症状诊断	症状诊断能力	15	
查阅资料、确定防治方案	信息获取能力	5	
	民主决策能力	5	
	防治方案的科学性	15	
配药	用药种类的把握	10	
	农药与水混配比例正确、混配均匀	10	
喷药	喷药是否均匀周到	10	
综合防治	物理、生物等防治方法的掌握	15	
除草	杂草识别	5	
	除草方法	5	
态度	积极主动	5	
合 计		100	

七、课后小结

1. 九里香常见的病虫害。
2. 九里香病虫害防治的关键环节。

子任务名称	子任务4　九里香的整形修剪	学时	5

一、训练目标、要求

1．了解九里香的树形特点。

2．熟悉园林景观树种的树形结构和整形修剪的常用方法。

3．掌握九里香整形修剪的方法。

二、训练重点及难点

1．重点：整形修剪。

2．难点：整形修剪的方法。

三、训练用具、材料准备

绿篱剪、枝剪、箩筐等工具、用具。

四、作业和思考题

1．九里香整形修剪的方法？

2．九里香整形修剪的最佳季节？

3．九里香常用的整形修剪方式有哪些？

五、训练内容与方法

训练内容	训练方法	参考时间
下达整形修剪任务，查阅相关技术和气象资料	以公司为单位查阅文献资料	课外
确定整形修剪方案	通过讨论，确定整形修剪方案	20分钟
领取工具、器具、材料	由工区负责人领取工具、器具、材料	5分钟
整形修剪	教师示范并指导学生实际操作	170分钟
生产小结、评比	现场提问、引导	30分钟

六、考核标准

考核要点	观测点	评定采分	得　分
查阅资料、确定方案	信息获取能力	5	
	民主决策能力	5	
整形修剪	整形是否美观	30	
	修剪适度	30	
	整形修剪时节的把握	20	
态度	积极主动	10	
合　　计		100	

七、课后小结

1．九里香适宜的整形修剪季节。

2．九里香整形修剪的关键环节。

子任务名称	子任务5 九里香的灾害防治		学时	2

一、训练目标、要求
1. 了解常见的灼伤、冻害、寒害、风害、市政工程危害等症状。
2. 熟悉和识别常见的灾害。
3. 掌握灾害防治的方法。

二、训练重点及难点
1. 重点：灾害防治。
2. 难点：灾害防治的方法和最佳时机。

三、训练用具、材料准备
1. 叶面肥、喷雾器。
2. 石灰、刷子、水桶。
3. 枝剪、木棍、绳子等工具、用具。

四、作业和思考题
1. 如何防治九里香的低温危害？
2. 如何防治九里香的高温危害？
3. 如何防治九里香的风害？

五、训练内容与方法

训练内容	训练方法	参考时间
下达灾害防治任务，查阅相关技术和气象资料	以公司为单位查阅文献资料	课外
确定灾害防治方案	通过讨论，确定灾害防治方案	20分钟
领取工具、器具、材料	由工区负责人领取工具、器具、材料	5分钟
喷药复壮	教师示范并指导学生实际操作	10分钟
遮荫或麻布包裹（预防灼伤、寒害）	教师示范并指导学生实际操作	10分钟
修剪	教师示范并指导学生实际操作	15分钟
支撑（风害）	教师示范并指导学生实际操作	10分钟
生产小结、评比	现场提问、引导	20分钟

六、考核标准

考核要点	观测点	评定采分	得分
查阅资料、确定方案	信息获取能力	5	
	民主决策能力	5	
喷药复壮	药与水混配比例正确、混配均匀	10	
	喷药是否均匀	15	
遮荫或麻布包裹	是否能达到预期效果	10	
	遮荫或麻布包裹是否整齐、美观	10	
修剪	整形是否美观	10	
	修剪适度	15	
支撑	支撑牢固、正确	15	
态度	积极主动	5	
合计		100	

七、课后小结
九里香灾害防治的关键环节。

子任务名称	子任务6　九里香的花期控制	学时	2

一、训练目标、要求

1．了解九里香的植物生理学特性。
2．熟悉九里香的生长发育特点。
3．掌握九里香控制花期的方法。

二、训练重点及难点

1．重点：花期控制。
2．难点：花期控制的方法。

三、训练用具、材料准备

1．氮、磷、钾及微量元素肥料。
2．铁铲、锄头、水桶、枝剪等工具、用具。

四、作业和思考题

如何对九里香进行花期调控？

五、训练内容与方法

训练内容	训练方法	参考时间
下达花期控制任务，查阅相关技术和气象资料	以公司为单位查阅文献资料	课外
确定花期控制方案	通过讨论，确定花期控制方案	20分钟
领取工具、器具、材料	由工区负责人领取工具、器具、材料	5分钟
施肥	教师示范并指导学生实际操作	20分钟
浇水	教师示范并指导学生实际操作	10分钟
合理修剪	教师示范并指导学生实际操作	5分钟
生产小结、评比	现场提问、引导	30分钟

六、考核标准

考核要点	观测点	评定采分	得分
查阅资料、确定方案	信息获取能力	5	
	民主决策能力	5	
	花期控制方案的正确性	15	
水分调控	浇水时机的把握	10	
	浇水量的把握	5	
肥料调控	施肥量的把握	10	
	配方施肥混配比例正确、混配均匀	10	
	施肥时机的把握	10	
修剪调控	修剪季节的把握	10	
	修剪适度	15	
态度	积极主动	5	
合　计		100	

七、课后小结

1．九里香花期控制的原理。
2．九里香花期控制的关键环节。

相关文献链接

[1] 张永鹏，梁磊. 海桐花壮苗培育及园林绿化技术[J]. 山东林业科技，2006，6.

[2] 刘忠颖. 海桐育苗及造园技术[J]. 林业科技开发，2005，19（4）.

[3] 陈青梅. 海桐吹绵蚧的习性及防治[J]. 安徽林业科技，1997，2.

[4] 谢莉华. 海桐煤污病的病原菌分离与杀菌剂室内毒力测定[J]. 山地农业生物学报，2007，26（6）.

[5] 沈建新，张惠琴. 海桐吹绵蚧的发生与防治[J]. 植保技术与推广，2001，21（8）.

[6] 梁萍，谢彦洁. 广西扶桑病虫害发生概况[J]. 广西植保，2009，22（1）.

[7] 马骏，胡学难. 广州扶桑上发现扶桑绵粉蚧[J]. 植物检疫，2009，23（2）.

[8] 黄森木. 扶桑病虫害防治[J]. 花卉，2008，1.

[9] 李万方. 盆栽扶桑的养护要点[J]. 花木盆景：花卉园艺，2003，2.

[10] 唐黎标. 怎样让家养扶桑多开花[J]. 花卉，2008，10.

[11] 何开家，曹斌. 九里香（CAP）规范化种植技术[J]. 大众科技，2009，3.

[12] 雷计仲，林剑波. 九里香白粉病的防治试验[J]. 现代农业科技，2008，15.

[13] 韦文添. 九里香白粉病及其防治[J]. 植物医生，2008，21（2）.

[14] 舒迎澜. 引种九里香[J]. 园林，2006，5.

[15] 黄家南. 九里香的主要病虫害及其防治[J]. 花卉，2005，3.

[16] 郭源振. 九里香白粉病发病规律及其防治[J]. 花木盆景：花卉园艺，2005，2.

[17] 陈伟程. 浅谈九里香的移植[J]. 花木盆景：盆景赏石版，2005，2.

习 题

一、填空题

1. 海桐的学名是_____，别名为_____，属于_____科_____属，其主要园林用途是_____。

2. 海桐的花期是_____月，果实成熟期是_____月。

3. 就一天来说，海桐的移植时间最好选择在_____最为适宜。

4. 海桐常见的虫害有_____、_____。

5. 扶桑的学名是_____，别名为_____，属于_____科_____属，其主要园林用途是_____。

6. 扶桑栽植穴一般为_____状，栽植穴的直径比土球直径要大_____，深度要比土球直径大_____。

7. 扶桑常见的病害有_____、_____、_____；常见的虫害有_____、_____。

8. 扶桑花期控制的方法有_____。

9. 九里香的学名是_____，别名为_____，属于_____科_____属，花_____色，芳香，果_____色，种子有短的棉质毛。

10. 九里香常见的病害有_____，常见的虫害有_____、_____、_____、_____、_____等。

二、判断题

1. 海桐对光照的适应能力较强，较耐荫蔽，也非常耐烈日，但以半阴地生长最佳。（   ）

2. 扶桑喜光，喜温暖湿润的气候，不耐寒，喜肥沃湿润且排水良好的微酸性土壤。（   ）

3. 为了提高移栽成活率，减少蒸腾，扶桑在移栽时可以不加选择地将顶枝全部剪掉。（   ）

4. 扶桑品种繁多，不同种类其修剪也不尽相同。（   ）

5. 九里香喜阳，耐干旱，也耐水湿。（   ）

三、选择题

1. 海桐花是（   ），果是（   ）。
   A. 红色　　　　　　　　　　　B. 白色或黄绿色
   C. 紫色　　　　　　　　　　　D. 粉红色

2. 海桐对土壤要求不严，黏土、沙土、偏碱性土及中性土均能适应，但在（   ）土壤中生长最盛。
   A. 酸性　　　B. 中性　　　C. 碱性　　　D. 偏酸性

3. 扶桑对光照有特殊要求，如光照不足会使（   ）。
   A. 花蕾脱落　　B. 花朵缩小　　C. 花色暗淡　　D. 花朵变大

4. 九里香的花期为（   ），果期为（   ）。
   A. 1～3月　　B. 4～8月　　C. 5～6月　　D. 9～12月

四、简答题

1. 海桐整形修剪应注意什么？
2. 扶桑常见的病虫害及其防治方法有哪些？
3. 九里香常见的病虫害及其防治方法有哪些？

学习情境 4 落叶灌木的养护

- 任务1 木槿养护技术
- 任务2 紫薇养护技术
- 任务3 鸡蛋花养护技术

情境学习总览

学习情境 4		落叶灌木的养护	16 学时
简介		华南地区常见的落叶灌木有木槿、紫薇、鸡蛋花等。落叶灌木没有明显主干,具有一年内枯死的叶,全部老叶脱落后进入休眠时期,植株一般比较矮小,不会超过 6m,一般可分为观花、观果、观枝干等几类。	
学习目标	相关知识	1. 落叶灌木(木槿、紫薇、鸡蛋花)的分布及园林用途 2. 落叶灌木(木槿、紫薇、鸡蛋花)的生物学习性,包括植物学特性、生长发育对环境条件的要求 3. 土、肥、水管理技术 4. 病虫害识别与防治技术 5. 整形修剪技术 6. 繁殖和育苗技术 7. 植物栽植和配置的相关技术 8. 灾害防治技术	
	专业技能	1. 能够设计常见落叶灌木(木槿、紫薇、鸡蛋花)的养护方案 2. 能够根据常见落叶灌木(木槿、紫薇、鸡蛋花)的成活原理,选择适宜的栽植季节 3. 能够根据园林树木配置原理,掌握常见落叶灌木(木槿、紫薇、鸡蛋花)的栽植技术(施工前准备、施工原则、整地、苗木运source、确定栽植穴等技术) 4. 能够根据常见落叶灌木(木槿、紫薇、鸡蛋花)的长势,适时进行土、肥、水管理 5. 能够根据季节和天气的变化,选择适宜的时期采用适当的方法,对常见落叶灌木(木槿、紫薇、鸡蛋花)进行整形修剪 6. 能够描述常见落叶灌木(木槿、紫薇、鸡蛋花)病虫害的症状和及时诊断病虫害,并进行综合防治 7. 能够对高温、低温、风害、市政工程危害等及时进行有效防治和及时复壮 8. 能够掌握常见落叶灌木(木槿、紫薇、鸡蛋花)的花期控制技术	
	职业素质	1. 解决实际问题的能力 2. 信息采集处理、资料整理、撰写技术报告的能力 3. 工作任务的分析、实施和监控的能力 4. 快速地掌握新知识、新技能的能力 5. 自主学习和创新的能力 6. 综合分析、决策的能力	
	拓展能力	1. 培养组织协调能力和良好的沟通能力 2. 培养团队协作、诚实守信的品格 3. 培养吃苦耐劳、爱岗敬业的精神 4. 培养积极主动的工作态度和扎实的实操能力	
教与学	教学方法	1. 讨论法 2. 角色扮演法 3. 实战训练法 4. 案例法 5. 现场教学法 6. 系统管护法 7. 会诊法	
	教学资源	课件、图片、教学情境设计方案与实施方案、任务书、工作记录单、考核单	
	对教师的专业理论技能要求	1. 具有高校教师资格,本科及以上学历,具有较强的专业技能 2. 掌握教学论与方法论,并根据教学论与方法论灵活设计学习情境 3. 能够指导学生查阅、收集资料及撰写技术报告 4. 能够识别常见的落叶灌木树种 5. 具有丰富的落叶灌木种植和养护的经验 6. 具有丰富的教学实践经验,能控制整个项目的进程 7. 能够及时准确地纠正学生的错误操作,并对学生的完成效果进行准确地评价 8. 能够指导学生对实施过程与结果进行总结和归纳	

(续)

教与学	对学习者的专业理论技能要求	1. 具有植物学、植物生理学、观赏树木学的基本知识和技能 2. 具有基本的土、肥、水管理知识和病虫害防治知识 3. 具有环保、安全的相关知识 4. 具有基本的自学能力和创新能力 5. 具有一定的文献收集和整理能力 6. 具有一定的职业道德素质
考核与评价		1. 评价原则：评价范围的全面性、评价主题的多样性和评价方法的综合性相结合 2. 考核形式包括过程考核和结果考核：学生自评（10%）、工区对个人的评价（20%）、工区间的互评（20%）、老师对个人的评价（30%）、老师对工区的评价（20%） 3. 考核方法：笔试、操作、撰写报告等 4. 评价内容 1）专业技能评价：种植成活率，土、肥、水管理，整形修剪，病虫害症状的识别与防治，高温、低温、风害、市政工程危害等的防治技术，花期控制技术 2）知识和职业技能评价：信息收集、整理及撰写报告的能力，分析、处理问题的能力，相关知识的掌握 3）态度评价：态度是否积极主动

学生工作任务单

学习情景4　落叶灌木的养护			
学习小组		指导教师	
工作任务描述： 根据实训基地生产需要，通过教师提供的参考书、教学课件、音像资料等，在教师的指导下完成落叶灌木（木槿、紫薇、鸡蛋花）的养护任务，最后取得良好的景观效果			
具体工作任务： 1. 获得相关资料与信息 1）熟悉落叶灌木（木槿、紫薇、鸡蛋花）的生物学习性 2）熟悉不同品种的植物学特性 3）熟悉生产设施、环境条件 4）熟悉种植的整个过程及质量要求（栽前准备工作，定点、放线，挖穴，栽植修剪，定植，栽后管理，清理场地等） 5）熟悉养护的整个过程及各阶段质量要求（土、肥、水管理，病虫害防治，整形修剪，灾害防治等） 6）了解新技术 2. 制定、讨论、修改养护方案 3. 根据养护方案，购买苗木、肥料、农药等农资 4. 实施养护方案 1）定点、放线，适时种植 2）根据树体长势，适时、适量地进行土、肥、水管理 3）及时防治病虫害 4）适时整形修剪 5）及时防治各种灾害（高温、低温、风害、市政工程危害等） 6）观察落叶灌木（木槿、紫薇、鸡蛋花）的生物学习性（植物学特性、生长发育对环境条件的要求） 5. 成果展示，并评定成绩 6. 讨论、总结、反思学习过程，撰写技术报告，各小组汇报学习体会，实现学习迁移 7. 提交养护业务档案、工作日记、小组工作总结、技术报告等，材料整理归档			
学习条件： 1. 多媒体教室 2. 植物栽培实训室 3. 园艺技术实训基地（含校园温室大棚） 4. 农机具、仪器设备、农业生产资料 5. 图片、课件、音像资料、教学录像、网络资源 6. 工作任务单、实施方案、工作日记、考核单等			

任务1 木槿养护技术

相关知识

学名：*Hibiscus syriacus* L.
别名：木锦、面花、篱障花、朱槿、赤槿、朝开暮落花
科属：锦葵科木槿属

一、分布及园林用途

我国自东北南部至华南各地均有栽培，尤以以长江流域为多。木槿用途广，抗性强，在园林绿化中广为应用。对氯气、二氧化硫等有毒有害气体有较强的抗性，同时它还具有滞尘、降噪功能，可作为工厂、矿区和城市街道的优良绿化树种。栽植木槿可以收到很好的景观效果，同时也可起到净化环境和保护生态的作用。木槿在园林中常用作花篱、绿篱。

二、木槿生物学习性

（一）植物学特性

1. 形态特征

木槿为落叶灌木或小乔木，高可达 3～4m。小枝灰褐色，皮孔明显，幼时密被柔毛，以后逐渐脱落。根鲜黄色。单叶互生，卵形至菱状卵形，基部广楔形或圆形，先端常具三尖裂，有 3 条明显的主脉，叶缘有锐或钝锯齿或深浅不同的三裂，叶柄有毛。花单生叶腋或小枝顶端，基部有6～7个线形小苞；萼钟形5裂，有毛；花冠钟形，有红、白、蓝、紫等多样颜色，5裂，基部与雄蕊筒相连。雄蕊多数，结合成筒。子房5室；蒴果长圆形，先端具长嘴，被星状绒毛，背裂；种子黑褐色，背部具棕色长毛。花期为7～9月，果期为8～10月。

2. 观赏特点

木槿作"篱"，编织成纹，叶绿花繁，花态各异，华而不俗。经过修剪还可养成乔木形树姿，开花时花朵挂满枝头，娇艳夺目。花虽然朝开暮落，但花期很长，于夏、秋炎热时节开花，历时可达 4 个月且花繁叶茂。木槿有多个园艺品种，色彩有白、米黄、淡紫、紫红之分，花瓣有单瓣、半重瓣、重瓣之别。

（二）生长发育对环境条件的要求

木槿喜光、耐半荫，适宜种植于阳光充足处，在疏林边缘也可正常生长，但在背荫处、

大树下生长不良。木槿喜温暖湿润的气候，也较耐寒，但小苗耐寒力相对较差。栽植时除应适当选择大规格（3年生以上）苗木外，还应尽量种植于背风向阳处，避免种植于高坡、风口，以防冻害。木槿在轻黏土、壤土及素砂土中均能正常生长，在砂质壤土中生长状况最好。木槿有一定的耐盐碱力，在 pH 值为 8.8、含盐量为 0.3% 的盐碱土中能正常生长。其耐旱但怕水渍，适宜种植于高燥之处，在低洼处种植极易因烂根而死亡。同样，在池塘、沟渠边也不适宜种植。木槿对空气质量要求不高，对二氧化硫、氯气等有毒有害气体有较强的抗性，可用于化工厂厂区绿化。

（三）生长发育周期

木槿为多年生灌木，生长速度快，可一年种植多年采收。10月到次年2月为休眠期，枝叶分化孕育；3~6月为营养生长放条阶段；7~9月为孕蕾开花阶段。

养护管理操作技能

一、种植

木槿对土壤要求不严格，一般可利用房前屋后的空地、山坡地、边角荒地种植，也可作为绿篱在菜地、果园四周单行种植，或成片种植进行专业化生产。木槿可采用单行垄作栽培，垄间距为 110~120cm，株距为 50~60cm，垄中间开种植穴或种植沟。木槿移栽定植时，种植穴或种植沟内要施足基肥，一般以垃圾土或腐熟的厩肥等农家肥为主，配合施入少量复合肥。移栽定植最好在幼苗休眠期进行，也可在多雨的生长季节进行，移栽时要剪去部分枝叶以利成活。定植后应浇一次定根水，并保持土壤湿润，直到成活。

二、土、肥、水管理

（一）土壤管理

木槿在轻黏土、壤土及素砂土中均能正常生长，在砂质壤土中生长状况最好。木槿有一定的耐盐碱力，在 pH 值为 8.8、含盐量为 0.3% 的盐碱土中能正常生长。少量可栽培于房前屋后的空地、山坡地、边角荒地、河沟、渠道旁，也可以在桑园、果园四周单行栽植，或作为隔离的篱笆用。规模种植应选择以土壤肥沃、排灌方便、地形平坦的农田或低缓坡山地为主。

（二）施肥管理

木槿喜肥，常施肥的植株比只施基肥的植株长势壮，花大色艳，且抗病能力强。在种植时，可使用腐熟发酵的固肥作基肥，此后于每年早春及初夏木槿即将开花时和秋末各施用芝麻酱渣或烘干鸡粪，可使植株生长旺盛，花多且大。对于植株生长不良或明显缺乏营养的，可对叶面喷施氮、磷、钾复合肥，能起到增强树势的作用。入秋后一般不施肥，以防止枝条徒长而在冬季遭受冻害。

（三）水分管理

新植苗木种植后应马上浇头水，两天后浇二水，五天后浇三水，此后根据土壤墒情浇水。一般在第一个生长期内浇 5~7 次水，立秋后应适当控制浇水量，防止枝条徒长而木质化程度低。11 月初应浇足浇透防冻水，翌年早春 3 月初可浇解冻水。4、5 两个月，由于春季季风持续时间长，且气温回升较快，因此也应浇 2~3 次水，浇水应浇足浇透。若春季缺水，易导致植株叶片窄小发黄，花小或不能完全开放。夏季雨天应少浇水或不浇水，大雨过后还要及时排水，并在适当的时候松土，增加土壤的通透性，防止因积水而烂根。

三、病虫害防治

（一）病害防治

木槿常见的病害是霉污病，多发生于高温高湿的天气；还有叶斑病和锈病危害。

防治方法：日常应加强水肥管理，合理修剪，使植株通风透光。夏季到来前还可喷施 75%百菌清可湿性粉剂 800 倍液进行预防。发生叶斑病和锈病危害，可用 65%代森锌可湿性粉剂 600 倍液喷洒。

（二）虫害防治

虫害有蚜虫、粉虱、金龟子、卷叶蛾、刺蛾等害虫危害。

防治方法：如有虫害发生，可用 3000~4000 倍液 2.5%溴氰菊脂乳油或 40%氧化乐果乳油 1000 倍液进行防治。夏季偶尔有刺蛾危害，可喷施敌百虫等农药防治。

四、整形修剪

（一）修剪类型

根据木槿枝条开张程度不同，可将木槿分为两类。

（1）直立型　直立型木槿枝条近直立，萌芽力强，成枝力相对较差，不耐长放，可将其培养改造成有主干开心形，即主干上留 3~4 个主枝，每个主枝上留 1~2 个侧枝，其余全部疏除。

（2）开张型　开张型木槿枝条开张，易抽生旺枝和中花枝，对修剪反应较敏感，可将其培养成丛生灌木状，即无主干或主干极短，主枝数较多，一般 4~6 个。

（二）修剪方法

1）用作花篱的木槿，在栽植后进行第一次修剪，以后每年初冬进行一次修剪，主要是保持绿篱的美观。

2）对于片植、孤植的木槿，可疏除冗杂的小枝，对于已开花的枝条应进行短截，留 8~12cm 左右。

3）对花圃中已成形的主干开心形的木槿应以培养中、短花枝开花为主，可于每年秋季落叶后将长枝适当短截，疏去过密枝、下垂枝、交叉枝、病虫枝、内膛枝。冬剪时对中花枝在分枝处短截，可有效地控制树势和促进开花。另外，如果不需要留种，花谢后要及时将残花剪除，以免其结果，消耗养分。

五、灾害防治

（1）高温危害防治　选择抗性强的树种；加强水分管理。
（2）低温危害防治　选择健壮树种；加强抗寒栽培；推迟萌芽期；改善小气候条件。
（3）风害防治　根系保鲜；施肥；合理修剪；通气、排水；支撑；修剪树枝。
（4）市政工程危害防治　根系保鲜；施肥；合理修剪；通气、排水。

六、花期控制

将所有盛开的花枝带蕾剪除 1/3~1/2，促其再次孕蕾开花，二次花仍可开至秋末。

实训任务单

子任务名称		子任务1 木槿的种植	学时	3
一、训练目标、要求 1. 了解木槿的生物学习性、种植成活的基本原理。 2. 熟悉木槿定植前的定点、放线。 3. 掌握挖穴、换土、栽植、淋定根水、栽植修剪、支撑的相关要求。				
二、训练重点及难点 1. 重点：栽植修剪。 2. 难点：栽植深度的把握。				
三、训练用具、材料准备 1. 苗木。 2. 铁铲、锄头、剪刀、水桶、锯等工具、用具。 3. 杀菌剂、生根剂。 4. 塘泥、黄土、泥炭土等基质。 5. 竹棍、水泥杆等支撑物。				
四、作业和思考题 木槿栽培的关键技术是什么？				
五、训练内容与方法				
训练内容		训练方法	参考时间	
下达种植任务，查阅相关技术和气象资料		以公司为单位查阅文献资料	课外	
确定种植方案		通过讨论，确定种植方案	10分钟	
领取工具、器具、材料		由工区负责人领取工具、器具、材料	5分钟	
定点、放线		教师示范并指导学生实际操作	10分钟	
挖穴、换土		教师示范并指导学生实际操作	20分钟	
种植		教师示范并指导学生实际操作	45分钟	
修剪、支撑、淋定根水		教师示范并指导学生实际操作	25分钟	
生产小结、评比		现场提问、引导	20分钟	
六、考核标准				
考核要点	观测点		评定采分	得分
查阅资料、确定方案	信息获取能力		5	
	民主决策能力		5	
定点、放线	熟练使用仪器、工具		10	
	正确标记		5	
挖穴、换土	挖穴符合规格要求		10	
	营养土混配比例正确、混配均匀		15	
种植	深度适合		10	
	朝向正确、直立		5	
	土球完整，根系损伤少		10	
植后养护	修剪适度		10	
	支撑牢固、正确		5	
	淋定根水充足		5	
态度	积极主动		5	
合　　计			100	
七、课后小结 1. 木槿种植成活的原理。 2. 木槿种植的关键环节。 3. 木槿种植的季节。				

子任务名称	子任务2 木槿的土、肥、水管理		学时	3

一、训练目标、要求
1. 了解木槿的生长发育特点、种植地的土壤特性。
2. 熟悉木槿生长周期对养分和水分的需求规律。
3. 掌握科学的松土方法、施肥方法、肥料用量、配方施肥以及浇水的方法。

二、训练重点及难点
1. 重点：施肥。
2. 难点：配方施肥。

三、训练用具、材料准备
1. 氮、磷、钾及微量元素肥料。
2. 铁铲、锄头、水桶等工具、用具。

四、作业和思考题
如何对木槿进行施肥？

五、训练内容与方法

训练内容	训练方法	参考时间
下达施肥任务，查阅相关技术和气象资料	以公司为单位查阅文献资料	课外
确定施肥方案	通过讨论，确定施肥方案	10分钟
领取工具、器具、材料	由工区负责人领取工具、器具、材料	5分钟
松土、挖施肥沟	教师示范并指导学生实际操作	10分钟
施肥	教师示范并指导学生实际操作	65分钟
浇水	教师示范并指导学生实际操作	20分钟
覆土	教师示范并指导学生实际操作	5分钟
生产小结、评比	现场提问、引导	20分钟

六、考核标准

考核要点	观 测 点	评定采分	得 分
查阅资料、确定方案	信息获取能力	5	
	民主决策能力	5	
松土、挖施肥沟	松土的深度适合	10	
	施肥沟与植株根系的距离适合	10	
施肥	施肥量的把握	10	
	准确判断缺素症状	15	
	配方施肥混配比例正确、混配均匀	10	
	施肥时机的把握	5	
	施肥间隔期的把握	5	
	根外追肥	5	
浇水	树体淋水量的把握	10	
	浇水间隔期的把握	5	
态度	积极主动	5	
合 计		100	

七、课后小结
1. 木槿需肥和需水的规律。
2. 木槿配方施肥的原理。
3. 木槿松土、施肥和浇水的关键环节。

子任务名称	子任务3　木槿的病虫害防治	学时	3

一、训练目标、要求

1. 了解木槿常见病虫害的发生规律。
2. 熟悉和识别木槿常见病虫害的症状及高峰期。
3. 掌握木槿常见病虫害的防治方法。

二、训练重点及难点

1. 重点：病虫害的防治。
2. 难点：病虫害的识别。

三、训练用具、材料准备

1. 农药。
2. 石灰、刷子、水桶。
3. 喷雾器、铁铲、锄头等工具、用具。

四、作业和思考题

木槿病虫害防治的关键技术有哪些？

五、训练内容与方法

训练内容	训练方法	参考时间
下达病虫害防治任务，查阅相关技术和气象资料	以公司为单位查阅文献资料	课外
确定病虫害防治方案	通过讨论，确定病虫害防治方案	10分钟
领取工具、器具、材料	由工区负责人领取工具、器具、材料	5分钟
除草	教师示范并指导学生实际操作	10分钟
配药	教师示范并指导学生实际操作	15分钟
喷药	教师示范并指导学生实际操作	65分钟
生产小结、评比	现场提问、引导	20分钟

六、考核标准

考核要点	观测点	评定采分	得分
症状诊断	症状诊断能力	15	
查阅资料、确定防治方案	信息获取能力	5	
	民主决策能力	5	
	防治方案的科学性	15	
配药	用药种类的把握	10	
	农药与水混配比例正确、混配均匀	10	
喷药	喷药是否均匀周到	10	
综合防治	物理、生物等防治方法的掌握	15	
除草	杂草识别	5	
	除草方法	5	
态度	积极主动	5	
合　　计		100	

七、课后小结

1. 木槿常见的病虫害。
2. 木槿病虫害防治的关键环节。

子任务名称		子任务4 木槿的整形修剪	学时	3
一、训练目标、要求				
1. 了解木槿的树形特点。				
2. 熟悉园林景观树种的树形结构。				
3. 掌握木槿整形修剪的方法。				
二、训练重点及难点				
1. 重点：整形修剪。				
2. 难点：整形修剪的方法。				
三、训练用具、材料准备				
高枝剪、折叠梯等工具、用具。				
四、作业和思考题				
木槿整形修剪的关键技术有哪些？				
五、训练内容与方法				
训练内容		训练方法	参考时间	
下达整形修剪任务，查阅相关技术和气象资料		以公司为单位查阅文献资料	课外	
确定整形修剪方案		通过讨论，确定整形修剪方案	10分钟	
领取工具、器具、材料		由工区负责人领取工具、器具、材料	5分钟	
整形修剪		教师示范并指导学生实际操作	100分钟	
生产小结、评比		现场提问、引导	20分钟	
六、考核标准				
考核要点	观 测 点		评定采分	得 分
查阅资料、确定方案	信息获取能力		5	
	民主决策能力		5	
整形修剪	整形是否美观		30	
	修剪适度		30	
	整形修剪时节的把握		20	
态度	积极主动		10	
合　计			100	
七、课后小结				
1. 木槿适宜的整形修剪季节。				
2. 木槿整形修剪的关键环节。				

子任务名称	子任务5 木槿的灾害防治	学时	2

一、训练目标、要求

1. 了解常见的灼伤、冻害、寒害、风害、市政工程危害等症状。
2. 熟悉和识别常见的灾害。
3. 掌握灾害防治的方法。

二、训练重点及难点

1. 重点：灾害防治。
2. 难点：灾害防治的方法和最佳时机。

三、训练用具、材料准备

1. 叶面肥、喷雾器。
2. 石灰、刷子、水桶。
3. 枝剪、木棍、绳子等工具、用具。

四、作业和思考题

木槿风害防治的措施有哪些？

五、训练内容与方法

训练内容	训练方法	参考时间
下达灾害防治任务，查阅相关技术和气象资料	以公司为单位查阅文献资料	课外
确定灾害防治方案	通过讨论，确定灾害防治方案	10分钟
领取工具、器具、材料	由工区负责人领取工具、器具、材料	5分钟
喷药复壮	教师示范并指导学生实际操作	30分钟
修剪	教师示范并指导学生实际操作	15分钟
支撑（风害）	教师示范并指导学生实际操作	10分钟
生产小结、评比	现场提问、引导	20分钟

六、考核标准

考核要点	观测点	评定采分	得分
查阅资料、确定方案	信息获取能力	5	
	民主决策能力	5	
喷药复壮	药与水混配比例正确、混配均匀	15	
	喷药是否均匀	15	
修剪	整形是否美观	15	
	修剪适度	15	
支撑	支撑牢固、正确	15	
态度	积极主动	15	
合　　计		100	

七、课后小结

1. 木槿喷药复壮的关键环节。
2. 木槿修剪和支撑的关键环节。

子任务名称	子任务6 木槿的花期控制		学时	2

一、训练目标、要求
1．了解木槿的植物生理学特性。
2．熟悉木槿的生长发育特点。
3．掌握控制花期的方法。

二、训练重点及难点
1．重点：花期控制。
2．难点：花期控制的方法。

三、训练用具、材料准备
1．氮、磷、钾及微量元素肥料。
2．铁铲、锄头、水桶、枝剪等工具、用具。

四、作业和思考题
木槿花期控制的技术有哪些？

五、训练内容与方法

训练内容	训练方法	参考时间
下达花期控制任务，查阅相关技术和气象资料	以公司为单位查阅文献资料	课外
确定花期控制方案	通过讨论，确定花期控制方案	10分钟
领取工具、器具、材料	由工区负责人领取工具、器具、材料	5分钟
水肥控制	教师示范并指导学生实际操作	10分钟
施肥	教师示范并指导学生实际操作	20分钟
浇水	教师示范并指导学生实际操作	10分钟
合理修剪	教师示范并指导学生实际操作	15分钟
生产小结、评比	现场提问、引导	20分钟

六、考核标准

考核要点	观测点	评定采分	得分
查阅资料、确定方案	信息获取能力	5	
	民主决策能力	5	
	花期控制方案的正确性	15	
水分调控	浇水时机的把握	10	
	浇水量的把握	5	
肥料调控	施肥量的把握	10	
	配方施肥混配比例正确、混配均匀	10	
	施肥时机的把握	10	
修剪调控	修剪季节的把握	10	
	修剪适度	15	
态度	积极主动	5	
合　计		100	

七、课后小结
1．木槿花期控制的原理。
2．木槿花期控制的关键环节。

任务2　紫薇养护技术

相关知识

学名：*Lagerstroemiaindica*
别名：痒痒树、百日红
科属：千屈菜科紫薇属

一、分布及园林用途

我国华东、华中、华南及西南均有分布，各地普遍栽培。紫薇是我国夏季重要的观花乔木，花期较长，花色艳丽，常植于建筑物和院落内、池畔、河边、草坪四周及公园小径两侧；现广泛用于行道树或植于城市道路的花带内，也可用来制作盆景。

二、紫薇生物学习性

（一）植物学特性

1．形态特征

紫薇树冠不整齐，枝干多扭曲，树皮薄片状剥落，小枝略呈四棱形，常有狭翅。单叶对生或上部互生，叶椭圆形，长 3~7cm。圆锥花序顶生，呈红、紫、白等色，茎 2.5~3cm，瓣 6 片，蒴果，径约 1.2cm。花期为 6~9 月，果期为 9~10 月。

2．观赏特点

圆锥花序着生于新枝顶端，长达 20cm，每朵花 6 瓣，瓣多皱襞，似一轮盘。花开满树，艳丽如霞，故又称满堂红。紫薇树姿优美，树干光滑洁净，花色艳丽；开花时正当夏秋少花季节，花期极长，由 6 月可开至 9 月，故又有"百日红"之称，有"盛夏绿遮眼，此花红满堂"的赞语，是观花、观干、观根的盆景良材。

（二）生长发育对环境条件的要求

紫薇对环境条件的适应性较强，耐干旱和寒冷；对土壤要求不严，但种植在肥沃、深厚、疏松、呈微酸性或酸性的土壤中生长健壮；怕涝，忌种在地下水位高的低湿地方；喜光，生长和开花都需充足的阳光，也略耐荫；在温暖湿润的气候条件下生长旺盛。具有较强的抗污染能力，抗二氧化硫、氟化氢、氯气等有毒气体。

（三）生长发育周期

紫薇在自然条件下 10 月中旬开始落叶，第二年春季萌发新叶。花期为 6~9 月，果期为 9~10 月。

养护管理操作技能

一、种植

移植在秋季落叶后至春季芽萌动前进行,小苗移植可裸根,大苗移植需带土球,定植时施堆肥,连灌 2 次透水,以后适时灌水、松土、除草。植苗时要保持根系完整,栽植地点应选择阳光充足、湿润肥沃、排水良好的壤土。

二、土、肥、水管理

(一)土壤管理

紫薇喜湿润肥沃、排水良好的壤土,每年松土 2~3 次,几次浇水后为防板结,也应注意松土。干旱季节可进行树盘覆盖。

(二)施肥管理

紫薇施肥一般在冬季或早春,每株可施 10~15kg 腐熟的人粪尿或 2~4kg 有机肥,5~6 月追施少量的无机肥。对于小苗,生长季节应施以氮肥、复合肥,以加速苗木生长。

(三)水分管理

在整个生长季度应经常保持土壤湿润,春旱时 15 天左右浇 1 次水;秋季开花期不宜浇水太多,一般 25 天左右浇水 1 次;入冬季节浇足防冻水。

三、病虫害防治

(一)病害防治

1. 褐斑病

褐斑病在紫薇生长季节常常发生,严重时导致叶片大量枯黄、脱落,影响开花及观赏。

防治方法:及时清除病枝、病叶,并集中烧毁或深埋,以减少病菌来源。加强栽培管理,整形修剪,使植株通风透光。家庭盆栽的植株最好每年更换新土。发病初期可喷洒 50%多菌灵可湿性粉剂 500 倍液、65%代森锌可湿性粉剂 1000 倍液、75%百菌清可湿性粉剂 800 倍液。

2. 煤污病

黑色霉层或黑色煤粉层是该病的重要特征。煤污病主要侵害叶片和枝条,病害先是在叶片正面沿主脉侵染,后逐渐覆盖整个叶面,严重时叶片表面、枝条甚至叶柄上都会布满黑色煤粉状物,这些黑色煤粉状物会阻塞叶片气孔,妨碍正常的光合作用。

防治方法:合理安排种植密度,及时修剪病枝、多余枝,以利通风、透光,从而增强树势,减少发病。做好紫薇绒蚧、紫薇长斑蚜的防治,是预防煤污病的关键。对上年发病较重的地块,可在春季萌芽前喷洒 3~5 波美度的石硫合剂,以消灭越冬病原。对生长期间遭受煤污病侵害的植株，可喷洒 70%甲基托布津可湿性粉剂 1000 倍液或 50%多菌灵可湿性粉剂 1000 倍液等进行防治。

（二）虫害防治

危害紫薇的害虫主要有长斑蚜和绒蚧，发生危害时造成紫薇黄叶、枯叶、落叶、枝枯，甚至死亡，严重影响观赏效果和价值。

1．紫薇长斑蚜防治方法

1）当蚜虫初侵染危害时，结合整枝修剪，剪除带有虫害的萌芽或枝条，防止扩散危害。

2）蚜虫量不大时，可喷洒清水冲洗，或根部浇灌 40%氧化乐果，树冠直径每 20cm 用原药 1.5mL 左右，加水稀释 1000～1500 倍。

3）危害期可喷 1.1%的烟百素乳油 2000～3000 倍液，或 50%灭蚜松乳油 1000～1500 倍液，或 50%杀螟松 1000 倍液，或鱼藤精 1000～2000 倍液等。

4）烟草水防治也有一定效果。烟草末 40g 加水 1kg，浸泡 48h 后过滤制得原液。使用时加等量水稀释，另加洗衣粉 2～3g，搅匀后喷洒植株，有较好效果。

5）利用色板诱杀，诱粘有翅蚜虫或采用白锡纸反光，拒栖迁飞的蚜虫。有条件的地方可人工繁殖和散放天敌，如异色瓢虫及草岭幼虫。

2．紫薇绒蚧防治方法

1）加强植物检疫。从外地引种或采购苗木时剔除带有蚧虫的树苗，如发现有严重的蚧虫，要及时采取有效措施，经过认真处理才能使用，否则要集中烧毁。

2）结合绿地管护，剪除被蚧虫侵染的枝条，合理确定植株种植密度，使植株通风、透光。合理施肥，增强植株自然抗虫力。对个别枝条或叶片上的蚧虫，可用软刷刷除，用竹片轻轻刮掉或用破布蘸煤油抹去。虫体刮下或受损以后，便丧失繁殖能力。

3）药剂防治

① 冬季可喷施 10～15 倍的松脂合剂 1～3 次，以消灭越冬代雌虫。

② 涂刷白涂剂。白涂剂的配制比例为：生石灰 5kg、硫磺粉 1kg、食盐 250g、动物胶适量。配制时加水量以便于涂刷又不流淌为宜。

③ 若虫期防治。若虫期防治是防治的关键。在春季发芽前，喷施石硫合剂，加 0.1%～0.3%洗衣粉或少量机油防治越冬代若虫效果更好。对出土的初孵若虫，早春可在树根周围土面喷洒杀虫剂，用 50%西维因 500 倍液或 50%辛硫磷乳油 1000 倍液。对植株上的若虫，抓住孵化盛期喷药，此时蚧壳尚未增厚，药剂容易渗透。可选用 40%氧化乐果乳剂、50%马拉硫磷乳剂、25%亚胺硫磷乳剂、80%敌敌畏乳油、50%辛硫磷、50%杀螟松 1000～1500 倍液等，均匀喷雾，每隔 7～10 天喷 1 次，连续 2～3 次。

4）用高分子膜混合喷雾，喷洒在植株上形成一层薄膜，使虫体呼吸困难，以致窒息死亡。此外，保护利用红点唇标虫等天敌，也可降低危害。

四、整形修剪

栽种的紫薇要注意修剪，在栽植较大的紫薇时，栽前要重剪，可按栽培要求统一定干，把上部树冠全部剪掉，使树冠长势旺盛且整齐美观；幼树生长期间，应随时将茎干下部的侧芽摘除，以使顶芽和上部枝条能得到较多的养分而健壮成长，早日形成完整的树冠；在生产季节，应及时剪除残花和枝条，促发新枝以延长花期，紫薇花序开在新枝顶端，在落叶后要疏剪徒长枝、细弱枝、病虫枝、枯萎枝。

五、灾害防治

（1）高温危害防治　选择抗性强的树种；加强水分管理。
（2）低温危害防治　选择健壮树种；加强抗寒栽培；推迟萌芽期；改善小气候条件。
（3）风害防治　加强支撑；修剪树枝。
（4）市政工程危害防治　根系保鲜；施肥；合理修剪；通气、排水。

六、花期控制

控制花期修剪，要让紫薇在"十一"怒放，可在8月上旬将处于盛花期的紫薇新梢短截，剪去全部花枝约1/3的梢端枝叶。此后，加强水肥管理，施肥2~3次，约30天后即可于新梢上再次形成花芽。一般从短截之日起，50天左右可再度开花。

实训任务单

子任务名称	子任务1 紫薇的种植	学时	3
一、训练目标、要求 1. 了解紫薇的生物学习性、种植成活的基本原理。 2. 熟悉紫薇定植前的定点、放线。 3. 掌握挖穴、换土、栽植、淋定根水、栽植修剪、支撑的相关要求。			
二、训练重点及难点 1. 重点：栽植修剪。 2. 难点：栽植深度的把握。			
三、训练用具、材料准备 1. 苗木。 2. 铁铲、锄头、剪刀、水桶、锯等工具、用具。 3. 杀菌剂、生根剂。 4. 塘泥、黄土、泥炭土等基质。 5. 竹棍、水泥杆等支撑物。			
四、作业和思考题 紫薇栽培的关键技术有哪些？			

五、训练内容与方法

训练内容	训练方法	参考时间	
下达种植任务，查阅相关技术和气象资料	以公司为单位查阅文献资料	课外	
确定种植方案	通过讨论，确定种植方案	10分钟	
领取工具、器具、材料	由工区负责人领取工具、器具、材料	5分钟	
定点、放线	教师示范并指导学生实际操作	20分钟	
挖穴、换土	教师示范并指导学生实际操作	30分钟	
种植	教师示范并指导学生实际操作	30分钟	
修剪、支撑、淋定根水	教师示范并指导学生实际操作	40分钟	
生产小结、评比	现场提问、引导	20分钟	

六、考核标准

考核要点	观测点	评定采分	得分
查阅资料、确定方案	信息获取能力	5	
	民主决策能力	5	
定点、放线	熟练使用仪器、工具	10	
	正确标记	5	
挖穴、换土	挖穴符合规格要求	10	
	营养土混配比例正确、混配均匀	15	
种植	深度适合	10	
	朝向正确、直立	5	
	土球完整，根系损伤少	10	
植后养护	修剪适度	10	
	支撑牢固、正确	5	
	淋定根水充足	5	
态度	积极主动	5	
合　　计		100	

| 七、课后小结
1. 紫薇种植成活的原理。
2. 紫薇种植的关键环节。
3. 紫薇种植的季节。 ||||

子任务名称	子任务2 紫薇的土、肥、水管理		学时	3

一、训练目标、要求
1. 了解紫薇的生长发育特点、种植地的土壤特性。
2. 熟悉紫薇生长周期对养分和水分的需求规律。
3. 掌握科学的松土方法、施肥方法、肥料用量、配方施肥以及浇水的方法。

二、训练重点及难点
1. 重点：施肥。
2. 难点：配方施肥。

三、训练用具、材料准备
1. 氮、磷、钾及微量元素肥料。
2. 铁铲、锄头、水桶等工具、用具。

四、作业和思考题
紫薇的施肥技术有哪些？

五、训练内容与方法

训练内容	训练方法	参考时间
下达施肥任务，查阅相关技术和气象资料	以公司为单位查阅文献资料	课外
确定施肥方案	通过讨论，确定施肥方案	10分钟
领取工具、器具、材料	由工区负责人领取工具、器具、材料	5分钟
松土、挖施肥沟	教师示范并指导学生实际操作	20分钟
施肥	教师示范并指导学生实际操作	65分钟
浇水	教师示范并指导学生实际操作	10分钟
覆土	教师示范并指导学生实际操作	5分钟
生产小结、评比	现场提问、引导	20分钟

六、考核标准

考核要点	观测点	评定采分	得分
查阅资料、确定方案	信息获取能力	5	
	民主决策能力	5	
松土、挖施肥沟	松土的深度适合	10	
	施肥沟与植株根系的距离适合	10	
施肥	施肥量的把握	10	
	准确判断缺素症状	15	
	配方施肥混配比例正确、混配均匀	10	
	施肥时机的把握	5	
	施肥间隔期的把握	5	
	根外追肥	5	
浇水	树体淋水量的把握	10	
	浇水间隔期的把握	5	
态度	积极主动	5	
合计		100	

七、课后小结
1. 紫薇需肥和需水的规律。
2. 紫薇配方施肥的原理。
3. 紫薇松土、施肥和浇水的关键环节。

子任务名称	子任务3 紫薇的病虫害防治	学时	3

一、训练目标、要求
1. 了解紫薇常见病虫害的发生规律。
2. 熟悉和识别紫薇常见病虫害的症状及高峰期。
3. 掌握紫薇常见病虫害的防治方法。

二、训练重点及难点
1. 重点：病虫害的防治。
2. 难点：病虫害的识别。

三、训练用具、材料准备
1. 农药。
2. 石灰、刷子、水桶。
3. 喷雾器、铁铲、锄头等工具、用具。

四、作业和思考题
紫薇病虫害防治的关键技术有哪些？

五、训练内容与方法

训练内容	训练方法	参考时间
下达病虫害防治任务，查阅相关技术和气象资料	以公司为单位查阅文献资料	课外
确定病虫害防治方案	通过讨论，确定病虫害防治方案	10分钟
领取工具、器具、材料	由工区负责人领取工具、器具、材料	5分钟
除草	教师示范并指导学生实际操作	10分钟
配药	教师示范并指导学生实际操作	20分钟
喷药	教师示范并指导学生实际操作	70分钟
生产小结、评比	现场提问、引导	20分钟

六、考核标准

考核要点	观测点	评定采分	得 分
症状诊断	症状诊断能力	15	
查阅资料、确定防治方案	信息获取能力	5	
	民主决策能力	5	
	防治方案的科学性	15	
配药	用药种类的把握	10	
	农药与水混配比例正确、混配均匀	10	
喷药	喷药是否均匀周到	10	
综合防治	物理、生物等防治方法的掌握	15	
除草	杂草识别	5	
	除草方法	5	
态度	积极主动	5	
合 计		100	

七、课后小结
1. 紫薇常见的病虫害。
2. 紫薇病虫害防治的关键环节。

子任务名称		子任务 4 紫薇的整形修剪	学时	3

一、训练目标、要求

1．了解紫薇的树形特点

2．熟悉园林景观树种的树形结构和整形修剪的常用方法。

3．掌握紫薇整形修剪的方法。

二、训练重点及难点

1．重点：整形修剪。

2．难点：整形修剪的方法。

三、训练用具、材料准备

高枝剪、折叠梯等工具、用具。

四、作业和思考题

紫薇整形修剪的常用方法有哪些？

五、训练内容与方法

训练内容	训练方法	参考时间
下达整形修剪任务，查阅相关技术和气象资料	以公司为单位查阅文献资料	课外
确定整形修剪方案	通过讨论，确定整形修剪方案	10分钟
领取工具、器具、材料	由工区负责人领取工具、器具、材料	5分钟
整形修剪	教师示范并指导学生实际操作	100分钟
生产小结、评比	现场提问、引导	20分钟

六、考核标准

考核要点	观测点	评定采分	得分
查阅资料、确定方案	信息获取能力	5	
	民主决策能力	5	
整形修剪	整形是否美观	30	
	修剪适度	30	
	整形修剪时节的把握	20	
态度	积极主动	10	
合　计		100	

七、课后小结

1．紫薇适宜的整形修剪季节。

2．紫薇整形修剪的关键环节。

学习情境 4　落叶灌木的养护

子任务名称	子任务5 紫薇的灾害防治	学时	2

一、训练目标、要求

1. 了解常见的灼伤、冻害、寒害、风害、市政工程危害等症状。
2. 熟悉和识别常见的灾害。
3. 掌握灾害的防治方法。

二、训练重点及难点

1. 重点：灾害防治。
2. 难点：灾害防治的方法和最佳时机。

三、训练用具、材料准备

1. 叶面肥、喷雾器。
2. 石灰、刷子、水桶。
3. 枝剪、木棍、绳子等工具、用具。

四、作业和思考题

紫薇寒害预防的措施有哪些？

五、训练内容与方法

训练内容	训练方法	参考时间
下达灾害防治任务，查阅相关技术和气象资料	以公司为单位查阅文献资料	课外
确定灾害防治方案	通过讨论，确定灾害防治方案	10分钟
领取工具、器具、材料	由工区负责人领取工具、器具、材料	5分钟
喷药复壮	教师示范并指导学生实际操作	10分钟
修剪	教师示范并指导学生实际操作	35分钟
支撑（风害）	教师示范并指导学生实际操作	10分钟
生产小结、评比	现场提问、引导	20分钟

六、考核标准

考核要点	观测点	评定采分	得分
查阅资料、确定方案	信息获取能力	5	
	民主决策能力	5	
喷药复壮	药与水混配比例正确、混配均匀	15	
	喷药是否均匀	15	
修剪	整形是否美观	15	
	修剪适度	15	
支撑	支撑牢固、正确	15	
态度	积极主动	15	
合　　计		100	

七、课后小结

1. 紫薇喷药复壮的关键环节。
2. 紫薇修剪和支撑的关键环节。

子任务名称		子任务6 紫薇的花期控制	学时	2
一、训练目标、要求 1．了解紫薇的植物生理学特性。 2．熟悉紫薇的生长发育特点。 3．掌握控制花期的方法。					
二、训练重点及难点 1．重点：花期控制。 2．难点：花期控制的方法。					
三、训练用具、材料准备 1．氮、磷、钾及微量元素肥料。 2．铁铲、锄头、水桶、枝剪等工具、用具。					
四、作业和思考题 紫薇花期控制的技术有哪些？					
五、训练内容与方法					

训练内容	训练方法	参考时间
下达花期控制任务，查阅相关技术和气象资料	以公司为单位查阅文献资料	课外
确定花期控制方案	通过讨论，确定花期控制方案	10分钟
领取工具、器具、材料	由工区负责人领取工具、器具、材料	5分钟
水肥控制	教师示范并指导学生实际操作	10分钟
施肥	教师示范并指导学生实际操作	20分钟
浇水	教师示范并指导学生实际操作	10分钟
合理修剪	教师示范并指导学生实际操作	15分钟
生产小结、评比	现场提问、引导	20分钟

六、考核标准

考核要点	观测点	评定采分	得分
查阅资料、确定方案	信息获取能力	5	
	民主决策能力	5	
	花期控制方案的正确性	15	
水分调控	浇水时机的把握	10	
	浇水量的把握	5	
肥料调控	施肥量的把握	10	
	配方施肥混配比例正确、混配均匀	10	
	施肥时机的把握	10	
修剪调控	修剪季节的把握	10	
	修剪适度	15	
态度	积极主动	5	
合　　计		100	

七、课后小结
1．紫薇花期控制的原理。
2．紫薇花期控制的关键环节。

任务3 鸡蛋花养护技术

相关知识

学名：*Plumeria rubra Acutifolia*
别名：缅栀子、鹿角树、蛋黄花
科属：夹竹桃科鸡蛋花属

一、分布及园林用途

鸡蛋花在我国海南、福建、广西、广东、云南等地均有栽培，其可种植于庭院、草地或盆栽观赏，也可作插花材料，制作各种花篮、花环等。

二、鸡蛋花生物学习性

（一）植物学特性

鸡蛋花树高约5～8m，胸径15～20cm，树冠狭小，分枝密，枝条粗壮，肉质茎，乳汁丰富，茎绿色，无毛。叶互生，厚纸质，长椭圆形或阔披针形，叶面深绿色，叶背浅绿色，每数十片密集于枝梢，翠绿光滑。顶生聚伞花序，长6～25cm，宽15cm左右，数十朵一簇，着生于嫩梢的叶腋，花梗淡红色，花冠漏斗状，直径4～5cm，花冠筒外面略带淡红色斑纹，花由5片花瓣组成，呈螺旋状散开，瓣边白色，瓣心金黄色。花期为5～10月，在热带地区全年都可开花；果期为7～12月，一般栽培的植株很少结果。果实为蓇葖果对生，种子斜长圆形薄片状，顶端具膜质的翅，呈黄褐色。

（二）生长发育对环境条件的要求

鸡蛋花属阳性树种，喜光照充足和高温湿润的气候，生性强健，稍耐荫蔽，耐旱耐碱，忌涝，在肥沃的砂质土壤中生长较好。不耐寒，生长适温为23～30℃，越冬温度要求在5℃以上。在我国北回归线以南的广大地区，露地栽培一般可安全越冬；在华中、华北地区只宜盆栽，冬季入温室越冬。当气温低于23℃时，植株开始落叶，进入休眠，至翌年4月左右再恢复生长。

（三）生长发育周期

南方鸡蛋花在露地种植，冬季落叶，翌年春再生新叶。花期一般为5～10月，在热带地区全年都可开花；果期为7～12月，一般栽培的植株很少结果。

养护管理操作技能

一、种植

鸡蛋花一般采用扦插繁殖，即在春季选取 1～2 年生粗壮枝条，按长 10～15cm 剪切成段，再用清水洗净切口流出的乳汁，待其阴干后，才能插入土中，以免切口腐烂。扦插后约经 1～2 个月生根，1 年左右可移植于阳光充足的庭院、草地。

在南方温暖地区，鸡蛋花可在露地种植。春、夏、秋季均可栽培。种植时，应选择富含有机质的砂质壤土，栽培处宜阳光充足、排水良好。定植前，结合土壤深翻施基肥。对肥料要求不严，化肥、农家肥均可，但是要求有机肥必须完全腐熟，并要深埋，不宜与鸡蛋花根系直接接触。栽植的株行距为 2m×3m。

二、土、肥、水管理

（一）土壤管理

鸡蛋花喜疏松肥沃、有机质丰富的砂质壤土。每年松土 2～3 次，几次浇水后为防板结，也应注意松土。干旱季节可进行树盘覆盖。

（二）施肥管理

施足基肥，根据生长季节适时追肥，进入生长期，每月应追施稀薄液肥 1～2 次，可于 6～11 月每隔 10 天左右施 1 次腐熟液肥，浓度以 15% 为宜，也可浇施 0.15% 的尿素加 0.15% 的磷酸二氢钾混合液，以保证其生长良好。花前应施以磷为主的肥料 1～2 次，如肥料不足，则开花少或不开花。

（三）水分管理

夏、秋两季是鸡蛋花的生长、开花时期，每天晚上浇水 1～2 次。盛夏要浇足水防旱，但忌涝，过湿则根基易腐烂。雨季要防止积水，以防烂根。生长期应经常向叶面喷水，冬季休眠期切忌湿度过大，否则易烂根。

三、病虫害防治

（一）病害防治

1. 鸡蛋花角斑病

鸡蛋花角斑病发生在叶片上。病斑初期为褐色小斑点，扩展后病斑呈多角形至不规则状，边缘暗黑色，内黑褐色；后期病斑干枯，在潮湿环境下病斑上出现黑色粒状物。角斑病为真菌性病害，病原菌存活在栽培基质内及植物病残体上，以春季发病为多，室内可重复侵染危害，7～8月发病较重。

防治方法：加强养护，及时换盆更新基质，增施磷、钾肥，提高植株生长势。早春季节每隔7～10天喷洒1次0.5%波尔多液，或70%代森锰锌可湿性粉剂400倍液，或多菌灵600倍液。

2. 白粉病

白粉病为真菌性病害，在高温、通风不良而又湿度较高的环境中危害鸡蛋花，在嫩叶上出现白粉似的现象。

防治方法：可用50%的甲基硫菌灵·硫磺悬浮剂800倍液，或20%的三唑酮乳油2500倍液喷洒，每10天喷洒一次，连续2～3次。

3. 锈病

发生锈病后，叶背面发生橘黄色脓包，叶表面相应有小的浅黄色病斑。

防治方法：可选用25%粉锈宁1500～2000倍液，50%代森锰锌500倍液，或25%甲霜铜可湿性粉剂800倍液喷雾，每隔7～10天一次，连续防治2～3次。

（二）虫害防治

1. 红蜘蛛

喷施敌死虫机油乳油100～200倍液防治。

2. 蚧壳虫

可用25%的扑虱灵可湿性粉剂2000倍液进行喷杀。

四、整形修剪

矮化植株，可在每年冬季落叶后适当修剪，以促发侧枝。

五、灾害防治

（1）高温危害防治　选择抗性强的树种；加强水分管理。
（2）低温危害防治　选择健壮树种；加强抗寒栽培；推迟萌芽期；改善小气候条件。
（3）风害防治　加强支撑；修剪树枝。
（4）市政工程危害防治　根系保鲜；施肥；合理修剪；通气、排水。

六、花期控制

花期一般为5～10月，花前施以磷为主的薄肥1～2次。肥料充足可保证开花、多花，使其花期延长。

实训任务单

子任务名称	子任务1 鸡蛋花的种植	学时	3

一、训练目标、要求
1. 了解鸡蛋花的生物学习性、种植成活的基本原理。
2. 熟悉鸡蛋花定植前的定点、放线。
3. 掌握挖穴、换土、栽植、淋定根水、栽植修剪、支撑的相关要求。

二、训练重点及难点
1. 重点：栽植修剪。
2. 难点：栽植深度的把握。

三、训练用具、材料准备
1. 苗木。
2. 铁铲、锄头、剪刀、水桶、锯等工具、用具。
3. 杀菌剂、生根剂。
4. 塘泥、黄土、泥炭土等基质。
5. 竹棍、水泥杆等支撑物。

四、作业和思考题
鸡蛋花栽培的关键技术有哪些？

五、训练内容与方法

训练内容	训练方法	参考时间
下达种植任务，查阅相关技术和气象资料	以公司为单位查阅文献资料	课外
确定种植方案	通过讨论，确定种植方案	10分钟
领取工具、器具、材料	由工区负责人领取工具、器具、材料	5分钟
定点、放线	教师示范并指导学生实际操作	10分钟
挖穴、换土	教师示范并指导学生实际操作	20分钟
种植	教师示范并指导学生实际操作	45分钟
修剪、支撑、淋定根水	教师示范并指导学生实际操作	25分钟
生产小结、评比	现场提问、引导	20分钟

六、考核标准

考核要点	观测点	评定采分	得分
查阅资料、确定方案	信息获取能力	5	
	民主决策能力	5	
定点、放线	熟练使用仪器、工具	10	
	正确标记	5	
挖穴、换土	挖穴符合规格要求	10	
	营养土混配比例正确、混配均匀	15	
种植	深度适合	10	
	朝向正确、直立	5	
	土球完整，根系损伤少	10	
植后养护	修剪适度	10	
	支撑牢固、正确	5	
	淋定根水充足	5	
态度	积极主动	5	
合计		100	

七、课后小结
1. 鸡蛋花种植成活的原理。
2. 鸡蛋花种植的关键环节。
3. 鸡蛋花种植的季节。

子任务名称	子任务2 鸡蛋花的土、肥、水管理	学时	3

一、训练目标、要求
1. 了解鸡蛋花的生长发育特点、种植地的土壤特性。
2. 熟悉鸡蛋花生长周期对养分和水分的需求规律。
3. 掌握科学的松土方法、施肥方法、肥料用量、配方施肥以及浇水的方法。

二、训练重点及难点
1. 重点：施肥。
2. 难点：配方施肥。

三、训练用具、材料准备
1. 氮、磷、钾及微量元素肥料。
2. 铁铲、锄头、水桶等工具、用具。

四、作业和思考题
鸡蛋花的施肥技术有哪些？

五、训练内容与方法

训练内容	训练方法	参考时间
下达施肥任务，查阅相关技术和气象资料	以公司为单位查阅文献资料	课外
确定施肥方案	通过讨论，确定施肥方案	10分钟
领取工具、器具、材料	由工区负责人领取工具、器具、材料	5分钟
松土、挖施肥沟	教师示范并指导学生实际操作	10分钟
施肥	教师示范并指导学生实际操作	75分钟
浇水	教师示范并指导学生实际操作	10分钟
覆土	教师示范并指导学生实际操作	5分钟
生产小结、评比	现场提问、引导	20分钟

六、考核标准

考核要点	观测点	评定采分	得分
查阅资料、确定方案	信息获取能力	5	
	民主决策能力	5	
松土、挖施肥沟	松土的深度适合	10	
	施肥沟与植株根系的距离适合	10	
施肥	施肥量的把握	10	
	准确判断缺素症状	15	
	配方施肥混配比例正确、混配均匀	10	
	施肥时机的把握	5	
	施肥间隔期的把握	5	
	根外追肥	5	
浇水	树体淋水量的把握	10	
	浇水间隔期的把握	5	
态度	积极主动	5	
合　计		100	

七、课后小结
1. 鸡蛋花需肥和需水的规律。
2. 鸡蛋花配方施肥的原理。
3. 鸡蛋花松土、施肥和浇水的关键环节。

子任务名称		子任务3 鸡蛋花的病虫害防治	学时	3
一、训练目标、要求 1．了解鸡蛋花常见病虫害的发生规律。 2．熟悉和识别鸡蛋花常见病虫害的症状及高峰期。 3．掌握鸡蛋花常见病虫害的防治方法。					
二、训练重点及难点 1．重点：病虫害的防治。 2．难点：病虫害的识别。					
三、训练用具、材料准备 1．农药。 2．石灰、刷子、水桶。 3．喷雾器、铁铲、锄头等工具、用具。					
四、作业和思考题 鸡蛋花病虫害防治的关键技术有哪些？					
五、训练内容与方法				
训练内容		训练方法		参考时间
下达病虫害防治任务，查阅相关技术和气象资料		以公司为单位查阅文献资料		课外
确定病虫害防治方案		通过讨论，确定病虫害防治方案		10分钟
领取工具、器具、材料		由工区负责人领取工具、器具、材料		5分钟
除草		教师示范并指导学生实际操作		10分钟
配药		教师示范并指导学生实际操作		25分钟
喷药		教师示范并指导学生实际操作		65分钟
生产小结、评比		现场提问、引导		20分钟
六、考核标准				
考核要点		观 测 点	评定采分	得 分
症状诊断		症状诊断能力	15	
查阅资料、确定防治方案		信息获取能力	5	
^		民主决策能力	5	
^		防治方案的科学性	15	
配药		用药种类的把握	10	
^		农药与水混配比例正确、混配均匀	10	
喷药		喷药是否均匀周到	10	
综合防治		物理、生物等防治方法的掌握	15	
除草		杂草识别	5	
^		除草方法	5	
态度		积极主动	5	
合　　计			100	
七、课后小结 1．鸡蛋花常见的病虫害。 2．鸡蛋花病虫害防治的关键环节。					

学习情境4 落叶灌木的养护

子任务名称	子任务4 鸡蛋花的整形修剪	学时	3

一、训练目标、要求

1．了解鸡蛋花的树形特点。

2．熟悉园林景观树种的树形结构。

3．掌握鸡蛋花整形修剪的方法。

二、训练重点及难点

1．重点：整形修剪。

2．难点：整形修剪的方法。

三、训练用具、材料准备

高枝剪、折叠梯等工具、用具。

四、作业和思考题

鸡蛋花整形修剪的常用方法有哪些？

五、训练内容与方法

训练内容	训练方法	参考时间
下达整形修剪任务，查阅相关技术和气象资料	以公司为单位查阅文献资料	课外
确定整形修剪方案	通过讨论，确定整形修剪方案	10分钟
领取工具、器具、材料	由工区负责人领取工具、器具、材料	5分钟
整形修剪	教师示范并指导学生实际操作	100分钟
生产小结、评比	现场提问、引导	20分钟

六、考核标准

考核要点	观测点	评定采分	得分
查阅资料、确定方案	信息获取能力	5	
	民主决策能力	5	
整形修剪	整形是否美观	30	
	修剪适度	30	
	整形修剪时节的把握	20	
态度	积极主动	10	
合　　计		100	

七、课后小结

1．鸡蛋花适宜的整形修剪季节。

2．鸡蛋花整形修剪的关键环节。

子任务名称		子任务5 鸡蛋花的灾害防治	学时	2
一、训练目标、要求				
1．了解常见的灼伤、冻害、寒害、风害、市政工程危害等症状。				
2．熟悉和识别常见的灾害。				
3．掌握灾害防治的方法。				
二、训练重点及难点				
1．重点：灾害防治。				
2．难点：灾害防治的方法和最佳时机。				
三、训练用具、材料准备				
1．叶面肥、喷雾器。				
2．石灰、刷子、水桶。				
3．枝剪、木棍、绳子等工具、用具。				
四、作业和思考题				
鸡蛋花灾害预防的措施有哪些？				
五、训练内容与方法				
训练内容		训练方法	参考时间	
下达灾害防治任务，查阅相关技术和气象资料		以公司为单位查阅文献资料	课外	
确定灾害防治方案		通过讨论，确定灾害防治方案	10分钟	
领取工具、器具、材料		由工区负责人领取工具、器具、材料	5分钟	
喷药复壮		教师示范并指导学生实际操作	10分钟	
修剪		教师示范并指导学生实际操作	35分钟	
支撑（风害）		教师示范并指导学生实际操作	10分钟	
生产小结、评比		现场提问、引导	20分钟	
六、考核标准				
考核要点		观测点	评定采分	得分
查阅资料、确定方案		信息获取能力	5	
		民主决策能力	5	
喷药复壮		药与水混配比例正确、混配均匀	15	
		喷药是否均匀	15	
修剪		整形是否美观	15	
		修剪适度	15	
支撑		支撑牢固、正确	15	
态度		积极主动	15	
合　　计			100	
七、课后小结				
1．鸡蛋花喷药复壮的关键环节。				
2．鸡蛋花修剪和支撑的关键环节。				

学习情境4　落叶灌木的养护

子任务名称	子任务6　鸡蛋花的花期控制	学时	2

一、训练目标、要求
1. 了解鸡蛋花的植物生理学特性。
2. 熟悉鸡蛋花的生长发育特点。
3. 掌握控制花期的方法。

二、训练重点及难点
1. 重点：花期控制。
2. 难点：花期控制的方法。

三、训练用具、材料准备
1. 氮、磷、钾及微量元素肥料。
2. 铁铲、锄头、水桶、枝剪等工具、用具。

四、作业和思考题
鸡蛋花花期控制的技术有哪些？

五、训练内容与方法

训练内容	训练方法	参考时间
下达花期控制任务，查阅相关技术和气象资料	以公司为单位查阅文献资料	课外
确定花期控制方案	通过讨论，确定花期控制方案	10分钟
领取工具、器具、材料	由工区负责人领取工具、器具、材料	5分钟
水肥控制	教师示范并指导学生实际操作	10分钟
施肥	教师示范并指导学生实际操作	30分钟
浇水	教师示范并指导学生实际操作	10分钟
合理修剪	教师示范并指导学生实际操作	5分钟
生产小结、评比	现场提问、引导	20分钟

六、考核标准

考核要点	观测点	评定采分	得分
查阅资料、确定方案	信息获取能力	5	
	民主决策能力	5	
	花期控制方案的正确性	15	
水分调控	浇水时机的把握	10	
	浇水量的把握	5	
肥料调控	施肥量的把握	10	
	配方施肥混配比例正确、混配均匀	10	
	施肥时机的把握	10	
修剪调控	修剪季节的把握	10	
	修剪适度	15	
态度	积极主动	5	
合　　计		100	

七、课后小结
1. 鸡蛋花花期控制的原理。
2. 鸡蛋花花期控制的关键环节。

相关文献链接

[1] 万春. 木槿栽培技术[J]. 农家顾问, 2008, 11: 23～24.
[2] 张诚. 木槿种植问答[J]. 农家顾问, 2008, 11: 22～23.
[3] 于继龙. 木槿的园林应用与养护[J]. 甘肃林业, 2008, 4: 39～40.
[4] 邓运川, 邓越. 木槿的栽培管理技术[J]. 国土绿化, 2007, 5: 37～37.
[5] 李文, 蒋明. 木槿的修剪要诀[J]. 花卉, 2005, 11: 23～23.
[6] 樊庆忠. 木槿整形修剪技术[J]. 林业实用技术, 2003, 9.
[7] 邹运鼎, 周夏芝. 棉蚜在木槿上的扩散迁飞动态[J]. 应用生态学报, 1999, 6.
[8] 李先英. 紫薇栽培与管理技术[J]. 山西林业, 2009, 1.
[9] 孙哲, 陈彦. 紫薇在园林绿化中的应用[J]. 安徽农业科学, 2009, 1.
[10] 顾宝岗. 修剪可使紫薇交替开放花期延长[J]. 中国花卉盆景, 2009, 4.
[11] 赵月营, 朱庆锦. 紫薇绒蚧的发生与防治[J]. 陕西农业科学, 2001, 11.
[12] 成继敏. 紫薇的夏季管理[J]. 农业知识: 瓜果菜, 2008, 7.
[13] 魏海建. 紫薇栽培技术[J]. 现代农业科技, 2008, 15.
[14] 桑景拴. 紫薇常见病虫害的发生与防治[J]. 植物医生, 2008, 1.
[15] 见闻. 鸡蛋花繁殖与栽培[J]. 北京农业: 实用技术, 2009, 3.
[16] 李钱鱼. 鸡蛋花栽培技术[J]. 中国花卉园艺, 2007, 18.
[17] 林秀香. 鸡蛋花及其栽培技术[J]. 广西农业科学, 2006, 2.
[18] 高尚士. 鸡蛋花[J]. 新农业, 2004, 6.
[19] 卢力华. 优良庭院绿化和观赏树种鸡蛋花[J]. 广西林业, 2005, 5.
[20] 高庆茂, 温艳梅. 鸡蛋花的栽培[J]. 花卉, 2006, 8.

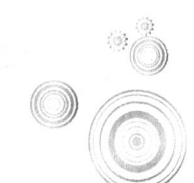

习　题

一、填空题

1. 木槿的学名是_____，别名为_____，属于____科____属，其主要园林用途是_____。

2. 木槿的休眠期为_____，营养生长期为_____，孕蕾开花期为_____，果期为_____。

3. 木槿对土壤要求不严，在轻黏土、壤土及砂土中均能正常生长，但在_____中生长状况最好。

4. 木槿常见的病害有_____；常见的虫害有_____、_____、_____、_____、_____等。

5. 紫薇的学名是_____，别名为_____，属于____科____属，其主要园林用途是_____。

6. 紫薇的花期为_____，果期为_____。
7. 紫薇适宜的移植季节是_____。
8. 紫薇常见的病害有_____、_____；常见的虫害有_____、_____。
9. 鸡蛋花的学名是_____，别名为_____，属于_____科_____属，花期为_____，果期为_____。
10. 鸡蛋花常见的病害有_____、_____、_____，常见的虫害有_____、_____。

二、判断题

1. 木槿喜光、耐半荫，适宜种植于阳光充足处。（   ）
2. 木槿栽植时除应适当选择大规格（3年生以上）的苗木外，还应尽量种植于背风向阳处，避免种植于高坡、风口处，以防冻害。（   ）
3. 紫薇对环境条件的适应性较强，耐干旱和寒冷，对土壤要求不严，但种植在肥沃、深厚、疏松、呈微碱性或碱性的土壤中生长健壮。（   ）
4. 鸡蛋花一般采用扦插繁殖，即在春季选取1~2年生粗壮枝条，按长10~15cm剪切成段，再用清水洗净切口流出的乳汁，待其阴干后，才能插入土中，以免切口腐烂。（   ）
5. 鸡蛋花开花前多施氮肥可以延长花期。（   ）

三、选择题

1. 木槿花期很长，花色繁多，主要有（   ）。
   A. 白色　　　　B. 米黄色　　　　C. 淡紫色　　　　D. 紫红色
2. 木槿为（   ）年生灌木，生长速度快，可一年种植多年采收。
   A. 一　　　　　B. 二　　　　　　C. 三　　　　　　D. 多
3. 要让紫薇在"十一"怒放，可在（   ）将处于盛花期的紫薇新梢短截，剪去全部花枝约1/3的梢端枝叶。
   A. 6月上旬　　B. 7月上旬　　　C. 8月上旬　　　D. 9月上旬
4. 鸡蛋花属（   ）树种，耐旱耐碱，忌涝，在肥沃的砂质土壤中生长较好。
   A. 阳性　　　　B. 中性　　　　　C. 阴性　　　　　D. 强阳性

四、简答题

1. 用作花篱的木槿应该怎样修剪？
2. 新定植的木槿在水肥管理方面应注意哪些问题？
3. 紫薇在定植时、花开前和花开后应施哪些肥料？
4. 紫薇的修剪一般采用哪些方法？
5. 如何进行鸡蛋花的病虫害防治？
6. 如何使鸡蛋花多开花？

学习情境 5 藤本植物的养护

- 任务1　爬山虎养护技术
- 任务2　叶子花养护技术
- 任务3　紫藤养护技术

情境学习总览

学习情境 5	藤本植物的养护		20 学时
简介		华南地区常见的藤本植物有爬山虎、叶子花、紫藤等。藤本植物不能直立,必须依靠支持物才能向上攀缘,可作为垂直绿化的好材料,包括观花、观叶、观枝干等几类	
学习目标	相关知识	1. 藤本植物（爬山虎、叶子花、紫藤）的分布及园林用途 2. 藤本植物（爬山虎、叶子花、紫藤）的生物学习性,包括植物学特性、生长发育对环境条件的要求 3. 土、肥、水管理技术 4. 病虫害识别与防治技术 5. 整形修剪技术 6. 繁殖和育苗技术 7. 植物栽植和配置的相关技术 8. 灾害防治技术	
	专业技能	1. 能够采用合适的繁殖方法,进行爬山虎、叶子花、紫藤的苗木繁殖 2. 能够根据藤本植物（爬山虎、叶子花、紫藤）的成活原理,选择适宜的栽植季节 3. 能够根据园林树木配置原理,掌握藤本植物（爬山虎、叶子花、紫藤）的栽植技术（施工前准备、施工原则、整地、苗木运输、确定栽植穴等技术） 4. 能够根据藤本植物（爬山虎、叶子花、紫藤）的长势,适时进行土、肥、水管理 5. 能够根据季节和天气的变化,结合树木生长状况,选择适宜的时期采用适当的方法,对藤本植物（爬山虎、叶子花、紫藤）进行整形修剪 6. 能够识别病虫害的症状和及时诊断藤本植物（爬山虎、叶子花、紫藤）的病虫害,并进行综合防治 7. 能够对高温、低温、风害、市政工程危害等及时进行有效防治和及时复壮。 8. 能够掌握藤本植物（爬山虎、叶子花、紫藤）的花期控制技术 9. 能够合理地设计藤本植物（爬山虎、叶子花、紫藤）的养护方案,并能独立完成树种的绿化养护任务	
	职业素质	1. 解决实际问题的能力 2. 信息采集处理、资料整理、撰写技术报告的能力 3. 工作任务的分析、实施和监控的能力 4. 快速地掌握新知识、新技能的能力 5. 自主学习和创新的能力 6. 综合分析、决策的能力	
	拓展能力	1. 培养组织协调能力和良好的沟通能力 2. 培养团队协作、诚实守信的品格 3. 培养吃苦耐劳、爱岗敬业的精神 4. 培养积极主动的工作态度和扎实的实操能力	
教与学	教学方法	1. 讨论法 2. 角色扮演法 3. 实战训练法 4. 案例法 5. 现场教学法 6. 系统管护法 7. 会诊法	
	教学资源	课件、图片、教学情境设计方案与实施方案、任务书、工作记录单、考核单	
	对教师的专业理论技能要求	1. 具有高校教师资格,本科及以上学历,具有较强的专业技能 2. 掌握教学论与方法论,并根据教学论与方法论灵活设计学习情境 3. 能够指导学生查阅、收集资料及撰写技术报告 4. 能够识别常见的藤本植物 5. 具有丰富的藤本植物种植和养护的经验 6. 具有丰富的教学实践经验,能控制整个项目的进程 7. 能够及时准确地纠正学生的错误操作,并对学生的完成效果进行准确地评价 8. 能够指导学生对实施过程与结果进行总结和归纳	

学习情境 5 藤本植物的养护

- 任务1 爬山虎养护技术
- 任务2 叶子花养护技术
- 任务3 紫藤养护技术

情境学习总览

学习情境 5　藤本植物的养护		20 学时
简介		华南地区常见的藤本植物有爬山虎、叶子花、紫藤等。藤本植物不能直立，必须依靠支持物才能向上攀缘，可作为垂直绿化的好材料，包括观花、观叶、观枝干等几类
学习目标	相关知识	1. 藤本植物（爬山虎、叶子花、紫藤）的分布及园林用途 2. 藤本植物（爬山虎、叶子花、紫藤）的生物学习性，包括植物学特性、生长发育对环境条件的要求 3. 土、肥、水管理技术 4. 病虫害识别与防治技术 5. 整形修剪技术 6. 繁殖和育苗技术 7. 植物栽植和配置的相关技术 8. 灾害防治技术
	专业技能	1. 能够采用合适的繁殖方法，进行爬山虎、叶子花、紫藤的苗木繁殖 2. 能够根据藤本植物（爬山虎、叶子花、紫藤）的成活原理，选择适宜的栽植季节 3. 能够根据园林树木配置原理，掌握藤本植物（爬山虎、叶子花、紫藤）的栽植技术（施工前准备、施工原则、整地、苗木运输、确定栽植穴等技术） 4. 能够根据藤本植物（爬山虎、叶子花、紫藤）的长势，适时进行土、肥、水管理 5. 能够根据季节和天气的变化，结合树木生长状况，选择适宜的时期采用适当的方法，对藤本植物（爬山虎、叶子花、紫藤）进行整形修剪 6. 能够识别病虫害的症状和及时诊断藤本植物（爬山虎、叶子花、紫藤）的病虫害，并进行综合防治 7. 能够对高温、低温、风害、市政工程危害等及时进行有效防治和及时复壮 8. 能够掌握藤本植物（爬山虎、叶子花、紫藤）的花期控制技术 9. 能够合理地设计藤本植物（爬山虎、叶子花、紫藤）的养护方案，并能独立完成树种的绿化养护任务
	职业素质	1. 解决实际问题的能力 2. 信息采集处理、资料整理、撰写技术报告的能力 3. 工作任务的分析、实施和监控的能力 4. 快速地掌握新知识、新技能的能力 5. 自主学习和创新的能力 6. 综合分析、决策的能力
	拓展能力	1. 培养组织协调能力和良好的沟通能力 2. 培养团队协作、诚实守信的品格 3. 培养吃苦耐劳、爱岗敬业的精神 4. 培养积极主动的工作态度和扎实的实操能力
教与学	教学方法	1. 讨论法 2. 角色扮演法 3. 实战训练法 4. 案例法 5. 现场教学法 6. 系统管护法 7. 会诊法
	教学资源	课件、图片、教学情境设计方案与实施方案、任务书、工作记录单、考核单
	对教师的专业理论技能要求	1. 具有高校教师资格，本科及以上学历，具有较强的专业技能 2. 掌握教学论与方法论，并根据教学论与方法论灵活设计学习情境 3. 能够指导学生查阅、收集资料及撰写技术报告 4. 能够识别常见的藤本植物 5. 具有丰富的藤本植物种植和养护的经验 6. 具有丰富的教学实践经验，能控制整个项目的进程 7. 能够及时准确地纠正学生的错误操作，并对学生的完成效果进行准确地评价 8. 能够指导学生对实施过程与结果进行总结和归纳

（续）

教与学	对学习者的专业理论技能要求	1. 具有植物学、植物生理学、观赏树木学的基本知识和技能 2. 具有基本的土、肥、水管理知识和病虫害防治知识 3. 具有环保、安全的相关知识 4. 具有基本的自学能力和创新能力 5. 具有一定的文献收集和整理能力 6. 具有一定的职业道德素质
考核与评价		1. 评价原则：评价范围的全面性、评价主题的多样性和评价方法的综合性相结合 2. 考核形式包括过程考核和结果考核：学生自评（10%）、工区对个人的评价（20%）、工区间的互评（20%）、老师对个人的评价（30%）、老师对工区的评价（20%） 3. 考核方法：笔试、操作、撰写报告等 4. 评价内容 1) 专业技能评价：种植成活率，土、肥、水管理，整形修剪，病虫害症状的识别与防治，高温、低温、风害、市政工程危害等的防治技术，花期控制技术 2) 知识和职业技能评价：信息收集、整理及撰写报告的能力，分析、处理问题的能力，相关知识的掌握 3) 态度评价：态度是否积极主动

学生工作任务单

学习情景5：藤本植物的养护			
学习小组		指导教师	
工作任务描述： 根据实训基地生产需要，通过教师提供的参考书、教学课件、音像资料等，在教师的指导下完成藤本植物（爬山虎、叶子花、紫藤）的养护任务，最后取得良好的景观效果			
具体工作任务： 1. 获得相关资料与信息 1) 熟悉藤本植物（爬山虎、叶子花、紫藤）的生物学习性 2) 熟悉不同品种的植物学特性 3) 熟悉生产设施、环境条件 4) 熟悉种植的整个过程及质量要求（栽前准备工作，定点、放线，挖穴，栽植修剪，定植，栽后管理，清理场地等） 5) 熟悉养护的整个过程及各阶段质量要求（土、肥、水管理，病虫害防治，整形修剪，灾害防治等） 6) 了解新技术 2. 制定、讨论、修改养护方案 3. 根据养护方案，购买苗木、肥料、农药等农资 4. 实施养护方案 1) 定点、放线，适时种植 2) 根据树体长势，适时、适量地进行土、肥、水管理 3) 及时防治病虫害 4) 适时整形修剪 5) 及时防治各种灾害（高温、低温、风害、市政工程危害等） 6) 观察藤本植物（爬山虎、叶子花、紫藤）的生物学习性（植物学特性、生长发育对环境条件的要求） 5. 成果展示，并评定成绩 6. 讨论、总结、反思学习过程，撰写技术报告，各小组汇报学习体会，实现学习迁移 7. 提交养护业务档案、工作日记、小组工作总结、技术报告等，材料整理归档			
学习条件： 1. 多媒体教室 2. 植物栽培实训室 3. 园艺技术实训基地（含校园温室大棚） 4. 农机具、仪器设备、农业生产资料 5. 图片、课件、音像资料、教学录像、网络资源 6. 工作任务单、实施方案、工作日记、考核单等			

学习情景 5 藤本植物的养护

任务 1　爬山虎养护技术

相关知识

学名：*Parthenocissus tricuspidata*（S. Et Z.）*Planch.*

别名：地锦、爬墙虎、飞天蜈蚣、假葡萄藤、捆石龙、枫藤、小虫儿卧草、红丝草、红葛、趴山虎、红葡萄藤、波士顿常春藤、日本常春藤、巴山虎、常青藤

科属：葡萄科爬山虎属

一、分布及园林用途

爬山虎在我国辽宁、河北、陕西、山东、江苏、安徽、浙江、江西、湖南、湖北、广西、广东、四川、贵州、云南、福建等地都有分布，主要用于园林和城市垂直绿化。夏季枝叶茂密，常攀缘在墙壁或岩石上，适于配植宅院墙壁、围墙、庭园入口、桥头石块等处。

二、爬山虎生物学习性

（一）植物学特性

1. 形态特征

爬山虎为多年生大型落叶木质藤本植物，老枝灰褐色，幼枝紫红色，髓白色，茎蔓粗壮，其上具有皮孔，分枝力强。卷须与叶对生，顶端有吸盘。掌状复叶，互生，有长柄，上有三浅裂，裂片先端尖，基部楔形，小叶肥厚，卵状长椭圆形至倒长卵形，叶缘具粗锯齿，表面暗绿，无毛，背面具有白粉，叶背叶脉处有柔毛。花多为两性，雌雄同株，聚伞花序着生于短枝上叶与叶之间，长4～8cm，较叶柄短；花5数；萼全缘；花瓣顶端反折，子房2室，每室有2胚珠。花期为夏季。浆果小，球形，蓝黑色，被白粉，10月份成熟。

2. 观赏特点

爬山虎是最常用也是最理想的攀缘植物，它依靠吸盘沿着墙壁往上爬，密集的绿叶可覆盖建筑物的外墙，就像穿上了绿装。春天爬山虎长得郁郁葱葱，秋天爬山虎的叶子变成橙黄色，使建筑物的色彩富于变化。

（二）生长发育对环境条件的要求

爬山虎性喜阴湿环境，但不怕强光，耐寒、耐旱、耐贫瘠、耐修剪，怕积水，对土壤要求不严，适应能力强，在阴湿、肥沃的土壤中生长最佳。

（三）生长发育周期

爬山虎冬季落叶，第二年春季萌发新叶。花期为6月，果期为9～10月。

养护管理操作技能

一、种植

1. 播种法

10月采种，可冬播或翌年春播。采收后的种子搓去果皮果肉，洗净晒干后可放在湿沙中低温贮藏一冬，保温、保湿有利于催芽，次年早春3月上中旬即可露地播种，用薄膜覆盖，5月上旬即可出苗，培养1~2年即可出圃。种子繁殖出苗率可达80%，苗期管理也较方便。移植或定植要在落叶期进行。

2. 扦插法

爬山虎通常用扦插法繁殖，成活率可达95%。扦插从落叶后至萌芽前均可进行。早春剪取茎蔓20~30cm，插入露地苗床，灌水，保持湿润，很快便可抽蔓成活，也可在夏、秋季用嫩枝带叶扦插，遮荫浇水养护，也能很快抽生新枝，扦插成活率较高，应用广泛。硬枝扦插于3~4月进行，将硬枝剪成10~15cm一段插入土中，浇足透水，保持湿润。嫩枝扦插取当年生新枝，在夏季进行。

3. 压条法

可采用波浪状压条法，在雨季阴湿无云的天气进行繁殖，成活率高，秋季即可分离移栽，次年定植。压条可于春季进行，将老株枝条弯曲埋入土中生根。第二年春，切离母体，另行栽植。爬山虎的生命力极强，因此繁殖极易成活。小苗成活生长一年后，即可移栽定植。栽时深翻土壤，施足腐熟基肥。当小苗长至1m长时，即应用铅丝、绳子牵向攀附物。

二、土、肥、水管理

1. 幼苗管理

子叶出土后，薄膜在晴天要昼揭夜盖，阴雨天全天覆盖，以提高土温，促使出苗整齐，并可预防金龟子的危害。另外，应常洒水保持土壤湿润。

2. 移栽与后期管理

待真叶展开三片后，选阴天或下午3时以后，以33.3cm×33.3cm的密度移植。植后立即浇清粪水（1∶8）一次。梅雨季节切不可积水过久。两个月后，藤蔓一般长60cm以上，此时可进行第一次摘心，以防止藤蔓互相缠绕遮光，并可促使藤苗粗壮。每月摘心一次，结合辅养。采取以上措施，到落叶时期，实生藤苗平均粗度可达0.5cm以上，就可以出圃栽种。

3. 生长期管理

在生长期，可追施液肥2~3次，并经常锄草松土做围，以免被草湮没，促其健壮生长。爬山虎怕涝渍，要注意防止土壤积水。爬山虎耐修剪，在生长过程中，可适时修剪整理门窗处的枝蔓，以保持整洁、美观。

三、病虫害防治

（一）病害防治

1. 白粉病

白粉病从幼苗到成株均可发生，主要为害叶片，有时也为害茎蔓与叶柄。初发病时，叶面出现白色小斑点，后逐渐扩大，最后可连成片，叶面上布满白色粉状霉层。严重时，叶片逐渐变黄，干枯，有时病斑上出现许多黑色点状物。

防治方法：可用2000～3000倍液10%的世高、1500～2000倍液15%粉锈宁、4000～5000倍液30%爱苗乳油、1500倍液25%阿米西达悬浮剂、6000～7000倍液40%福星、2500倍液12.5%特普唑、1500倍液30%特富灵等，以上药剂各与1000倍液"天达2116"配合一起使用，交替喷洒，每10～15天一次。此外，石硫合剂对防治白粉病也有特效，如发生严重时，可喷洒0.2～0.3波美度石硫合剂，喷洒要细致，喷至叶面全部湿润至滴水，效果甚佳。如果已经发病，用以上药液连续喷洒3～4次，只要喷布细致周密，即可有效地防治白粉病的危害。

2. 叶斑病

经病原物侵害后，主要在叶片上发生各种局部坏死性病斑。

防治方法：主要侧重于抗病育种和清洁田园，适当结合栽培措施和化学防治。对爬山虎叶斑病，药剂防治的效果较好。常用的药剂有波尔多液、代森锌、退菌特、百菌清、托布津、多菌灵等。对系统性侵染的叶斑病，以种子处理的效果较明显。

3. 炭疽病

典型病斑呈圆形，褐色，有深色边缘，在瓜果等肉质器官上病斑中央常稍凹陷，有轮纹状排列的粉红色粘质或黑色颗粒状的小点，即病菌的分生孢子盘；有的病斑呈多角、不规则形，无边缘，中央的分生孢子盘不呈轮状排列。

防治方法：对草本植物炭疽病的防治以种子处理为主，结合药剂防治。多年生木本植物以药剂防治为主，炭疽福镁、锌硫合剂、退菌特等的防治效果较好，百菌清对爬山虎炭疽病有特效。此外，加强园区管理、清洁园区，可以减轻病害。

（二）虫害防治

爬山虎由于抗性强，发生病虫害较少，但也时有发生，特别是梅雨季节。虫害主要是蚜虫，可用蚍虫啉、灭蚜净或高效氯氰菊脂500～1000倍液防治，也可用40%氧化乐果乳油1000～1500倍液喷施。

对于红胸丽叶螨，可在5月用敌百虫600～800倍液喷杀，其成虫有假死性，可击落捕杀。

四、整形修剪

爬山虎初植时需重剪短截，后将藤蔓引到墙面，及时剪除过密枝、干枯枝和病枝，使其分布均匀，此后每年不需再进行修剪。

五、灾害防治

（一）风害防治

大风可将爬山虎吹倒，尤其是刚种植的植株。如发现植株被吹到，应及时用竹竿或木棍和草绳将其固定。

（二）市政工程危害防治

1. 挖方

防治方法：根系保鲜；施肥；合理修剪；尽量避开根区开挖，或从主根下通过。

2. 地面铺装

地面铺装的危害包括：有碍水气交换；改变了下垫面的性质；造成干基环割。

防治方法：选择适应性强的树种；选择通透性强的铺装材料；改进铺装技术；设置通气、透水系统，避免整体浇筑。

实训任务单

子任务名称	子任务1 爬山虎的种植		学时	5
一、训练目标、要求 1．了解爬山虎的生物学习性、种植成活的基本原理。 2．熟悉爬山虎定植前的定点、放线。 3．掌握挖穴、换土、栽植、淋定根水、栽植修剪、支撑的相关要求。				
二、训练重点及难点 1．重点：栽植修剪。 2．难点：栽植深度的把握。				
三、训练用具、材料准备 1．苗木。 2．铁铲、锄头、剪刀、水桶、锯等工具、用具。 3．杀菌剂、生根剂。 4．塘泥、黄土、泥炭土等基质。 5．竹棍、水泥杆等支撑物。				
四、作业和思考题 爬山虎栽培的关键技术有哪些？				
五、训练内容与方法				
训练内容	训练方法		参考时间	
下达种植任务，查阅相关技术和气象资料	以公司为单位查阅文献资料		课外	
确定种植方案	通过讨论，确定种植方案		10分钟	
领取工具、器具、材料	由工区负责人领取工具、器具、材料		5分钟	
定点、放线	教师示范并指导学生实际操作		10分钟	
挖穴、换土	教师示范并指导学生实际操作		55分钟	
种植	教师示范并指导学生实际操作		100分钟	
修剪、支撑、淋定根水	教师示范并指导学生实际操作		25分钟	
生产小结、评比	现场提问、引导		20分钟	
六、考核标准				
考核要点	观测点	评定采分	得分	
查阅资料、确定方案	信息获取能力	5		
	民主决策能力	5		
定点、放线	熟练使用仪器、工具	10		
	正确标记	5		
挖穴、换土	挖穴符合规格要求	10		
	营养土混配比例正确、混配均匀	15		
种植	深度适合	15		
	土球完整，根系损伤少	10		
植后养护	修剪适度	10		
	牵引正确	5		
	淋定根水充足	5		
态度	积极主动	5		
合计		100		
七、课后小结 1．爬山虎种植成活的原理。 2．爬山虎种植的关键环节。 3．爬山虎种植的季节。				

子任务名称	子任务2 爬山虎的土、肥、水管理		学时	5
一、训练目标、要求				
1. 了解爬山虎的生长发育特点、种植地的土壤特性。				
2. 熟悉爬山虎生长周期对养分和水分的需求规律。				
3. 掌握科学的松土方法、施肥方法、肥料用量、配方施肥以及浇水的方法。				
二、训练重点及难点				
1. 重点：施肥。				
2. 难点：配方施肥。				
三、训练用具、材料准备				
1. 氮、磷、钾及微量元素肥料。				
2. 铁铲、锄头、水桶等工具、用具。				
四、作业和思考题				
如何进行爬山虎的施肥？				
五、训练内容与方法				

训练内容	训练方法	参考时间
下达施肥任务，查阅相关技术和气象资料	以公司为单位查阅文献资料	课外
确定施肥方案	通过讨论，确定施肥方案	10分钟
领取工具、器具、材料	由工区负责人领取工具、器具、材料	5分钟
松土、挖施肥沟	教师示范并指导学生实际操作	70分钟
施肥	教师示范并指导学生实际操作	80分钟
浇水	教师示范并指导学生实际操作	35分钟
覆土	教师示范并指导学生实际操作	5分钟
生产小结、评比	现场提问、引导	20分钟

六、考核标准

考核要点	观 测 点	评定采分	得 分
查阅资料、确定方案	信息获取能力	5	
	民主决策能力	5	
松土、挖施肥沟	松土的深度适合	10	
	施肥沟与植株根系的距离适合	10	
施肥	施肥量的把握	10	
	准确判断缺素症状	15	
	配方施肥混配比例正确、混配均匀	10	
	施肥时机的把握	5	
	施肥间隔期的把握	5	
	根外追肥	5	
浇水	树体淋水量的把握	10	
	浇水间隔期的把握	5	
态度	积极主动	5	
合　　计		100	

七、课后小结

1. 爬山虎需肥和需水的规律。
2. 爬山虎配方施肥的原理。
3. 爬山虎松土、施肥和浇水的关键环节。

子任务名称	子任务3 爬山虎的病虫害防治	学时	5

一、训练目标、要求

1. 了解爬山虎常见病虫害的发生规律。
2. 熟悉和识别爬山虎常见病虫害的症状及高峰期。
3. 掌握爬山虎常见病虫害的防治方法。

二、训练重点及难点

1. 重点：病虫害的防治。
2. 难点：病虫害的识别。

三、训练用具、材料准备

1. 农药。
2. 石灰、刷子、水桶。
3. 喷雾器、铁铲、锄头等工具、用具。

四、作业和思考题

爬山虎病虫害防治的关键技术有哪些？

五、训练内容与方法

训练内容	训练方法	参考时间
下达病虫害防治任务，查阅相关技术和气象资料	以公司为单位查阅文献资料	课外
确定病虫害防治方案	通过讨论，确定病虫害防治方案	10分钟
领取工具、器具、材料	由工区负责人领取工具、器具、材料	5分钟
除草	教师示范并指导学生实际操作	45分钟
配药	教师示范并指导学生实际操作	50分钟
喷药	教师示范并指导学生实际操作	95分钟
生产小结、评比	现场提问、引导	20分钟

六、考核标准

考核要点	观测点	评定采分	得分
症状诊断	症状诊断能力	15	
查阅资料、确定防治方案	信息获取能力	5	
	民主决策能力	5	
	防治方案的科学性	15	
配药	用药种类的把握	10	
	农药与水混配比例正确、混配均匀	10	
喷药	喷药是否均匀周到	10	
综合防治	物理、生物等防治方法的掌握	15	
除草	杂草识别	5	
	除草方法	5	
态度	积极主动	5	
合 计		100	

七、课后小结

1. 爬山虎常见的病虫害。
2. 爬山虎病虫害防治的关键环节。

子任务名称	子任务4 爬山虎的整形修剪	学　时	3

一、训练目标、要求

1．了解爬山虎的树形特点。

2．熟悉园林景观树种的树形结构和整形修剪的常用方法。

3．掌握爬山虎整形修剪的方法。

二、训练重点及难点

1．重点：整形修剪。

2．难点：整形修剪的方法。

三、训练用具、材料准备

枝剪等工具、用具。

四、作业和思考题

爬山虎整形修剪的关键技术有哪些？

五、训练内容与方法

训练内容	训练方法	参考时间
下达整形修剪任务，查阅相关技术和气象资料	以公司为单位查阅文献资料	课外
确定整形修剪方案	通过讨论，确定整形修剪方案	10分钟
领取工具、器具、材料	由工区负责人领取工具、器具、材料	5分钟
整形修剪	教师示范并指导学生实际操作	100分钟
生产小结、评比	现场提问、引导	20分钟

六、考核标准

考核要点	观测点	评定采分	得分
查阅资料、确定方案	信息获取能力	5	
	民主决策能力	5	
整形修剪	整形是否美观	30	
	修剪适度	30	
	整形修剪时节的把握	20	
态度	积极主动	10	
合　计		100	

七、课后小结

1．爬山虎适宜的整形修剪季节。

2．爬山虎整形修剪的关键环节。

子任务名称	子任务5 爬山虎的灾害防治	学时	2
一、训练目标、要求 1．了解常见的灼伤、冻害、寒害、风害、市政工程危害等症状。 2．熟悉和识别常见的灾害。 3．掌握灾害防治的方法。			
二、训练重点及难点 1．重点：灾害防治。 2．难点：灾害防治的方法和最佳时机。			
三、训练用具、材料准备 1．叶面肥、喷雾器。 2．石灰、刷子、水桶。 3．枝剪、木棍、绳子等工具、用具。			
四、作业和思考题 爬山虎风害防治的措施有哪些？			
五、训练内容与方法			

训练内容	训练方法	参考时间	
下达灾害防治任务，查阅相关技术和气象资料	以公司为单位查阅文献资料	课外	
确定灾害防治方案	通过讨论，确定灾害防治方案	10分钟	
领取工具、器具、材料	由工区负责人领取工具、器具、材料	5分钟	
喷药复壮	教师示范并指导学生实际操作	10分钟	
修剪	教师示范并指导学生实际操作	15分钟	
支撑	教师示范并指导学生实际操作	30分钟	
生产小结、评比	现场提问、引导	20分钟	

六、考核标准

考核要点	观测点	评定采分	得　分
查阅资料、确定方案	信息获取能力	5	
	民主决策能力	5	
喷药复壮	药与水混配比例正确、混配均匀	15	
	喷药是否均匀	15	
修剪	整形是否美观	15	
	修剪适度	15	
支撑	支撑牢固、正确	15	
态度	积极主动	15	
合　　计		100	

七、课后小结
1．爬山虎喷药复壮的关键环节。
2．爬山虎修剪和支撑的关键环节。

任务2　叶子花养护技术

相关知识

学名：*Bougainvillea glabra*
别名：勒杜鹃、三角梅、宝巾花、九重葛
科属：紫茉莉科叶子花属

一、分布及园林用途

叶子花在我国各地均有引种。叶子花较耐干旱，耐修剪，病虫害少，生长迅速，分枝能力特强；其花色多，花期极长，是园林绿化中理想的垂直绿化树种，可用作花架、拱门、棚架或墙垣攀缘材料，也适宜种植于河边、护坡等处作为地被材料，还可用于制作盆花、盆景等。

二、叶子花生物学习性

（一）植物学特性

1. 形态特征

叶子花为常绿藤木或小灌木，株高1～2m。老枝褐色，嫩枝青绿色，长有针状枝刺。枝、叶密被毛，单叶互生，卵形或卵状披针形，平滑有光泽。花顶生，常3朵簇生于叶状苞片内；苞片大，椭圆形，中脉明显，为主要的观赏部位，单瓣的常见有大红、淡红、紫红、粉红、橙色、乳白，还有重瓣的、杂色的、斑叶的等等。茎木质，树干多刺，拱形下垂。枝条在嫩枝时韧性好，宜造型设计。瘦果五棱形，常被宿存的苞片包围，很少结果。

2. 观赏特点

苞片形似艳丽的花瓣，故名叶子花、三角花。叶子花树形纤巧，枝叶扶疏，有红、黄、白、紫、橙红、红白相间等多种艳丽的色彩，姹紫嫣红的苞片给人以奔放、热烈的感受。

（二）生长发育对环境条件的要求

叶子花属短日照阳性植物，不耐阴，喜温暖湿润和光照充足；生长适宜温度为13～28℃，30℃以上高温不利于开花；不耐寒，冬季室温必须维持在7℃以上，方可安全越冬。夜间温度若经常降至5℃左右，叶子开始大量脱落，进入休眠状态。忌水涝。在黏重、碱性、易涝的土壤及低温的环境条件下不仅生长不良，而且易烂根枯死。宜在肥沃、疏松、排水良好的砂质土中生长。

（三）生长发育周期

叶子花冬季休眠停止生长。叶子花属短日照植物，在长日照条件下不能进行花芽分化，叶子花花期较长，花期为当年10月至翌年6月。

养护管理操作技能

一、种植

叶子花可采用扦插、压条等方式进行繁殖。

1. 扦插繁殖

扦插以3~6月份为宜，一般温度在25℃左右，湿度90%，遮荫70%，30天左右即可生根。

（1）扦插前的沙床处理　新的河沙可以不消毒，在太阳底下暴晒即可。使用过的沙子必须先清除杂质，最好经太阳暴晒后再整平沙床，用杀菌灵或高锰酸钾进行消毒。

（2）扦插枝条的选取　健壮、无病虫害的枝条都可以用于扦插，最好是半木质化的枝条，一般插条长度为20~30cm，木质化粗壮的可以留长度为30cm，半木质化的留20cm左右。枝条底部剪成斜口，顶部剪成平口，平口中间处可以放置一点黄泥浆使水分不易蒸发。

（3）日常的管理养护　扦插后，立即浇足定根水。注意保温、遮荫。生根后要及时移植上盆。用新的塘泥或配制好的腐叶土进行栽培。新的塘泥必须经太阳暴晒后，打碎，加入适量木屑，增强盆栽的透气性和透水性，再种植叶子花。定根后放置在阳光充足的地方，生长期和花期注意水肥的控制即可达到花繁色艳的效果。根据苗的长势，及时除草、松土、换盆、换土等。叶子花容易发生枝条徒长，如果任其自然生长，外形不美观，因此叶子花管理的主要工作是摘心、盘卷、修剪，控制树形。造型设计时要在枝条还没有完全木质化前及时进行，缩短培育成所需要造型的时间。

一般可以在生长期、开花期对土壤进行少量施肥。肥力差的土壤注意氮、磷、钾肥的施放比例搭配，否则会影响花芽分化，造成植株只长枝条不开花。栽植后如果管护得好，一年就可以开花。

2. 压条繁殖

每年5月初至6月中旬是进行压条的好季节，每次压条约30~35天。

（1）压条的方法　在叶子花母株上选择筷子头以上粗细的健壮枝条。选枝条时要注意两点：一是成活后便于从母株上剪断或锯断；二是枝条上部要有2~3条细枝，着生一定数量的叶片，以便进行光合作用，制造有机养料往下输送，利于生根。选好枝条后，再在估计处于营养钵中心位置的枝条部位，用小刀对枝条进行环切，去掉一圈树皮，深度要达到木质部，露出木质部，长度约为0.7~1cm左右。根据所选枝条的粗细，取直径为10~15cm的黑色软质营养钵，先将营养钵的任意一边从上至下剪开，剪开的长度根据枝条嵌入钵内的高度而定。然后在营养钵的下部周边和底部共剪5~7个小孔，作为漏水和观察用。将营养钵套在枝条上，使枝条的环切处位于营养钵上部1/3处，并处在营养钵的中心位置。用木棒扎成三角架将营养钵固定，或用其他方法（如在营养钵的下方再放一个装满泥土的营养钵）固定。在原来营养钵的剪开处用细铁丝扎好，再填入干湿适度的泥土，泥土一般以园土拌腐叶土为好。填入泥土时要注意将枝条的下方填实，不留空隙，并将泥土稍为压紧。最后浇水，水要浇透。

（2）压后的管理　注意保持营养钵内泥土的湿润，根据天气情况，一般2~3天浇水一次，每次浇水要浇透。大约经过 25 天左右，就会发现从营养钵下部的两三个小孔内伸出几根嫩嫩的白色根尖，这时，说明压条已经成功，所压枝条的环切处已经长根。再过 5~7 天，待新根长得再多一些、长一些，就可以进行移栽上盆。

二、土、肥、水管理

1．土壤管理

叶子花对土壤要求不严，但怕积水，不耐涝，因此必须选择疏松、排水良好的培养土。一般可选用腐殖土 4 份、园土 4 份、沙土 2 份配制的培养土，也可使用晒干的塘泥掺一些煤饼渣作盆土。

2．施肥管理

要使叶子花多开花，必须保证充足的养分，同时施肥要适时适量，合理使用，少施氮肥，多施磷、钾肥。氮肥多，易使枝条徒长、节间长、难控制花期，且开花后花朵疏少。一般 4~7 月份生长旺期，每隔 7~10 天施液肥一次，以促进植株生长健壮，肥料可用 10%~20%的腐熟豆饼、菜籽饼水或人粪水等。从 8 月份开始，为了促使花蕾孕育，应施以磷肥为主的肥料，每 10 天施肥一次，可用 20%的腐熟鸡、鸭、鸽粪和鱼杂等液肥。自 10 月份开始进入开花期，从此时起到 11 月中旬，每隔半个月需要施一次以磷肥为主的肥料，肥水浓度为 30%~40%。以后每次开花后都要加施追肥一次，这样可使叶子花在开花期不断得到养分补充。

3．水分管理

叶子花平时浇水掌握"不干不浇，浇则要透"的原则。要使叶子花开花整齐、多花，开花前必须进行控水。从 9 月份开始对叶子花的浇水进行控制，每次浇水要等到盆土干燥、枝叶软垂后方可进行，如此反复连续半个月的时间，半个月后恢复平时正常浇水。控水期间切忌施肥，以免肥料烧伤根系。这样约一个月的时间，叶子花即可显蕾开花，而且花开放得整齐、繁盛。

前期每天不能浇水太多，水多易引起徒长、节间长、不易控花。后期更应掌握水分的用量，开花后要多浇水，每次都要浇透。

三、病虫害防治

（一）病害防治

1．炭疽病

炭疽病主要为害叶和嫩枝，被害部位最初出现在叶缘或叶尖，呈水渍状圆形或近圆形暗色小斑，而后逐渐向叶片内扩展，可扩展至叶面的大部分，有的形成环状病斑。后期病斑中央灰白色，其上有许多小点粒。发病严重的植株，叶片不断脱落。病菌主要通过自然孔口或伤口侵入为害，在高温、高湿、荫蔽度大、通风不良以及栽培管理差的条件下，易发生和蔓延。

防治方法：在炭疽病发生严重时，可用百菌清或托布津 800~1000 倍液每隔 7 天喷 1 次，2~3 次即可控制病害的发展。

2．叶斑病

叶斑病的病斑初为黄褐色，周围有黄绿色晕圈，后扩展成近圆形或不规则的病斑，边缘暗褐色，到了后期，病斑上出现黑色小点粒。

防治方法：发现少量病斑可在其上面涂抹达克宁霜软膏，将发病较多的枝条剪去，发病初期一般可用50%的多菌灵可湿性粉剂500倍液进行防治，每7～10天喷1次，严重时按照实际的经验，在第4天再喷一次，之后隔7天喷一次。连续喷药3～4次，防治效果好。

3. 褐斑病

褐斑病的病斑为圆形或近圆形，直径约1～5mm，中间灰白色，边缘宽，红褐色。叶片两面病斑症状相同，病部呈轮纹状，中央有黑色霉点，病菌以菌丝体在病叶上越冬，翌春产生分生孢子借风雨传播，从伤口和自然孔口浸染。苗木管理不善、栽植过密和生长纤弱时发病严重。

防治方法：褐斑病在发病初期，用70%的代锰森锌可湿性粉剂400倍液喷洒，每10天喷一次，连续3～4次。

4. 褐腐病

褐腐病病害初期为水渍状小圆点，以后扩展成褐色水浸状大斑，严重时叶片脱落。该病在荫蔽、潮湿的条件下极易发生。病菌主要通过伤口侵染，以厚垣孢子在土壤中度过不良环境，当环境适宜时产生菌丝和孢子囊，并以菌丝和孢子囊形成再侵染。

防治方法：在发生褐腐病时，用瑞毒霉、瑞毒霉锰锌防治效果较好。

（二）虫害防治

在光照不良、通风欠佳、高温高湿的环境中，易发生多种蚧壳虫刺吸为害。

防治方法：可用45%的马拉硫磷乳油1000倍液或乐斯本1000倍液喷杀。

四、整形修剪

叶子花生长迅速，生长期要注意整形修剪，以促进侧枝生长，多生花枝。修剪次数一般为1～3次，不宜过多，否则会影响开花次数。每次开花后，要及时清除残花，以减少养分消耗。花期过后要对过密枝条、内膛枝、徒长枝、弱势枝进行疏剪，对其他枝条一般不修剪或只对枝头稍作修剪，不宜重剪，以缩短下一轮的生长期，促其早开花、多次开花。

五、灾害防治

（1）高温危害防治　选择抗性强的树种；加强水分管理。

（2）低温危害防治　选择健壮树种；加强抗寒栽培；推迟萌芽期；改善小气候条件。

（3）风害防治　合理修剪；通气、排水；支撑。

（4）市政工程危害防治　根系保鲜；施肥；合理修剪；通气、排水。

六、花期控制

（一）控花前的处理

1. 整形修剪

由于叶子花的花朵主要开放于枝条顶端，因此每年春季2～3月应对植株进行一次中剪，防止枝条徒长，促进萌发开花母枝。同时为了减少养分消耗，应将9月之前形成的花苞全部摘除。

2. 施肥

在 4 月后交替施用过磷酸钙和复合肥,一般每月施肥 1 次。在叶子花生长旺期,应每隔半个月施 1 次液体肥料,环境温度较高时可多施。多施磷、钾肥,有利于花芽分化,保证花芽茁壮。

(二)控花技术

1. 控水

叶子花的花芽分化在很大程度上受水分多少的影响,一般应在开花前 50 天左右进行控水,要使叶子花在"十一"开花,就应从 8 月 10 日左右开始控水。如遇雨天,应将其搬进大棚或盖遮雨薄膜,以防盆土淋水。控水时间大约为 10 天左右,这时叶子花当年生枝条表皮有点发皱,之后给其恢复浇水,进行正常管理,这时叶子花会脱落老叶,冒出新芽。

2. 遮光

光照是叶子花开花的重要因素之一,其花期调控可通过遮光得以实现。遮光应在预定开花的前 70 天左右进行,即在 7 月 15 日左右就要将叶子花搬至避光处。每天上午 8 时至下午 4 时不让其见光,其余时间使其接受光照。这样处理大约 60 天,叶子花的花期诱导便基本完成。

3. 药剂控花

对叶子花喷施矮壮素(CCC)、比久(B9)生长调节剂可使其营养生长受到抑制,转化为生殖生长,产生花芽,从而有利于植株开花。药剂控花措施主要为上述两措施的补救方法,经过化学处理,能加速其"十一"开花。

药剂控花的具体方法为:将上述任意一种生长调节剂粉剂配成浓度为 2000mL/L 的溶液,喷洒于植株的叶片表面,每隔 7~10 天喷一次,喷 2~3 次即可。要注意喷后的第二天清晨应给叶面喷一次水,以免烧伤叶片。

实训任务单

子任务名称	子任务1 叶子花的种植	学时	4

一、训练目标、要求
1. 了解叶子花的生物学习性、种植成活的基本原理。
2. 熟悉叶子花定植前的定点、放线。
3. 掌握挖穴、换土、栽植、淋定根水、栽植修剪、支撑的相关要求。

二、训练重点及难点
1. 重点：栽植修剪。
2. 难点：栽植深度的把握。

三、训练用具、材料准备
1. 苗木。
2. 铁铲、锄头、剪刀、水桶、锯等工具、用具。
3. 杀菌剂、生根剂。
4. 塘泥、黄土、泥炭土等基质。
5. 竹棍、水泥杆等支撑物。

四、作业和思考题
叶子花栽培的关键技术有哪些？

五、训练内容与方法

训练内容	训练方法	参考时间
下达种植任务，查阅相关技术和气象资料	以公司为单位查阅文献资料	课外
确定种植方案	通过讨论，确定种植方案	10分钟
领取工具、器具、材料	由工区负责人领取工具、器具、材料	5分钟
定点、放线	教师示范并指导学生实际操作	10分钟
挖穴、换土	教师示范并指导学生实际操作	50分钟
种植	教师示范并指导学生实际操作	60分钟
修剪、支撑、淋定根水	教师示范并指导学生实际操作	25分钟
生产小结、评比	现场提问、引导	20分钟

六、考核标准

考核要点	观测点	评定采分	得分
查阅资料、确定方案	信息获取能力	5	
	民主决策能力	5	
定点、放线	熟练使用仪器、工具	10	
	正确标记	5	
挖穴、换土	挖穴符合规格要求	10	
	营养土混配比例正确、混配均匀	15	
种植	深度适合	10	
	朝向正确、直立	5	
	土球完整，根系损伤少	10	
植后养护	修剪适度	10	
	支撑牢固、正确	5	
	淋定根水充足	5	
态度	积极主动	5	
合计		100	

七、课后小结
1. 叶子花种植成活的原理。
2. 叶子花种植的关键环节。
3. 叶子花种植的季节。

子任务名称	子任务2 叶子花的土、肥、水管理		学时	3
一、训练目标、要求				
1. 了解叶子花的生长发育特点、种植地的土壤特性。				
2. 熟悉叶子花生长周期对养分和水分的需求规律。				
3. 掌握科学的松土方法、施肥方法、肥料用量、配方施肥以及浇水的方法。				
二、训练重点及难点				
1. 重点：施肥。				
2. 难点：配方施肥。				
三、训练用具、材料准备				
1. 氮、磷、钾及微量元素肥料。				
2. 铁铲、锄头、水桶等工具、用具。				
四、作业和思考题				
如何进行叶子花的施肥？				
五、训练内容与方法				

训练内容	训练方法	参考时间
下达施肥任务，查阅相关技术和气象资料	以公司为单位查阅文献资料	课外
确定施肥方案	通过讨论，确定施肥方案	10分钟
领取工具、器具、材料	由工区负责人领取工具、器具、材料	5分钟
松土、挖施肥沟	教师示范并指导学生实际操作	10分钟
施肥	教师示范并指导学生实际操作	75分钟
浇水	教师示范并指导学生实际操作	10分钟
覆土	教师示范并指导学生实际操作	5分钟
生产小结、评比	现场提问、引导	20分钟

六、考核标准

考核要点	观测点	评定采分	得分
查阅资料、确定方案	信息获取能力	5	
	民主决策能力	5	
松土、挖施肥沟	松土的深度适合	10	
	施肥沟与植株根系的距离适合	10	
施肥	施肥量的把握	10	
	准确判断缺素症状	15	
	配方施肥混配比例正确、混配均匀	10	
	施肥时机的把握	5	
	施肥间隔期的把握	5	
	根外追肥	5	
浇水	淋水量的把握	10	
	浇水间隔期的把握	5	
态度	积极主动	5	
合　　计		100	

七、课后小结
1. 叶子花需肥和需水的规律。
2. 叶子花配方施肥的原理。
3. 叶子花松土、施肥和浇水的关键环节。

子任务名称	子任务 3　叶子花的病虫害防治	学时	3

一、训练目标、要求

1. 了解叶子花常见病虫害的发生规律。
2. 熟悉和识别叶子花常见病虫害的症状及高峰期。
3. 掌握叶子花常见病虫害的防治方法。

二、训练重点及难点

1. 重点：病虫害的防治。
2. 难点：病虫害的识别。

三、训练用具、材料准备

1. 农药。
2. 石灰、刷子、水桶。
3. 喷雾器、铁铲、锄头等工具、用具。

四、作业和思考题

叶子花病虫害防治的技术有哪些？

五、训练内容与方法

训 练 内 容	训 练 方 法	参 考 时 间
下达病虫害防治任务，查阅相关技术和气象资料	以公司为单位查阅文献资料	课外
确定病虫害防治方案	通过讨论，确定病虫害防治方案	10 分钟
领取工具、器具、材料	由工区负责人领取工具、器具、材料	5 分钟
除草	教师示范并指导学生实际操作	10 分钟
配药	教师示范并指导学生实际操作	30 分钟
喷药	教师示范并指导学生实际操作	60 分钟
生产小结、评比	现场提问、引导	20 分钟

六、考核标准

考核要点	观测点	评定采分	得　分
症状诊断	症状诊断能力	15	
查阅资料、确定防治方案	信息获取能力	5	
	民主决策能力	5	
	防治方案的科学性	15	
配药	用药种类的把握	10	
	农药与水混配比例正确、混配均匀	10	
喷药	喷药是否均匀周到	10	
综合防治	物理、生物等防治方法的掌握	15	
除草	杂草识别	5	
	除草方法	5	
态度	积极主动	5	
合　　计		100	

七、课后小结

1. 叶子花常见的病虫害。
2. 叶子花病虫害防治的关键环节。

子任务名称		子任务4　叶子花的整形修剪	学时	4
一、训练目标、要求				
1．了解叶子花的树形特点。				
2．熟悉园林景观树种的树形结构和整形修剪的常用方法。				
3．掌握叶子花整形修剪的方法。				
二、训练重点及难点				
1．重点：整形修剪。				
2．难点：整形修剪的方法。				
三、训练用具、材料准备				
修枝剪、高枝剪、折叠梯等工具、用具。				
四、作业和思考题				
叶子花整形修剪的关键技术有哪些？				
五、训练内容与方法				

训 练 内 容	训 练 方 法	参 考 时 间
下达整形修剪任务，查阅相关技术和气象资料	以公司为单位查阅文献资料	课外
确定整形修剪方案	通过讨论，确定整形修剪方案	10分钟
领取工具、器具、材料	由工区负责人领取工具、器具、材料	5分钟
整形修剪	教师示范并指导学生实际操作	145分钟
生产小结、评比	现场提问、引导	20分钟

六、考核标准

考核要点	观 测 点	评定采分	得　分
查阅资料、确定方案	信息获取能力	5	
	民主决策能力	5	
整形修剪	整形是否美观	30	
	修剪适度	30	
	整形修剪时节的把握	20	
态度	积极主动	10	
合　　计		100	

七、课后小结

1．叶子花适宜的整形修剪季节。

2．叶子花整形修剪的关键环节。

子任务名称	子任务5 叶子花的灾害防治	学时	2

一、训练目标、要求

1. 了解常见的灼伤、冻害、寒害、风害、市政工程危害等症状。
2. 熟悉和识别常见的灾害。
3. 掌握灾害防治的方法。

二、训练重点及难点

1. 重点：灾害防治。
2. 难点：灾害防治的方法和最佳时机。

三、训练用具、材料准备

1. 叶面肥、喷雾器。
2. 石灰、刷子、水桶。
3. 枝剪、木棍、绳子等工具、用具。

四、作业和思考题

叶子花寒害预防的措施有哪些？

五、训练内容与方法

训练内容	训练方法	参考时间
下达灾害防治任务，查阅相关技术和气象资料	以公司为单位查阅文献资料	课外
确定灾害防治方案	通过讨论，确定灾害防治方案	10分钟
领取工具、器具、材料	由工区负责人领取工具、器具、材料	5分钟
喷药复壮	教师示范并指导学生实际操作	30分钟
修剪	教师示范并指导学生实际操作	15分钟
支撑（风害）	教师示范并指导学生实际操作	10分钟
生产小结、评比	现场提问、引导	20分钟

六、考核标准

考核要点	观测点	评定采分	得分
查阅资料、确定方案	信息获取能力	5	
	民主决策能力	5	
喷药复壮	药与水混配比例正确、混配均匀	15	
	喷药是否均匀	15	
修剪	整形是否美观	15	
	修剪适度	15	
支撑	支撑牢固、正确	15	
态度	积极主动	15	
合计		100	

七、课后小结

1. 叶子花喷药复壮的关键环节。
2. 叶子花修剪和支撑的关键环节。

子任务名称	子任务6 叶子花的花期控制	学时	4

一、训练目标、要求
1. 了解叶子花的植物生理学特性。
2. 熟悉叶子花的生长发育特点。
3. 掌握控制花期的方法。

二、训练重点及难点
1. 重点：花期控制。
2. 难点：花期控制的方法。

三、训练用具、材料准备
1. 氮、磷、钾及微量元素肥料。
2. 铁铲、锄头、水桶、枝剪等工具、用具。

四、作业和思考题
叶子花花期控制的技术有哪些？

五、训练内容与方法

训练内容	训练方法	参考时间
下达花期控制任务，查阅相关技术和气象资料	以公司为单位查阅文献资料	课外
确定花期控制方案	通过讨论，确定花期控制方案	20分钟
领取工具、器具、材料	由工区负责人领取工具、器具、材料	5分钟
水肥控制	教师示范并指导学生实际操作	70分钟
施肥	教师示范并指导学生实际操作	20分钟
浇水	教师示范并指导学生实际操作	10分钟
合理修剪	教师示范并指导学生实际操作	35分钟
生产小结、评比	现场提问、引导	20分钟

六、考核标准

考核要点	观测点	评定采分	得分
查阅资料、确定方案	信息获取能力	5	
	民主决策能力	5	
	花期控制方案的正确性	15	
水分调控	浇水时机的把握	10	
	浇水量的把握	5	
肥料调控	施肥量的把握	10	
	配方施肥混配比例正确、混配均匀	10	
	施肥时机的把握	10	
修剪调控	修剪季节的把握	10	
	修剪适度	15	
态度	积极主动	5	
合　计		100	

七、课后小结
1. 叶子花花期控制的原理。
2. 叶子花花期控制的关键环节。

任务3 紫藤养护技术

相关知识

学名：*Wisteria sinensis*（Sims）Sweet
别名：藤萝、朱藤、招藤、招豆藤
科属：豆科紫藤属

一、分布及园林用途

紫藤是著名的观花藤木，我国各地均有种植。紫藤在园林绿化中应用较多，是优良的观花攀援棚架树种之一，也是优良的垂直绿化、棚架绿化材料。紫藤可作盆景、切花。紫藤对二氧化硫、氯气、氯化氢等多种有毒气体有较强的抗性，适用于城市绿化。

二、紫藤生物学习性

（一）植物学特性

1. 形态特征

紫藤是落叶木质大型藤本植物。茎皮灰黄褐色。奇数羽状复叶，互生，小叶7～13枚，卵状披针形或卵状长圆形，长4～11cm，宽2～5cm，先端渐尖或尾尖，基部圆形或宽楔形；小叶柄长2～4mm，密被短柔毛；小托叶针刺状。总状花序生于去年生枝顶端，长15～30cm，下垂，花密集而醒目，有芳香，每个花序由50～100朵小花组成；总花梗及花序轴密被黄褐色柔毛，花梗长1～2cm；花冠紫色或深紫色，旗瓣近圆形，长约2cm，有短柄，反折，翼瓣和龙骨瓣稍短于旗瓣，基部均有瓣柄及耳，花期为4月。荚果线形或线状倒披针形，长10～20cm，扁平，密被灰黄色绒毛；有1～5粒种子，成熟时开裂。种子灰褐色，扁圆形，直径0.7～1cm，种皮有花纹。

2. 观赏特点

春季紫花烂漫，适栽于湖畔、池边、假山、石坊等处，具独特风格，盆景也常用。紫藤开花后会结出形如豆荚的果实，悬挂枝间，有时夏末秋初还会再度开花，花穗、荚果与翠羽般的绿叶相映成趣。

（二）生长发育对环境条件的要求

紫藤喜阳光，略耐阴，较耐寒，耐水湿。紫藤对土壤和气候适应性强，但在深厚、肥沃、排水良好、疏松的土壤中生长最好。主根深，侧根少，有一定的抗旱能力。生长较快，寿命很长。

（三）生长发育周期

紫藤的花期为 4 月，与叶同放，果熟期为 5~8 月。

养护管理操作技能

一、种植

紫藤可采用播种育苗、扦插、分株、嫁接、压条等方式繁殖。

1. 播种育苗繁殖

每年秋末果实成熟之后，采下贮藏，次年早春 3 月将果实撬开，取出种子。将种子倒入盛有 15 倍左右于种子的 60℃的水中，用力搅拌，随时捞出杂质，浸 1~2 天，待种子泡大后捞出即可播种。每 667 m²播种地需要施 1000kg 堆肥，肥料加入后，深翻、细耙、平整土地，然后每隔 10cm 播种子 1 粒，覆土 3~4cm，用脚将土踩实，浇水，使土保持湿润，当气温达到 10~13℃时即可发芽，播入后约 20 天出芽，幼苗怕涝，但需浇水保持泥土湿润。当幼苗长到 30~40cm 时，应连土掘出进行假植，到第二年春天定植，定植前，穴内应施腐熟基肥 10~20kg，填土踏实。

2. 扦插繁殖

扦插时间一年两季。春季时为 2~3 月，取 1 年生紫藤枝条，剪成 15~20cm 长的插穗，扦插在 70%的菜园土、30%的河沙相拌的泥土中，插入插床 10~12cm，行距保持在 20cm 左右即可。经 25~40 天可生根，成活率在 95%以上。秋季选当年生 8~10cm 的茎部枝条，带踵扦插。如地温控制在 16℃以上，则很快会生根。也可以在秋分前后选择当年生粗壮枝条，把它们按倒后全部埋入 30cm 深的纵沟内，第二年春把枝条挖出，截成一段 20cm，沾上泥浆扦插，2 个月后可全部生根。因为紫藤根系的萌芽力较强，可利用起苗时剪下的根进行根插，根插苗的初生枝生长势弱，常匍匐于地面，待枝条直立向上生长后再起苗定植。

3. 分株繁殖

分株时间自清明至立夏，可选择茎干直径约 1cm 左右的 2 年生萌蘖枝，将它们分株带土掘出，栽植于露地或花盆之中即可成活。

4. 嫁接繁殖

在春季 3 月中旬进行枝接或根接，选择 3 年生原种实生苗作砧木，剪取优良品种的紫藤健壮枝条作接穗，每段接穗上至少带有 2 个芽体，嫁接之后，培土将芽体埋在泥土里，保持其湿度，待新芽伸出土面后，再把泥土除去。盆栽最适合根接，可获得矮壮的开花植株。

5. 压条繁殖

压条繁殖于春、秋进行，宜选择当年生略带木质化的健壮长枝，在压条处刻伤或去皮，将其压伏在地面上，覆盖细土 12cm 厚或用水苔包裹，并浇水保湿，这样破损处容易生出根来。约 40 天左右即可从母株上分离下来另行栽培。

二、土、肥、水管理

1. 土壤管理

紫藤对土壤条件要求不严，但因其主根发达，故以土壤疏松、土层深厚、地下水位较低、排水良好的沙质壤土最好。

2. 施肥管理

紫藤喜肥，除定植时需要施底肥作基肥外，早春萌芽前可施有机氮肥、过磷酸钙、草木灰等，整个生长期可追肥 2~3 次。夏季不施肥，盆栽入秋后留有种果者施一次磷、钾肥，地栽可不施；冬季刚落叶时，施一次以磷、钾为主的腐熟有机肥，有利于提高越冬抗寒力和翌春孕蕾开花。开花时不施肥，花后施 1~2 次氮、磷、钾复合肥，使其枝叶繁茂。任何时候都不可单施氮肥，否则会出现叶多花少的情况。

3. 水分管理

紫藤耐旱怕涝，生长期要保持土壤稍湿润，但不能积水，雨季要注意排水防烂根。从冬季落叶至春季萌芽前，土壤以稍干微湿润为好。在雨水多时不需浇水，同时 8 月以后土壤不干也不必浇水，以免枝条徒长，但霜冻前必需浇 1 次防冻水。

三、病虫害防治

（一）病害防治

1. 菌核病

植株患病后在创伤等处长出白色菌丝层，后期根皮腐烂变成褐色，并在其上生有黑色菌核。

防治方法：实行轮作；病圃深翻，将菌核深埋，使其丧失生命力。

2. 根肿病

根肿病主要危害根颈部，在病部形成大小不等的肿瘤，初期为淡褐色，表面粗糙，略作海绵状，后期颜色变深，内部组织木质化，形成坚硬的肿瘤，严重时植株逐渐枯死。

防治方法：实行轮作；苗木消毒；发病后立即切除病瘤，涂上保护剂；及时防治地下害虫，以减少病害发生。

3. 炭疽病和腐烂病

炭疽病属真菌病害，主要发生在叶上，病害严重时叶片整片枯焦，发黑脱落。腐烂病发病于主干、主枝和侧枝上，幼树也可受害，可引起树皮腐烂、主干和主枝死亡。炭疽病、腐烂病可用 70%甲基托布津可湿性粉剂 1000 倍液喷洒防治。

（二）虫害防治

1. 蚜虫

防治蚜虫可用一遍净等药剂喷杀，保护其天敌瓢虫、草蛉对防治蚜虫也有较好效果。

2. 大蓑蛾

对于大蓑蛾可用黑光灯或性激素诱杀成虫，或用多角体病毒制剂进行生物防治。

3. 豆天蛾

防治豆天蛾，可在清晨进行人工捕杀幼虫，也可在幼虫发生期用菊酯类农药喷杀；冬春结合清园消灭越冬蛹。

4. 黄毒蛾

黄毒蛾少量发生时可摘除虫叶，但应注意避免接触毒毛；大量发生时用菊酯类农药喷杀。

四、整形修剪

当紫藤用于棚架和长廊绿化时，应将其主枝均匀绑缚于架上，使其沿架攀援，迅速扩展。秋季落叶后可适当调整枝条的分布，并从基部剪除一些过密枝、病枝及细弱枝，以调节生长。每年冬季要对枯死枝、病虫枝、互相缠绕或过分重叠枝进行疏剪，对一般小侧枝均留 2~3 芽短截，使其架面枝条分布均匀，阳光通透，有利于新枝的生长。冬剪时，将架面上生长较粗壮的骨干枝，选留 3~4 个分别向架面两方展开，其余枝条不论粗细，均从分生处疏除，然后对选留的 3~4 个主枝进行短截或回缩修剪。原则是壮枝轻剪长留，弱枝重剪短留，平衡树势。经过这样的重修剪，大大减少了养分消耗，使保留下来的枝条得到较多的养分供应，从而达到复壮的目的。

紫藤也可不作棚架植物而利用整形修剪的方法将其培养成大灌木状。紫藤为灌木状时，每年新梢抽出约 15cm 长时，应摘心 1 次，开花后可将中部枝条留 5~6 个芽短截，并剪除细弱枝条，以促进花芽的形成。

五、灾害防治

（一）风害防治

大风可将紫藤吹倒，尤其是刚种植的植株。如发现植株被吹倒，应及时用竹竿或其他材料将其固定。

（二）市政工程危害防治

1. 挖方

防治方法：根系保鲜；施肥；合理修剪；尽量避开根区开挖，或从主根下通过。

2. 地面铺装

地面铺装的危害包括：有碍水气交换；改变了下垫面的性质；造成干基环割。

防治方法：选择适应性强的树种；选择通透性强的铺装材料；改进铺装技术；设置通气、透水系统，避免整体浇筑。

六、花期控制

在春季自然气温未回暖前，对处于休眠的植株给予 1~4℃的人为低温，可延长休眠期，延迟开花。根据需要开花的日期、植物的种类与当时的气候条件，推算出低温后培养至开花所需的天数，从而来决定停止低温处理的日期。这种方法管理方便，开花质量好，延迟花期时间长。紫藤可延迟花期 7 个月以上，且质量不低于春天开的花。

实训任务单

子任务名称		子任务1 紫藤的种植	学时	3
一、训练目标、要求 1．了解紫藤的生物学习性、种植成活的基本原理。 2．熟悉紫藤定植前的定点、放线。 3．掌握挖穴、换土、栽植、淋定根水、栽植修剪、支撑的相关要求。					
二、训练重点及难点 1．重点：栽植修剪。 2．难点：栽植深度的把握。					
三、训练用具、材料准备 1．苗木。 2．铁铲、锄头、剪刀、水桶、锯等工具、用具。 3．杀菌剂、生根剂。 4．塘泥、黄土、泥炭土等基质。 5．竹棍、水泥杆等支撑物。					
四、作业和思考题 紫藤栽培的关键技术有哪些？					

五、训练内容与方法		
训练内容	训练方法	参考时间
下达种植任务，查阅相关技术和气象资料	以公司为单位查阅文献资料	课外
确定种植方案	通过讨论，确定种植方案	10分钟
领取工具、器具、材料	由工区负责人领取工具、器具、材料	5分钟
定点、放线	教师示范并指导学生实际操作	10分钟
挖穴、换土	教师示范并指导学生实际操作	20分钟
种植	教师示范并指导学生实际操作	45分钟
修剪、支撑、淋定根水	教师示范并指导学生实际操作	25分钟
生产小结、评比	现场提问、引导	20分钟

六、考核标准			
考核要点	观测点	评定采分	得分
查阅资料、确定方案	信息获取能力	5	
	民主决策能力	5	
定点、放线	熟练使用仪器、工具	10	
	正确标记	5	
挖穴、换土	挖穴符合规格要求	10	
	营养土混配比例正确、混配均匀	15	
种植	深度适合	10	
	朝向正确、直立	5	
	土球完整，根系损伤少	10	
植后养护	修剪适度	10	
	支撑牢固、正确	5	
	淋定根水充足	5	
态度	积极主动	5	
合 计		100	

七、课后小结
1．紫藤种植成活的原理。
2．紫藤种植的关键环节。
3．紫藤种植的季节。

子任务名称	子任务2 紫藤的土、肥、水管理	学时	3

一、训练目标、要求
1. 了解紫藤的生长发育特点、种植地的土壤特性。
2. 熟悉紫藤生长周期对养分和水分的需求规律。
3. 掌握科学的松土方法、施肥方法、肥料用量、配方施肥以及浇水的方法。

二、训练重点及难点
1. 重点：施肥。
2. 难点：配方施肥。

三、训练用具、材料准备
1. 氮、磷、钾及微量元素肥料。
2. 铁铲、锄头、水桶等工具、用具。

四、作业和思考题
紫藤的施肥技术有哪些？

五、训练内容与方法

训练内容	训练方法	参考时间
下达施肥任务，查阅相关技术和气象资料	以公司为单位查阅文献资料	课外
确定施肥方案	通过讨论，确定施肥方案	10分钟
领取工具、器具、材料	由工区负责人领取工具、器具、材料	5分钟
松土、挖施肥沟	教师示范并指导学生实际操作	10分钟
施肥	教师示范并指导学生实际操作	75分钟
浇水	教师示范并指导学生实际操作	10分钟
覆土	教师示范并指导学生实际操作	5分钟
生产小结、评比	现场提问、引导	20分钟

六、考核标准

考核要点	观测点	评定采分	得分
查阅资料、确定方案	信息获取能力	5	
	民主决策能力	5	
松土、挖施肥沟	松土的深度适合	10	
	施肥沟与植株根系的距离适合	10	
施肥	施肥量的把握	10	
	准确判断缺素症状	15	
	配方施肥混配比例正确、混配均匀	10	
	施肥时机的把握	5	
	施肥间隔期的把握	5	
	根外追肥	5	
浇水	淋水量的把握	10	
	浇水间隔期的把握	5	
态度	积极主动	5	
合计		100	

七、课后小结
1. 紫藤需肥和需水的规律。
2. 紫藤配方施肥的原理。
3. 紫藤松土、施肥和浇水的关键环节。

子任务名称	子任务3 紫藤的病虫害防治	学时	5
一、训练目标、要求 1. 了解紫藤常见病虫害的发生规律。 2. 熟悉和识别紫藤常见病虫害的症状及高峰期。 3. 掌握紫藤常见病虫害的防治方法。			
二、训练重点及难点 1. 重点：病虫害的防治。 2. 难点：病虫害的识别。			
三、训练用具、材料准备 1. 农药。 2. 石灰、刷子、水桶。 3. 喷雾器、铁铲、锄头等工具、用具。			
四、作业和思考题 紫藤病虫害防治的关键技术有哪些？			
五、训练内容与方法			

训练内容	训练方法	参考时间
下达病虫害防治任务，查阅相关技术和气象资料	以公司为单位查阅文献资料	课外
确定病虫害防治方案	通过讨论，确定病虫害防治方案	10分钟
领取工具、器具、材料	由工区负责人领取工具、器具、材料	5分钟
除草	教师示范并指导学生实际操作	40分钟
配药	教师示范并指导学生实际操作	50分钟
喷药	教师示范并指导学生实际操作	100分钟
生产小结、评比	现场提问、引导	20分钟

六、考核标准

考核要点	观测点	评定采分	得 分
症状诊断	症状诊断能力	15	
查阅资料、确定防治方案	信息获取能力	5	
	民主决策能力	5	
	防治方案的科学性	15	
配药	用药种类的把握	10	
	农药与水混配比例正确、混配均匀	10	
喷药	喷药是否均匀周到	10	
综合防治	物理、生物等防治方法的掌握	15	
除草	杂草识别	5	
	除草方法	5	
态度	积极主动	5	
合　　计		100	

七、课后小结

1. 紫藤常见的病虫害。
2. 紫藤病虫害防治的关键环节。

子任务名称		子任务4 紫藤的整形修剪	学时	4

一、训练目标、要求

1. 了解紫藤的树形特点。

2. 熟悉园林景观树种的树形结构和整形修剪的常用方法。

3. 掌握紫藤整形修剪的方法。

二、训练重点及难点

1. 重点：整形修剪。

2. 难点：整形修剪的方法。

三、训练用具、材料准备

修枝剪、高枝剪、折叠梯等工具、用具。

四、作业和思考题

紫藤整形修剪的关键技术有哪些？

五、训练内容与方法

训练内容	训练方法	参考时间
下达整形修剪任务，查阅相关技术和气象资料	以公司为单位查阅文献资料	课外
确定整形修剪方案	通过讨论，确定整形修剪方案	10分钟
领取工具、器具、材料	由工区负责人领取工具、器具、材料	5分钟
整形修剪	教师示范并指导学生实际操作	145分钟
生产小结、评比	现场提问、引导	20分钟

六、考核标准

考核要点	观测点	评定采分	得分
查阅资料、确定方案	信息获取能力	5	
	民主决策能力	5	
整形修剪	整形是否美观	30	
	修剪适度	30	
	整形修剪时节的把握	20	
态度	积极主动	10	
合　　计		100	

七、课后小结

1. 紫藤适宜的整形修剪季节。

2. 紫藤整形修剪的关键环节。

子任务名称	子任务5 紫藤的灾害防治		学时	2

一、训练目标、要求

1．了解常见的灼伤、冻害、寒害、风害、市政工程危害等症状。

2．熟悉和识别常见的灾害。

3．掌握灾害防治的方法。

二、训练重点及难点

1．重点：灾害防治。

2．难点：灾害防治的方法和最佳时机。

三、训练用具、材料准备

1．叶面肥、喷雾器。

2．石灰、刷子、水桶。

3．枝剪、木棍、绳子等工具、用具。

四、作业和思考题

紫藤灾害预防的措施有哪些？

五、训练内容与方法

训练内容	训练方法	参考时间
下达灾害防治任务，查阅相关技术和气象资料	以公司为单位查阅文献资料	课外
确定灾害防治方案	通过讨论，确定灾害防治方案	10分钟
领取工具、器具、材料	由工区负责人领取工具、器具、材料	5分钟
喷药复壮	教师示范并指导学生实际操作	30分钟
修剪	教师示范并指导学生实际操作	15分钟
支撑（风害）	教师示范并指导学生实际操作	10分钟
生产小结、评比	现场提问、引导	20分钟

六、考核标准

考核要点	观测点	评定采分	得分
查阅资料、确定方案	信息获取能力	5	
	民主决策能力	5	
喷药复壮	药与水混配比例正确、混配均匀	15	
	喷药是否均匀	15	
修剪	整形是否美观	15	
	修剪适度	15	
支撑	支撑牢固、正确	15	
态度	积极主动	15	
合　　计		100	

七、课后小结

1．紫藤喷药复壮的关键环节。

2．紫藤修剪和支撑的关键环节。

子任务名称		子任务6 紫藤的花期控制	学时	3
一、训练目标、要求 1. 了解紫藤的植物生理学特性。 2. 熟悉紫藤的生长发育特点。 3. 掌握控制花期的方法。				
二、训练重点及难点 1. 重点：花期控制。 2. 难点：花期控制的方法。				
三、训练用具、材料准备 1. 氮、磷、钾及微量元素肥料。 2. 铁铲、锄头、水桶、枝剪等工具、用具。				
四、作业和思考题 紫藤花期控制的技术有哪些？				
五、训练内容与方法				
训练内容		训练方法	参考时间	
下达花期控制任务，查阅相关技术和气象资料		以公司为单位查阅文献资料	课外	
确定花期控制方案		通过讨论，确定花期控制方案	10分钟	
领取工具、器具、材料		由工区负责人领取工具、器具、材料	5分钟	
水肥控制		教师示范并指导学生实际操作	35分钟	
施肥		教师示范并指导学生实际操作	20分钟	
浇水		教师示范并指导学生实际操作	10分钟	
合理修剪		教师示范并指导学生实际操作	35分钟	
生产小结、评比		现场提问、引导	20分钟	
六、考核标准				
考核要点	观 测 点		评定采分	得 分
查阅资料、确定方案	信息获取能力		5	
	民主决策能力		5	
	花期控制方案的正确性		15	
水分调控	浇水时机的把握		10	
	浇水量的把握		5	
肥料调控	施肥量的把握		10	
	配方施肥混配比例正确、混配均匀		10	
	施肥时机的把握		10	
修剪调控	修剪季节的把握		10	
	修剪适度		15	
态度	积极主动		5	
合　　计			100	
七、课后小结 1. 紫藤花期控制的原理。 2. 紫藤花期控制的关键环节。				

相关文献链接

[1] 吴守春. 爬墙虎[J]. 教育文汇, 2006, 12.
[2] 梁敏国. 爬墙虎锈病[J]. 花木盆景: 花卉园艺, 2001, 8.
[3] 陈亮彩. 爬墙虎[J]. 大众中医药, 1990, 2.
[4] 胡光胜. 爬山虎[J]. 国土绿化, 2001, 5.
[5] 谢发兵. 立体绿化的好品种——爬山虎[J]. 新疆林业, 2008, 3.
[6] 蔡彦生, 张志会. 爬山虎扦插育苗[J]. 新农业, 2006, 10.
[7] 康金强. 攀缘植物的整形修剪[J]. 安徽林业, 2006, 4.
[8] 黄少华. 认识叶子花[J]. 中国花卉盆景, 2009, 2.
[9] 黄磊. 叶子花修剪与矮化处理[J]. 花木盆景: 花卉园艺, 2008, 3.
[10] 洪项目. 三角梅常见品种及栽培繁殖技术[J]. 福建农业科技, 2007, 5.
[11] 陈少萍. 簕杜鹃栽培管理与病虫害防治[J]. 中国花卉园艺, 2008, 20.
[12] 司戌旺. 叶子花, 干旱促成花满枝[J]. 中国花卉盆景, 2007, 10.
[13] 沈广. 叶子花的花期控制[J]. 中国花卉盆景, 2006, 1.
[14] 龙青云, 罗伟其. 紫藤漫谈[J]. 花卉, 2009, 3.
[15] 曾宋君. 紫藤的繁殖栽培[J]. 花卉, 2009, 3.
[16] 李惠萍. 紫藤扦插育苗初探[J]. 陕西林业科技, 2008, 1.
[17] 李万方. 紫藤的栽培养护[J]. 花卉, 2008, 5.
[18] 韩学俭. 紫藤栽培要点[J]. 花卉, 2007, 6.

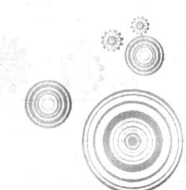

习　题

一、填空题

1. 爬山虎的学名是_____, 别名为_____, 属于_____科_____属, 其主要园林用途是_____。

2. 爬山虎是____年生藤本植物, 花期为_____, 果期为_____。

3. 爬山虎常见的病害有_____、_____、_____; 常见的虫害有_____、_____。

4. 叶子花的学名是_____, 别名为_____, 属于_____科_____属, 其主要园林用途是_____。

5. 叶子花平时浇水掌握"_____"的原则, 开花前期每天不能浇水太多, 水多易引起徒长、节间长、不易控花; 后期更应掌握水分的用量, 开花后要多浇水, 每次都要浇透。

6. 叶子花常见的病害有_____、_____、_____、_____; 常见的

虫害有_____。

7. 紫藤的学名是_____，别名为_____，属于_____科_____属，其主要园林用途是_____。

8. 紫藤的花期为_____，果期为_____。

9. 紫藤的繁殖方式主要有_____、_____、_____、_____、_____等。

10. 紫藤常见的病害有_____、_____、_____，常见的虫害有_____、_____、_____、_____等。

二、判断题

1. 爬山虎耐寒，耐旱，耐贫瘠，耐修剪，怕积水，对土壤要求不严，适应能力强，但在干燥、肥沃的土壤中生长最佳。（   ）

2. 叶子花属短日照阳性植物，不耐荫，喜温暖湿润和光照充足的环境。（   ）

3. 为使叶子花多开花，施肥要适时适量，合理使用，多施氮肥，少施磷、钾肥。（   ）

4. 紫藤属于常绿藤本植物。（   ）

5. 紫藤喜阳光，略耐阴，怕涝，对土壤和气候适应性强；主根深，侧根少，有一定的抗旱能力。（   ）

三、选择题

1. 爬山虎的繁殖方法有（   ）。
   A．播种法　　　B．扦插法　　　C．压条法　　　D．嫁接法

2. 叶子花的颜色繁多，主要有（   ）。
   A．大红　　　　B．粉红　　　　C．紫红　　　　D．橙色

3. 叶子花的繁殖方法有（   ）。
   A．扦插　　　　B．压条　　　　C．播种　　　　D．分株

4. 为使叶子花的花期延长，花量增多，可以采取以下措施（   ）。
   A．整形修剪　　B．合理施肥　　C．控水　　　　D．遮光

四、简答题

1. 爬山虎在立体绿化中应用有什么优势？

2. 为什么叶子花会出现大量落叶？

3. 如何促成叶子花在短时间内开花？

4. 如何给叶子花整形修剪？

5. 如何控制紫藤的花期？

6. 如何使紫藤盆景连年开花？

学习情境 6 地被植物的养护

- 任务 1　马缨丹养护技术
- 任务 2　紫雪茄花养护技术
- 任务 3　细叶结缕草养护技术

情境学习总览

学习情境 6	地被植物的养护	18 学时
简介		华南地区常见的地被植物有马缨丹、紫雪茄花、细叶结缕草等。地被植物多低矮，没有明显主干，抗性较强，在地面绿化上起着重要的作用
学习目标	相关知识	1. 地被植物（马缨丹、紫雪茄花、细叶结缕草）的分布及园林用途 2. 地被植物（马缨丹、紫雪茄花、细叶结缕草）的生物学习性，包括植物学特性、生长发育对环境条件的要求 3. 土、肥、水管理技术 4. 病虫害识别与防治技术 5. 整形修剪技术 6. 繁殖和育苗技术 7. 植物栽植和配置的相关技术 8. 灾害防治技术
	专业技能	1. 能够采用合适的繁殖方法，进行马缨丹、紫雪茄花、细叶结缕草的苗木繁殖 2. 能够根据地被植物（马缨丹、紫雪茄花、细叶结缕草）的成活原理，选择适宜的栽植季节 3. 能够根据园林树木配置原理，掌握地被植物（马缨丹、紫雪茄花、细叶结缕草）的栽植技术（施工前准备、施工原则、整地、苗木运输、确定栽植穴等技术） 4. 能够根据地被植物（马缨丹、紫雪茄花、细叶结缕草）的长势，适时进行土、肥、水管理 5. 能够根据季节和天气的变化，结合树木生长状况，选择适宜的时期采用适当的方法，对地被植物（马缨丹、紫雪茄花、细叶结缕草）进行整形修剪 6. 能够识别病虫害的症状并及时诊断地被植物（马缨丹、紫雪茄花、细叶结缕草）的病虫害，并进行综合防治 7. 能够对高温、低温、风害、市政工程危害等及时进行有效防治和及时复壮 8. 能够合理地设计地被植物（马缨丹、紫雪茄花、细叶结缕草）的养护方案，并能独立完成树种的绿化养护任务
	职业素质	1. 解决实际问题的能力 2. 信息采集处理、资料整理、撰写技术报告的能力 3. 工作任务的分析、实施和监控的能力 4. 快速地掌握新知识、新技能的能力 5. 自主学习和创新的能力 6. 综合分析、决策的能力
	拓展能力	1. 培养组织协调能力和良好的沟通能力 2. 培养团队协作、诚实守信的品格 3. 培养吃苦耐劳、爱岗敬业的精神 4. 培养积极主动的工作态度和扎实的实操能力
教与学	教学方法	1. 讨论法 2. 角色扮演法 3. 实战训练法 4. 案例法 5. 现场教学法 6. 系统管护法 7. 会诊法
	教学资源	课件、图片、教学情境设计方案与实施方案、任务书、工作记录单、考核单
	对教师的专业理论技能要求	1. 具有高校教师资格，本科及以上学历，具有较强的专业技能 2. 掌握教学论与方法论，并根据教学论与方法论灵活设计学习情境 3. 能够指导学生查阅、收集资料及撰写技术报告 4. 能够识别常见的地被植物 5. 具有丰富的地被植物种植和养护的经验 6. 具有丰富的教学实践经验，能控制整个项目的进程 7. 能够及时准确地纠正学生的错误操作，并对学生的完成效果进行准确地评价 8. 能够指导学生对实施过程与结果进行总结和归纳

（续）

教与学	对学习者的专业理论技能要求	1. 具有植物学、植物生理学、观赏树木学的基本知识和技能 2. 具有基本的土、肥、水管理知识和病虫害防治知识 3. 具有环保、安全的相关知识 4. 具有基本的自学能力和创新能力 5. 具有一定的文献收集和整理能力 6. 具有一定的职业道德素质
考核与评价		1. 评价原则：评价范围的全面性、评价主题的多样性和评价方法的综合性相结合 2. 考核形式包括过程考核和结果考核：学生自评（10%）、工区对个人的评价（20%）、工区间的互评（20%）、老师对个人的评价（30%）、老师对工区的评价（20%） 3. 考核方法：笔试、操作、撰写报告等 4. 评价内容 1）专业技能评价：种植成活率，土、肥、水管理，整形修剪，病虫害症状的识别与防治，高温、低温、风害、市政工程危害等的防治技术，花期控制技术 2）知识和职业技能评价：信息收集、整理及撰写报告的能力，分析、处理问题的能力，相关知识的掌握 3）态度的评价：态度是否积极主动

学生工作任务单

学习情景6　地被植物的养护			
学习小组		指导教师	

工作任务描述：
根据实训基地生产需要，通过教师提供的参考书、教学课件、音像资料等，在教师的指导下完成地被植物（马缨丹、紫雪茄花、细叶结缕草）的养护任务，最后取得良好的景观效果

具体工作任务：
1. 获得相关资料与信息
1）熟悉地被植物（马缨丹、紫雪茄花、细叶结缕草）的生物学习性
2）熟悉不同品种的植物学特性
3）熟悉生产设施、环境条件
4）熟悉种植的整个过程及质量要求（栽前准备工作，定点、放线，挖穴，栽植修剪，定植，栽后管理，清理场地等）
5）熟悉养护的整个过程及各阶段质量要求（土、肥、水管理，病虫害防治，整形修剪，灾害防治等）
6）了解新技术
2. 制定、讨论、修改养护方案
3. 根据养护方案，购买苗木、肥料、农药等农资
4. 实施养护方案
1）定点、放线，适时种植
2）根据树体长势，适时、适量地进行土、肥、水管理
3）及时防治病虫害
4）适时整形修剪
5）及时防治各种灾害（高温、低温、风害、市政工程危害等）
6）观察地被植物（马缨丹、紫雪茄花、细叶结缕草）的生物学习性（植物学特性、生长发育对环境条件的要求）
5. 成果展示，并评定成绩
6. 讨论、总结、反思学习过程，撰写技术报告，各小组汇报学习体会，实现学习迁移
7. 提交养护业务档案、工作日记、小组工作总结、技术报告等，材料整理归档

学习条件：
1. 多媒体教室
2. 植物栽培实训室
3. 园艺技术实训基地（含校园温室大棚）
4. 农机具、仪器设备、农业生产资料
5. 图片、课件、音像资料、教学录像、网络资源
6. 工作任务单、实施方案、工作日记、考核单等

任务1 马缨丹养护技术

相关知识

学名：*Lantana camara Linn*

别名：五色梅、臭草、臭花筋、七变花、杀虫花、五彩花、如意草、土红花、山大丹、五色花等

科属：马鞭草科马缨丹属

一、分布及园林用途

马缨丹在我国广东、海南、福建、台湾、广西、湖南等地均有栽培，且已逸为野生。马缨丹因花期长，适应性强，园林中常丛植、地被覆盖和做绿篱，也可于草坪中点缀，并可种植于山石旁，还可用于花坛布置等。北方盆栽作室内布置或花坛摆放等。

二、马缨丹生物学习性

（一）植物学特性

1. 形态特征

马缨丹为直立或半蔓性灌木，高可达1m左右，茎枝无刺或有下弯钩刺。全株被短毛，有一种强烈的气味，故又称为臭花筋。多分枝，小枝方形。叶对生，叶卵形至卵状椭圆形，叶面多绉，长3~9cm，宽1.5~5cm，先端渐尖，边缘有锯齿，两面都有糙毛。头状花序腋生，花序梗长于叶柄1~3倍；苞片披针形，有短柔毛，花萼管状，顶端有极短的齿；花期为5~10月。果实圆球形，成熟时紫黑色。

2. 观赏特点

花初开时常为黄或粉红色，继而变成橘黄或橘红色，最后呈红色。花先后开放，黄红相间，犹如绿叶扶彩球，故也称五色梅。

（二）生长发育对环境条件的要求

马缨丹性喜温暖、湿润、阳光充足的环境，喜光，耐干旱，不耐寒，适宜生长温度为20~25℃，冬季越冬温度应不低于5℃，在疏松、肥沃、排水良好的砂壤土中生长较好。耐修剪，长江以北多作盆栽。枝、叶及未熟果有毒，全株均可入药。

（三）生长发育周期

马缨丹的栽种期为4~6月，花期为5~10月。

养护管理操作技能

一、种植

马缨丹在种植时施入有机肥作基肥，初期浇水以促进生长，待成活后生长旺盛，可减少灌水。露地栽培将蔓性枝条埋入土壤，可逐步扩展成一大丛。注意花后及时修剪，促其多发侧枝，以便保持其株形，且能使其开花绵绵不断，延续至11月初。具体种植方法如下：

(1) 栽植穴的确定　定点、放线。

(2) 起苗　将准备移植的苗木起出，不要损伤苗根和枝干，保留一定根幅。袋苗可连袋直接装在果箩中运输。

(3) 修剪　将根部受机械损伤的部分或过长的部分剪去，裸根苗要打浆护根。袋苗在种植时要去除营养袋。

(4) 挖穴　单植或丛植一般穴为圆筒状，绿篱时为长方形槽，成片密植时则用几何大块浅坑。

(5) 移植　避免窝根和埋叶现象，剪去部分枝叶，栽正，踩实，灌足定根水，成活前加强灌溉，必要时遮荫。

二、土、肥、水管理

秋季开花期，应加强肥水管理，此时水分可略多一些。生长期要保持充足的阳光和湿润的土壤，盆土不要太干，特别是开花期间，如太干燥，则易出现萎蔫现象，影响开花。夏季生长旺季，每10～15天施饼肥水或人粪尿稀液一次，促使开花繁茂，特别是花后应及时追肥，以保持花开不断。

三、病虫害防治

（一）灰霉病

病菌先从花瓣的尖端侵入，发病后，病部呈水渍状，发软，褪色，失去光泽，最后花瓣变褐腐烂，花朵脱落。在潮湿的条件下，病部表面产生灰色的霉层。

防治方法：①注意通风，降低湿度，以减轻病害的发生。②及时摘除病花，集中烧毁或深埋于土中，以减少病源。③病害发生初期，可喷1:1:200波尔多液，或50%速克灵可湿性粉剂2000倍液，或50%扑海因可湿性粉剂1500倍液，每两周1次，喷药次数也可因发病情况而定。

（二）叶枯线虫病

叶片受线虫侵入后，叶色变淡，并有淡褐色斑点，以后逐渐加深到几乎黑色。随着病斑的扩大，因受主、侧脉限制而成为角状斑，严重时整个叶片枯死、卷缩，并沿茎杆下垂。大部分线虫在轻微变色区,已变成深褐色或黑色的叶片上只有少量线虫。

防治方法:①加强检疫,不让叶线虫及其繁殖材料传入无病区。②园艺防治。盆栽用土要禁用病土和草多的土;改进浇水方法,最好不要淋浇,并尽可能保持叶面干燥,盆花安放要有适当空隙,不使叶子相互接触。③药剂防治。可用15%涕灭威颗粒剂,每平方米盆土5~6g,或直径为25cm左右的盆用药2~3g深入土中;或使用3%的呋喃丹,每盆3~5g深入土中;也可在危害期用50%杀螟松乳剂、50%杀线酯和50%西维因可湿性粉剂1000倍液叶面喷洒。

四、整形修剪

马缨丹耐修剪,要使其成为圆头状优美树冠,需经常进行摘心。当幼苗长到约10cm高时即摘心,促使其从基部萌发分枝,保留3~5个枝条作为主枝,待主枝长到一定长度时再进行摘心,使主枝生长均衡。位于上部的主枝先摘心,位于下部的主枝后修剪,上部的主枝在摘心时去枝量要略多于下部的主枝,这样各枝间生长匀称,便形成了圆头状株形。

植株成形之后,随着枝条不断生长,以后要经常疏枝和短截。每年春季可把过密枝、纤弱枝、交叉枝及病虫枝从基部疏剪掉。保留的枝条,根据生长情况分别留2~4个芽短截。开花后及时剪除残花,以免消耗养分。

五、灾害防治

(1)高温危害防治　选择抗性强的树种;加强水分管理。
(2)低温危害防治　选择抗寒品种;加强抗寒栽培;推迟萌芽期;改善小气候条件。
(3)风害防治　合理修剪;通气、排水;支撑。
(4)市政工程危害防治　根系保鲜;施肥;合理修剪;通气、排水。

六、花期控制

马缨丹因花色多变而得名,花小而密集,为半球形状花序,花色从黄色或粉红色转成橘黄或橘红色,最后变成红色。若使马缨丹的花开得更鲜艳、花期更长,需掌握以下养护技术:①选用土层深厚、肥沃、疏松的沙质壤土,盆栽土可用腐叶土、园土、醋渣、腐熟的有机肥按一定比例混合配制培养土。②种植前需施足基肥,生长旺期(5~10月),每隔10天需施1次稀薄腐熟的饼肥水或稀薄人粪尿水,花后及时施肥,使开花不断。③对成形的植株要经常修剪除去弱枝和病枝,还要适当进行短截,花后应及时摘去残花。④生长期要给予充足的光照,保持土壤湿润,开花期尤其不能使土壤太干燥。⑤冬季应停止施肥,并控制浇水,温度需保持在10℃以上,对过长的新枝进行适当的修剪。

实训任务单

子任务名称	子任务1 马缨丹的种植		学时	3
一、训练目标、要求 1. 了解马缨丹的生物学习性、种植成活的基本原理。 2. 熟悉马缨丹定植前的定点、放线。 3. 掌握挖穴、换土、栽植、淋定根水、栽植修剪的相关要求。				
二、训练重点及难点 1. 重点：栽植修剪。 2. 难点：栽植深度的把握。				
三、训练用具、材料准备 1. 苗木。 2. 铁铲、锄头、剪刀、水桶、锯等工具、用具。 3. 杀菌剂、生根剂。 4. 塘泥、黄土、泥炭土等基质。				
四、作业和思考题 马缨丹栽培的关键技术有哪些？				

五、训练内容与方法

训练内容	训练方法	参考时间
下达种植任务，查阅相关技术和气象资料	以公司为单位查阅文献资料	课外
确定种植方案	通过讨论，确定种植方案	10 分钟
领取工具、器具、材料	由工区负责人领取工具、器具、材料	5 分钟
定点、放线	教师示范并指导学生实际操作	10 分钟
挖穴、换土	教师示范并指导学生实际操作	20 分钟
种植	教师示范并指导学生实际操作	45 分钟
修剪、淋定根水	教师示范并指导学生实际操作	25 分钟
生产小结、评比	现场提问、引导	20 分钟

六、考核标准

考核要点	观测点	评定采分	得分
查阅资料、确定方案	信息获取能力	5	
	民主决策能力	5	
定点、放线	熟练使用仪器、工具	10	
	正确标记	5	
挖穴、换土	挖穴符合规格要求	10	
	营养土混配比例正确、混配均匀	15	
种植	深度适合	10	
	朝向正确、直立	5	
	土球完整，根系损伤少	10	
植后养护	修剪适度	15	
	淋定根水充足	5	
态度	积极主动	5	
合　计		100	

七、课后小结
1. 马缨丹种植成活的原理。
2. 马缨丹种植的关键环节。
3. 马缨丹种植的季节。

子任务名称	子任务2 马缨丹的土、肥、水管理	学时	5

一、训练目标、要求

1. 了解马缨丹的生长发育特点、种植地的土壤特性。
2. 熟悉马缨丹生长周期对养分和水分的需求规律。
3. 掌握科学的松土方法、施肥方法、肥料用量、配方施肥以及浇水的方法。

二、训练重点及难点

1. 重点：施肥。
2. 难点：配方施肥。

三、训练用具、材料准备

1. 氮、磷、钾及微量元素肥料。
2. 铁铲、锄头、水桶等工具、用具。

四、作业和思考题

如何进行马缨丹的施肥？

五、训练内容与方法

训练内容	训练方法	参考时间
下达施肥任务，查阅相关技术和气象资料	以公司为单位查阅文献资料	课外
确定施肥方案	通过讨论，确定施肥方案	10分钟
领取工具、器具、材料	由工区负责人领取工具、器具、材料	5分钟
松土	教师示范并指导学生实际操作	50分钟
施肥	教师示范并指导学生实际操作	95分钟
浇水	教师示范并指导学生实际操作	40分钟
覆土	教师示范并指导学生实际操作	5分钟
生产小结、评比	现场提问、引导	20分钟

六、考核标准

考核要点	观测点	评定采分	得分
查阅资料、确定方案	信息获取能力	5	
	民主决策能力	5	
松土	松土的深度适合	10	
	施肥点与植株根系的距离适合	10	
施肥	施肥量的把握	10	
	准确判断缺素症状	15	
	配方施肥混配比例正确、混配均匀	10	
	施肥时机的把握	5	
	施肥间隔期的把握	5	
	根外追肥	5	
浇水	淋水量的把握	10	
	浇水间隔期的把握	5	
态度	积极主动	5	
合计		100	

七、课后小结

1. 马缨丹需肥和需水的规律。
2. 马缨丹配方施肥的原理。
3. 马缨丹松土、施肥和浇水的关键环节。

子任务名称		子任务3 马缨丹的病虫害防治		学时	2
一、训练目标、要求 1. 了解马缨丹常见病虫害的发生规律。 2. 熟悉和识别马缨丹常见病虫害的症状及高峰期。 3. 掌握马缨丹常见病虫害的防治方法。					
二、训练重点及难点 1. 重点：病虫害的防治。 2. 难点：病虫害的识别。					
三、训练用具、材料准备 1. 农药。 2. 石灰、刷子、水桶。 3. 喷雾器、铁铲、锄头等工具、用具。					
四、作业和思考题 马缨丹病虫害防治的关键技术有哪些？					
五、训练内容与方法					
训练内容		训练方法		参考时间	
下达病虫害防治任务，查阅相关技术和气象资料		以公司为单位查阅文献资料		课外	
确定病虫害防治方案		通过讨论，确定病虫害防治方案		10分钟	
领取工具、器具、材料		由工区负责人领取工具、器具、材料		5分钟	
除草		教师示范并指导学生实际操作		10分钟	
配药		教师示范并指导学生实际操作		10分钟	
喷药		教师示范并指导学生实际操作		35分钟	
生产小结、评比		现场提问、引导		20分钟	
六、考核标准					
考核要点	观测点		评定采分		得分
症状诊断	症状诊断能力		15		
查阅资料、确定防治方案	信息获取能力		5		
	民主决策能力		5		
	防治方案的科学性		15		
配药	用药种类的把握		10		
	农药与水混配比例正确、混配均匀		10		
喷药	喷药是否均匀周到		10		
综合防治	物理、生物等防治方法的掌握		15		
除草	杂草识别		5		
	除草方法		5		
态度	积极主动		5		
合　　计			100		

七、课后小结
1. 马缨丹常见的病虫害。
2. 马缨丹病虫害防治的关键环节。

子任务名称	子任务4 马缨丹的整形修剪	学时	3

一、训练目标、要求

1．了解马缨丹的树形特点。

2．熟悉园林景观树种的树形结构。

3．掌握马缨丹整形修剪的方法。

二、训练重点及难点

1．重点：整形修剪。

2．难点：整形修剪的方法。

三、训练用具、材料准备

枝剪等工具、用具。

四、作业和思考题

马缨丹整形修剪的关键技术有哪些？

五、训练内容与方法

训练内容	训练方法	参考时间
下达整形修剪任务，查阅相关技术和气象资料	以公司为单位查阅文献资料	课外
确定整形修剪方案	通过讨论，确定整形修剪方案	10分钟
领取工具、器具、材料	由工区负责人领取工具、器具、材料	5分钟
整形修剪	教师示范并指导学生实际操作	100分钟
生产小结、评比	现场提问、引导	20分钟

六、考核标准

考核要点	观测点	评定采分	得分
查阅资料、确定方案	信息获取能力	5	
	民主决策能力	5	
整形修剪	整形是否美观	30	
	修剪适度	30	
	整形修剪时节的把握	20	
态度	积极主动	10	
合　计		100	

七、课后小结

1．马缨丹适宜的整形修剪季节。

2．马缨丹整形修剪的关键环节。

子任务名称	子任务5　马缨丹的灾害防治	学时	2

一、训练目标、要求

1. 了解常见的灼伤、冻害、寒害、风害、市政工程危害等症状。

2. 熟悉和识别常见的灾害。

3. 掌握灾害防治的方法。

二、训练重点及难点

1. 重点：灾害防治。

2. 难点：灾害防治的方法和最佳时机。

三、训练用具、材料准备

1. 叶面肥、喷雾器。

2. 石灰、刷子、水桶。

3. 枝剪、木棍、绳子等工具、用具。

四、作业和思考题

马缨丹灾害防治的措施有哪些？

五、训练内容与方法

训练内容	训练方法	参考时间
下达灾害防治任务，查阅相关技术和气象资料	以公司为单位查阅文献资料	课外
确定灾害防治方案	通过讨论，确定灾害防治方案	10分钟
领取工具、器具、材料	由工区负责人领取工具、器具、材料	5分钟
喷药复壮	教师示范并指导学生实际操作	35分钟
修剪	教师示范并指导学生实际操作	20分钟
生产小结、评比	现场提问、引导	20分钟

六、考核标准

考核要点	观测点	评定采分	得分
查阅资料、确定方案	信息获取能力	15	
	民主决策能力	15	
喷药复壮	药与水混配比例正确、混配均匀	15	
	喷药是否均匀	15	
修剪	整形是否美观	15	
	修剪适度	15	
态度	积极主动	10	
合　计		100	

七、课后小结

1. 马缨丹喷药复壮的关键环节。

2. 马缨丹修剪的关键环节。

学习情境 6　地被植物的养护

子任务名称	子任务6 马缨丹的花期控制	学时	3

一、训练目标、要求

1. 了解马缨丹的植物生理学特性。
2. 熟悉马缨丹的生长发育特点。
3. 掌握控制花期的方法。

二、训练重点及难点

1. 重点：花期控制。
2. 难点：花期控制的方法。

三、训练用具、材料准备

1. 氮、磷、钾及微量元素肥料。
2. 铁铲、锄头、水桶、枝剪等工具、用具。

四、作业和思考题

马缨丹花期控制的技术有哪些？

五、训练内容与方法

训 练 内 容	训 练 方 法	参 考 时 间
下达花期控制任务，查阅相关技术和气象资料	以公司为单位查阅文献资料	课外
确定花期控制方案	通过讨论，确定花期控制方案	10分钟
领取工具、器具、材料	由工区负责人领取工具、器具、材料	5分钟
水肥控制	教师示范并指导学生实际操作	10分钟
施肥	教师示范并指导学生实际操作	75分钟
浇水	教师示范并指导学生实际操作	10分钟
合理修剪	教师示范并指导学生实际操作	5分钟
生产小结、评比	现场提问、引导	20分钟

六、考核标准

考核要点	观 测 点	评定采分	得 分
查阅资料、确定方案	信息获取能力	5	
	民主决策能力	5	
	花期控制方案的正确性	15	
水分调控	浇水时机的把握	10	
	浇水量的把握	5	
肥料调控	施肥量的把握	10	
	配方施肥混配比例正确、混配均匀	10	
	施肥时机的把握	10	
修剪调控	修剪季节的把握	10	
	修剪适度	15	
态度	积极主动	5	
合　计		100	

七、课后小结

1. 马缨丹花期控制的原理。
2. 马缨丹花期控制的关键环节。

任务 2　紫雪茄花养护技术

相关知识

学名：*Cuphea articulata*
别名：满天星
科属：千屈菜科雪茄花属

一、分布及园林用途

紫雪茄花在我国分布于黄河以南各地，适合用于花台、花坛、地被和盆栽等。

二、紫雪茄花生物学习性

（一）植物学特性

1．形态特征

紫雪茄花是常绿小灌木。枝叶繁茂，株高约 30～40cm，盆栽约 10cm 即能开花。叶细小，对生，披针形，纸质，碧绿色，全缘。花顶生或腋出，花朵无瓣，由鲜红色筒状花萼组成。萼筒口呈紫色和白色，形态优雅，非常柔美，每支花萼均很持久，几乎全年都能见花，但以春季最盛。

2．观赏特点

紫雪茄花可全年开花，顶生或腋出，花冠紫红色，非常柔美。

3．品种与开花关系

（1）紫雪茄花　花色有紫色、淡紫色、白色、鲜红色。

（2）细叶萼距花　花单生叶腋，结构特别，花萼延伸为花冠状、高脚碟状，具 5 齿，齿间具退化的花瓣，花紫色、淡紫色、白色。

（二）生长发育对环境条件的要求

紫雪茄花为阳性植物，全日照、半日照均理想，稍荫蔽处也能生长，但日照充足时生育较旺盛；以砂质壤土为佳，排水需良好，滞水不退，极易腐根而萎凋。夏季能开花结果，冬季宜置于温暖避风处，生育适温为 20～30℃。

（三）生长发育周期

紫雪茄花为多年生草本植物，全年都能开花，春季时开花最盛。

养护管理操作技能

一、种植

紫雪茄花在春、秋两季扦插为好，也可全年进行。选取健壮带顶芽的 5~8cm 的枝条，去掉基部 2~3cm 茎上的叶片，插入沙床 2~3cm，10 天左右生根。生根后上营养袋培育 1~2 个月待定植。定植以砂质壤土为佳，排水需良好。

二、土、肥、水管理

1. 土壤管理

种植土壤以砂质壤土为佳。

2. 施肥、水分管理

肥水管理比较粗放，定植后应注意保持土壤湿润，恢复后 3~5 天浇水一次，10 天施用稀薄液肥一次。植株成形后注意肥水管理。

三、病虫害防治

紫雪茄花易发生褐斑病。感染后叶片病斑呈圆形或近圆形，紫褐色，后期变为黑色。病斑与健康部位界线分明，严重时多数病斑可连成片，使叶片枯黄脱落，影响开花。

防治方法：清除病枝病叶，集中烧毁，减少病源来源；加强管理，注意通风，避免密植；发病期间，可用 80%代森锰锌可湿性粉剂 400~600 倍液，或 50%的多菌灵可湿性粉剂 500 倍液，每隔 10~15 天喷一次，连喷 2~3 次。

四、整形修剪

在 2~3 月对植株进行修剪，将株丛中无用枝、徒长枝从基部剪去，选留 3~5 根健壮枝做为主干，3~6 月主干生长过长时，可从分枝处剪去主梢。

平时要及时剪去根部萌生的小枝，以利主干的增粗，同时还要剪去老枝、拥挤枝，以利冠内通风透光。

五、灾害防治

（1）高温危害防治　选择抗性强的树种；加强水分管理。
（2）低温危害防治　选择抗寒品种；加强抗寒栽培；推迟萌芽期；改善小气候条件。
（3）风害防治　合理修剪；通气、排水；支撑。
（4）市政工程危害防治　根系保鲜；施肥；合理修剪；通气、排水。

六、花期控制

合理修剪和浇水，能促进新梢萌发，生长健壮，花枝多，花序大，使全年均可开花。

实训任务单

子任务名称	子任务1 紫雪茄花的种植		学时	3
一、训练目标、要求 1. 了解紫雪茄花的生物学习性、种植成活的基本原理。 2. 熟悉紫雪茄花定植前的定点、放线。 3. 掌握挖穴、换土、栽植、淋定根水的相关要求。				
二、训练重点及难点 1. 重点：栽植修剪。 2. 难点：栽植深度的把握。				
三、训练用具、材料准备 1. 苗木。 2. 铁铲、锄头、剪刀、水桶、锯等工具、用具。 3. 杀菌剂、生根剂。 4. 塘泥、黄土、泥炭土等基质。				
四、作业和思考题 紫雪茄花栽培的关键技术有哪些？				
五、训练内容与方法				
训练内容	训练方法		参考时间	
下达种植任务，查阅相关技术和气象资料	以公司为单位查阅文献资料		课外	
确定种植方案	通过讨论，确定种植方案		10分钟	
领取工具、器具、材料	由工区负责人领取工具、器具、材料		5分钟	
定点、放线	教师示范并指导学生实际操作		10分钟	
挖穴、换土	教师示范并指导学生实际操作		20分钟	
种植	教师示范并指导学生实际操作		45分钟	
修剪、淋定根水	教师示范并指导学生实际操作		25分钟	
生产小结、评比	现场提问、引导		20分钟	
六、考核标准				
考核要点	观 测 点	评定采分	得 分	
查阅资料、确定方案	信息获取能力	5		
	民主决策能力	5		
定点、放线	熟练使用仪器、工具	10		
	正确标记	5		
挖穴、换土	挖穴符合规格要求	10		
	营养土混配比例正确、混配均匀	15		
种植	深度适合	10		
	密度适合	10		
	土球完整，根系损伤少	10		
植后养护	修剪适度	10		
	淋定根水充足	5		
态度	积极主动	5		
合 计		100		
七、课后小结 1. 紫雪茄花种植成活的原理。 2. 紫雪茄花种植的关键环节。 3. 紫雪茄花种植的季节。				

子任务名称	子任务2 紫雪茄花的土、肥、水管理	学时	5

一、训练目标、要求
1. 了解紫雪茄花的生长发育特点、种植地的土壤特性。
2. 熟悉紫雪茄花生长周期对养分和水分的需求规律。
3. 掌握科学的松土方法、施肥方法、肥料用量、配方施肥以及浇水的方法。

二、训练重点及难点
1. 重点：施肥。
2. 难点：配方施肥。

三、训练用具、材料准备
1. 氮、磷、钾及微量元素肥料。
2. 铁铲、锄头、水桶等工具、用具。

四、作业和思考题
如何进行紫雪茄花的施肥？

五、训练内容与方法

训练内容	训练方法	参考时间
下达施肥任务，查阅相关技术和气象资料	以公司为单位查阅文献资料	课外
确定施肥方案	通过讨论，确定施肥方案	10分钟
领取工具、器具、材料	由工区负责人领取工具、器具、材料	5分钟
松土	教师示范并指导学生实际操作	40分钟
施肥	教师示范并指导学生实际操作	100分钟
浇水	教师示范并指导学生实际操作	45分钟
覆土	教师示范并指导学生实际操作	5分钟
生产小结、评比	现场提问、引导	20分钟

六、考核标准

考核要点	观测点	评定采分	得分
查阅资料、确定方案	信息获取能力	5	
	民主决策能力	5	
松土	松土的深度适合	10	
	施肥点与植株根系的距离适合	10	
施肥	施肥量的把握	10	
	准确判断缺素症状	15	
	配方施肥混配比例正确、混配均匀	10	
	施肥时机的把握	5	
	施肥间隔期的把握	5	
	根外追肥	5	
浇水	淋水量的把握	10	
	浇水间隔期的把握	5	
态度	积极主动	5	
合　计		100	

七、课后小结
1. 紫雪茄花需肥和需水的规律。
2. 紫雪茄花配方施肥的原理。
3. 紫雪茄松土、施肥和浇水的关键环节。

子任务名称	子任务3 紫雪茄花的病虫害防治		学时	2
一、训练目标、要求				
1. 了解紫雪茄花常见病虫害的发生规律。				
2. 熟悉和识别紫雪茄花常见病虫害的症状及高峰期。				
3. 掌握紫雪茄花常见病虫害的防治方法。				
二、训练重点及难点				
1. 重点：病虫害的防治。				
2. 难点：病虫害的识别。				
三、训练用具、材料准备				
1. 农药。				
2. 石灰、刷子、水桶。				
3. 喷雾器、铁铲、锄头等工具、用具。				
四、作业和思考题				
紫雪茄花病虫害防治的技术有哪些？				
五、训练内容与方法				
训练内容		训练方法		参考时间
下达病虫害防治任务，查阅相关技术和气象资料		以公司为单位查阅文献资料		课外
确定病虫害防治方案		通过讨论，确定病虫害防治方案		10分钟
领取工具、器具、材料		由工区负责人领取工具、器具、材料		5分钟
除草		教师示范并指导学生实际操作		10分钟
配药		教师示范并指导学生实际操作		10分钟
喷药		教师示范并指导学生实际操作		35分钟
生产小结、评比		现场提问、引导		20分钟
六、考核标准				
考核要点	观 测 点		评定采分	得 分
症状诊断	症状诊断能力		15	
查阅资料、确定防治方案	信息获取能力		5	
	民主决策能力		5	
	防治方案的科学性		15	
配药	用药种类的把握		10	
	农药与水混配比例正确、混配均匀		10	
喷药	喷药是否均匀周到		10	
综合防治	物理、生物等防治方法的掌握		15	
除草	杂草识别		5	
	除草方法		5	
态度	积极主动		5	
合　　计			100	
七、课后小结				
1. 紫雪茄花常见的病虫害。				
2. 紫雪茄花病虫害防治的关键环节。				

子任务名称	子任务4 紫雪茄花的整形修剪	学时	3

一、训练目标、要求

1．了解紫雪茄花的树形特点。

2．熟悉园林景观树种的整形修剪的常用方法。

3．掌握紫雪茄花整形修剪的方法。

二、训练重点及难点

1．重点：整形修剪。

2．难点：整形修剪的方法。

三、训练用具、材料准备

修枝剪、绿篱剪等工具、用具。

四、作业和思考题

紫雪茄花整形修剪的技术有哪些？

五、训练内容与方法

训练内容	训练方法	参考时间
下达整形修剪任务，查阅相关技术和气象资料	以公司为单位查阅文献资料	课外
确定整形修剪方案	通过讨论，确定整形修剪方案	10分钟
领取工具、器具、材料	由工区负责人领取工具、器具、材料	5分钟
整形修剪	教师示范并指导学生实际操作	100分钟
生产小结、评比	现场提问、引导	20分钟

六、考核标准

考核要点	观测点	评定采分	得分
查阅资料、确定方案	信息获取能力	5	
	民主决策能力	5	
整形修剪	整形是否美观	30	
	修剪适度	30	
	整形修剪时节的把握	20	
态度	积极主动	10	
合　计		100	

七、课后小结

1．紫雪茄花适宜的整形修剪季节。

2．紫雪茄花整形修剪的关键环节。

子任务名称		子任务5 紫雪茄花的灾害防治	学时	2

一、训练目标、要求
1. 了解常见的灼伤、冻害、寒害、风害、市政工程危害等症状。
2. 熟悉和识别常见的灾害。
3. 掌握灾害防治的方法。

二、训练重点及难点
1. 重点：灾害防治。
2. 难点：灾害防治的方法和最佳时机。

三、训练用具、材料准备
1. 叶面肥、喷雾器。
2. 石灰、刷子、水桶。
3. 枝剪、木棍、绳子等工具、用具。

四、作业和思考题
紫雪茄花寒害防治的措施有哪些？

五、训练内容与方法

训练内容	训练方法	参考时间
下达灾害防治任务，查阅相关技术和气象资料	以公司为单位查阅文献资料	课外
确定灾害防治方案	通过讨论，确定灾害防治方案	10分钟
领取工具、器具、材料	由工区负责人领取工具、器具、材料	5分钟
喷药复壮	教师示范并指导学生实际操作	35分钟
修剪	教师示范并指导学生实际操作	20分钟
生产小结、评比	现场提问、引导	20分钟

六、考核标准

考核要点	观测点	评定采分	得分
查阅资料、确定方案	信息获取能力	5	
	民主决策能力	5	
喷药复壮	药与水混配比例正确、混配均匀	25	
	喷药是否均匀	25	
修剪	整形是否美观	15	
	修剪适度	15	
态度	积极主动	10	
合计		100	

七、课后小结
1. 紫雪茄花喷药复壮的关键环节。
2. 紫雪茄花修剪和支撑的关键环节。

子任务名称	子任务6 紫雪茄花的花期控制	学时	3

一、训练目标、要求
1．了解紫雪茄花的植物生理学特性。
2．熟悉紫雪茄花的生长发育特点。
3．掌握控制花期的方法。

二、训练重点及难点
1．重点：花期控制。
2．难点：花期控制的方法。

三、训练用具、材料准备
1．氮、磷、钾及微量元素肥料。
2．铁铲、锄头、水桶、枝剪等工具、用具。

四、作业和思考题
紫雪茄花花期控制的技术有哪些？

五、训练内容与方法

训练内容	训练方法	参考时间
下达花期控制任务，查阅相关技术和气象资料	以公司为单位查阅文献资料	课外
确定花期控制方案	通过讨论，确定花期控制方案	10分钟
领取工具、器具、材料	由工区负责人领取工具、器具、材料	5分钟
水肥控制	教师示范并指导学生实际操作	10分钟
施肥	教师示范并指导学生实际操作	75分钟
浇水	教师示范并指导学生实际操作	10分钟
合理修剪	教师示范并指导学生实际操作	5分钟
生产小结、评比	现场提问、引导	20分钟

六、考核标准

考核要点	观测点	评定采分	得分
查阅资料、确定方案	信息获取能力	5	
	民主决策能力	5	
	花期控制方案的正确性	15	
水分调控	浇水时机的把握	10	
	浇水量的把握	5	
肥料调控	施肥量的把握	10	
	配方施肥混配比例正确、混配均匀	10	
	施肥时机的把握	10	
修剪调控	修剪季节的把握	10	
	修剪适度	15	
态度	积极主动	5	
合　计		100	

七、课后小结
1．紫雪茄花花期控制的原理。
2．紫雪茄花花期控制的关键环节。

任务 3 细叶结缕草养护技术

相关知识

学名：*Zoysia tenuifolia*
别名：台湾草、天鹅绒草
科属：禾本科结缕草属

一、分布及园林用途

细叶结缕草是我国南方地区栽培利用较广泛的细叶型草坪草种，可用于建植庭园、广场、游乐园场地等的绿化草坪，也可用于建植飞机场和高尔夫球场等大型绿地。

二、细叶结缕草生物学习性

（一）植物学特性

1. 形态特征

细叶结缕草株体低矮，茎叶密集，草层厚实，自然草丛高 5～10cm，具有直立、横向生长的匍匐茎和发达的根茎，节节生根和产生分蘖，节间较短，直立茎生叶较长，约 3～6cm，宽 1～1.5cm，匍匐茎生叶较短，细长披针形，叶鞘包茎，披稀疏白色柔毛。该草花期较长，8～11 月抽穗开花，穗状花序直立于茎顶，种子成熟不一致；一般种穗均高于叶丛表面，便于采收种子，颖果细小，具颖苞，种子外壳致密且具蜡质。

2. 观赏特点

细叶结缕草形成的草坪低矮平整，茎叶纤细美观，具有一定的弹性，侵占力极强，易形成草皮。

（二）生长发育对环境条件的要求

1. 光照

细叶结缕草喜光不耐荫，当照度不足时通常会使该草鲜重、干物重、分蘖数、匍匐茎数、叶长、根重和密度降低，草丛高度增加，影响其正常的生长发育。

2. 温度

细叶结缕草生长适温为 20～30℃，耐寒能力差，在低温（5℃）时会停止生长，叶色变黄变枯，影响其美观。对土壤要求不甚严格，在弱酸性到弱碱性土壤中均可正常生长。

3. 水分

细叶结缕草耐潮湿，但耐旱能力差，在土壤干燥时鲜重产量显著下降。

4. 抗性

细叶结缕草株体低矮，建坪之初抗杂草性弱，一旦形成致密厚实的毯状草层，杂草很难侵入。耐践踏性能较差，轻度踢踏可影响其分蘖与生长，严重时影响其生长甚至形成秃斑。该草在土地肥沃的坪床上易徒长增高，形成"草垛"或"草缕"，造成坪面高低不一，这就需要在草坪培育时，经常进行修剪、梳理、浇水等管理以防止老化。

（三）生长发育周期

生长条件适宜时可周年生长。在气温较低的旱季，则停止生长，表现黄绿色。在严重干旱季节，草坪地上部分干枯，翌年空气湿润、雨量充沛的春季时返青。

养护管理操作技能

一、种植

铺植草皮块建坪是目前建坪最多的一种方法，草块铺植首先要解决草源，这就要求要有相似数量的草皮进行培育。解决了草源，便可进行新坪铺植。

将生长良好的草皮块用平板铲等工具，铲成 25cm×25cm 至 30cm×30cm 的方块，带土草丛厚约 2cm 左右，然后铺植在疏松、平整、无三合土及石块的坪床上，块与块之间留出一定的间隔，之后进行镇压与灌水，防除"气袋"，使草皮与土壤紧密接触。这种草块铺植建坪效果快，成活率高，是目前最常用的一种建坪方法。

二、水、肥管理

（一）水分管理

细叶结缕草草坪水分占组织的 80% 左右，缺水时则表现叶片丝状内卷，变尖变硬，出现黄梢，进而失绿变黄，严重时则引起萎蔫，甚至死亡。细叶结缕草根系浅，不能利用土壤深层的水分，因此必须在干旱季节补充水分。依据土壤类型确定灌水次数，冬季可适当减少，而在早春干旱季节可提早或增加灌水次数以利于草坪草生长发育，提早恢复生长，延长绿色期和利用年限。

维持细叶结缕草持续的生长，应在夏季高温时每周灌水 2.5～4cm。如果土壤质地偏沙质，最好能分 2～3 次灌溉，即每周灌水 3 次，每次灌水约 1cm 深。如果土壤质地良好，可每周灌水 1 次，灌足 2.5～4cm。

（二）施肥管理

长成的细叶结缕草草坪不需要重肥，施肥和刈剪、灌水一样，都是改善草坪持久性和质量的决定因素。依据对草坪质量的要求，以及天气状况、生长季节、土壤质地、浇水频度、刈剪物的去留来确定施肥。在生长季节以氮、磷肥为主，在低温高湿或干旱季节则多施钾肥，这对草坪越过停止生长期有好处。最好按氮:磷:钾为 4:1:2 或 4:1:3 的比例施用。细叶结缕草氮肥施用通常为 25kg/亩，且要分 3~4 次施用。

三、病草害防治

（一）病害防治

细叶结缕草的病害主要是苗枯病，植株染病后，叶尖、叶缘出现黄色至黄褐色病斑，后迅速枯萎。染病茎上出现黄色圆形或不规则形病斑，病斑可相互连接，病斑环绕茎周时导致植株死亡，以后病部产生黑色霉状物。病菌在病株和土壤中的病残体上越冬。次年条件适宜时侵染危害植株，梅雨季节和秋季高温多雨时，发病较重。排水不良、不修剪和线虫危害等造成的生长衰弱的草坪，极易发生此病。

防治方法：①挖除病株及其周围土壤，撒施石灰消毒。②定期修剪，及时追肥，促进植株生长健壮，提高抗病能力。③发病时，喷洒百菌清 600 倍液或苯来特 800 倍液防治。

（二）草害防治

目前培育草坪前除了以人工清除杂草外，还要结合化学除草，可选用灭生性除草剂（如草甘磷），也可选用芽前除草剂（如乙草胺、丁草胺等）和选择性除草剂（如二甲四氯钠等）进行除草。

四、整形修剪

细叶结缕草的草坪修剪工作是草坪养护与管理的主要技术工作之一。修剪可使草丛低矮，坪面整齐，生命力旺盛，有良好的覆盖度，达到绿化和观赏的水准。

1. 修剪方法

细叶结缕草相对生长较矮，刈剪高度以 2~5cm 为宜，草层过高则按三分之一的原则修剪，即每次剪去草层高度的三分之一部分。

2. 修剪时间

在生长旺盛期，每周都要修剪一次。在其他时间两周修剪一次，应调高修剪的高度，三四天后再按正常修剪的高度进行修剪，以免成熟叶片被过量剪去，造成阳光灼伤和杂草孳生。

五、其他辅助管理

为了使细叶结缕草草坪维持到理想的水平，除了正常管理外，还要进行表施土壤、镇压、梳理、恢复秃斑、垂直刈剪和穿孔透气等养护工作。

（1）表施土壤 将沙、细土、有机质适当混合后，均匀施入草坪，可平整床面、促进不定芽和匍匐茎的再生，利于更新，防止徒长。

（2）镇压 用 150～200kg 的滚子进行滚压，可增加分蘖、促进匍匐茎的伸长，抑制匍匐茎浮起，使基节变短，草坪变密。

（3）梳理 将草坪中的枯枝落叶梳理出坪床。由于过量浇水和施肥以及常年生长，草坪草部分死茎、匍匐枝和叶片像一层盖顶材料，空气、土壤水分、肥料和其他附加物不能通过这一层而使草坪荒枝层过厚，因此必须进行草坪梳理。

（4）恢复秃斑 一般用耙子梳理枯草于草坪表面后拖出外面。

（5）垂直刈剪 主要是切断枯草、匍匐茎，疏松表土，减少杂草蔓延。该项工作一般用专用机械进行操作，也可手工在局部进行。

（6）穿孔透气 其目的是使草根层通气，通常用打孔机或心土机操作，有时也可用手工在局部严重践踏的草坪上进行。

实训任务单

子任务名称	子任务1 细叶结缕草的种植	学时	3
一、训练目标、要求 1. 了解细叶结缕草的生物学习性、种植成活的基本原理。 2. 熟悉细叶结缕草定植前的定点、放线。 3. 掌握换土、栽植、淋定根水的相关要求。			
二、训练重点及难点 1. 重点：栽植整地。 2. 难点：铺植密度的把握。			
三、训练用具、材料准备 1. 苗木。 2. 铁铲、锄头、剪刀、水桶、锯等工具、用具。 3. 杀菌剂、生根剂。 4. 塘泥、黄土、泥炭土等基质。			
四、作业和思考题 细叶结缕草栽培的关键技术有哪些？			

五、训练内容与方法

训练内容	训练方法	参考时间
下达种植任务，查阅相关技术和气象资料	以公司为单位查阅文献资料	课外
确定种植方案	通过讨论，确定种植方案	10分钟
领取工具、器具、材料	由工区负责人领取工具、器具、材料	5分钟
定点、放线	教师示范并指导学生实际操作	10分钟
换土整地	教师示范并指导学生实际操作	20分钟
铺植	教师示范并指导学生实际操作	45分钟
淋水	教师示范并指导学生实际操作	25分钟
生产小结、评比	现场提问、引导	20分钟

六、考核标准

考核要点	观测点	评定采分	得分
查阅资料、确定方案	信息获取能力	5	
	民主决策能力	5	
定点、放线	熟练使用仪器、工具	10	
	正确标记	5	
换土整地	营养土混配比例正确	10	
	整地细碎均匀	15	
铺植	铺植均匀	10	
	拍打紧实	5	
	美观	10	
植后养护	淋定根水充足	10	
	淋水后不践踏	5	
态度	积极主动	10	
合计		100	

七、课后小结

1. 细叶结缕草种植成活的原理。
2. 细叶结缕草种植的关键环节。
3. 细叶结缕草种植的季节。

子任务名称	子任务2 细叶结缕草的土、肥、水管理	学时	4

一、训练目标、要求
1．了解细叶结缕草的生长发育特点、种植地的土壤特性。
2．熟悉细叶结缕草生长周期对养分和水分的需求规律。
3．掌握科学的松土方法、施肥方法、肥料用量、配方施肥以及浇水的方法。

二、训练重点及难点
1．重点：施肥。
2．难点：配方施肥。

三、训练用具、材料准备
1．氮、磷、钾及微量元素肥料。
2．铁铲、锄头、水桶等工具、用具。

四、作业和思考题
如何进行细叶结缕草的施肥？

五、训练内容与方法

训练内容	训练方法	参考时间
下达施肥任务，查阅相关技术和气象资料	以公司为单位查阅文献资料	课外
确定施肥方案	通过讨论，确定施肥方案	10分钟
领取工具、器具、材料	由工区负责人领取工具、器具、材料	5分钟
肥料混配	教师示范并指导学生实际操作	40分钟
施肥	教师示范并指导学生实际操作	60分钟
浇水	教师示范并指导学生实际操作	40分钟
覆土	教师示范并指导学生实际操作	5分钟
生产小结、评比	现场提问、引导	20分钟

六、考核标准

考核要点	观测点	评定采分	得分
查阅资料、确定方案	信息获取能力	5	
	民主决策能力	5	
表施土壤	复沙土的深度适合	10	
	复沙土的时机适合	10	
施肥	施肥量的把握	10	
	准确判断缺素症状	15	
	配方施肥混配比例正确、混配均匀	10	
	施肥时机的把握	5	
	施肥间隔期的把握	5	
	根外追肥	5	
浇水	淋水量的把握	10	
	浇水间隔期的把握	5	
态度	积极主动	5	
合　计		100	

七、课后小结
1．细叶结缕草需肥和需水的规律。
2．细叶结缕草配方施肥的原理。
3．细叶结缕草覆土、施肥和浇水的关键环节。

子任务名称	子任务3 细叶结缕草的病草害防治	学时	4

一、训练目标、要求

1. 了解细叶结缕草常见病草害的发生规律。
2. 熟悉和识别细叶结缕草常见病草害的症状及高峰期。
3. 掌握细叶结缕草常见病草害的防治方法。

二、训练重点及难点

1. 重点：病草害的防治。
2. 难点：病草害的识别。

三、训练用具、材料准备

1. 农药。
2. 石灰、刷子、水桶。
3. 喷雾器、铁铲、锄头等工具、用具。

四、作业和思考题

细叶结缕草病草害防治的技术有哪些？

五、训练内容与方法

训练内容	训练方法	参考时间
下达病草害防治任务，查阅相关技术和气象资料	以公司为单位查阅文献资料	课外
确定病草害防治方案	通过讨论，确定病草害防治方案	10分钟
领取工具、器具、材料	由工区负责人领取工具、器具、材料	5分钟
除杂草	教师示范并指导学生实际操作	40分钟
配药	教师示范并指导学生实际操作	50分钟
喷药	教师示范并指导学生实际操作	55分钟
生产小结、评比	现场提问、引导	20分钟

六、考核标准

考核要点	观测点	评定采分	得分
症状诊断	症状诊断能力	15	
查阅资料、确定防治方案	信息获取能力	5	
	民主决策能力	5	
	防治方案的科学性	15	
配药	用药种类的把握	10	
	农药与水混配比例正确、混配均匀	10	
喷药	喷药是否均匀周到	10	
综合防治	物理、生物等防治方法的掌握	15	
除草	杂草识别	5	
	除草方法	5	
态度	积极主动	5	
合　　计		100	

七、课后小结

1. 细叶结缕草常见的病草害。
2. 细叶结缕草病草害防治的关键环节。

子任务名称	子任务4　细叶结缕草的整形修剪	学时	5

一、训练目标、要求

1．了解细叶结缕草的特点。

2．熟悉草坪整形修剪的常用方法。

3．掌握细叶结缕草整形修剪的方法。

二、训练重点及难点

1．重点：整形修剪。

2．难点：整形修剪的方法。

三、训练用具、材料准备

剪草机、打边机等工具、用具。

四、作业和思考题

如何进行细叶结缕草的修剪？

五、训练内容与方法

训练内容	训练方法	参考时间
下达整形修剪任务，查阅相关技术和气象资料	以公司为单位查阅文献资料	课外
确定整形修剪方案	通过讨论，确定整形修剪方案	10分钟
领取工具、器具、材料	由工区负责人领取工具、器具、材料	5分钟
整形修剪	教师示范并指导学生实际操作	190分钟
生产小结、评比	现场提问、引导	20分钟

六、考核标准

考核要点	观测点	评定采分	得分
查阅资料、确定方案	信息获取能力	5	
	民主决策能力	5	
整形修剪	整形是否美观	30	
	修剪适度	30	
	整形修剪时节的把握	20	
态度	积极主动	10	
合　　计		100	

七、课后小结

细叶结缕草适宜的修剪季节。

子任务名称		子任务5 细叶结缕草的灾害防治		学时	2
一、训练目标、要求					
1．了解常见的灼伤、冻害、寒害、风害等灾害症状。					
2．熟悉和识别常见的灾害。					
3．掌握灾害防治的方法。					
二、训练重点及难点					
1．重点：灾害防治。					
2．难点：灾害防治的方法和最佳时机。					
三、训练用具、材料准备					
1．叶面肥、喷雾器。					
2．水桶、绳子等工具、用具。					
四、作业和思考题					
细叶结缕草灾害防治的措施有哪些？					
五、训练内容与方法					
训练内容		训练方法		参考时间	
下达灾害防治任务，查阅相关技术和气象资料		以公司为单位查阅文献资料		课外	
确定灾害防治方案		通过讨论，确定灾害防治方案		10分钟	
领取工具、器具、材料		由工区负责人领取工具、器具、材料		5分钟	
喷药复壮		教师示范并指导学生实际操作		30分钟	
修剪		教师示范并指导学生实际操作		25分钟	
生产小结、评比		现场提问、引导		20分钟	
六、考核标准					
考核要点		观 测 点	评定采分	得 分	
查阅资料、确定方案		信息获取能力	5		
		民主决策能力	5		
喷药复壮		药与水混配比例正确、混配均匀	25		
		喷药是否均匀	25		
修剪		整形是否美观	10		
		修剪适度	20		
态度		积极主动	10		
合　　计			100		
七、课后小结					
细叶结缕草灾害防治的关键环节。					

相关文献链接

[1] 余明光，林义波．马缨丹的栽培管理技术[J]．现代园艺，2008，10．
[2] 马金华，罗强．马缨丹的综合利用价值及其发展前景[J]．西昌农业高等专科学校学报，2003，1．
[3] 谢木发．马缨丹根结线虫病及防治[J]．广东园林，2002，4．
[4] 唐宇，刘建林．五彩缤纷马缨丹[J]．中国花卉园艺，2002，22．
[5] 杨建华，张淑红．花色多变的优良观花地被植物马缨丹[J]．花木盆景：花卉园艺，2002，1．
[6] 张伟国．细叶结缕草锈病的防治技术[J]．云南林业，2004，6．
[7] 卢龙英．浅谈细叶结楼草草坪的养护管理[J]．广东园林，2000，4．
[8] 顾兆开，邓国钊．草坪黄化的复绿处理效果[J]．肇庆学院学报，2001，2．
[9] 白昌军．细叶结缕草草坪的建植与管理[J]．热带作物研究，1994，4．
[10] 程建武．细叶结缕草害虫——斜纹夜蛾[J]．中国草地，1991，5．
[11] 周世国，蓝莹．细叶结缕草锈病的研究[J]．南京林业大学学报：自然科学版，1991，1．

习 题

一、填空题

1．马缨丹的学名是_____，别名为_____，属于_____科_____属，花色很多，故称_____。
2．马缨丹的花期为_____月。
3．马缨丹常见的病害有_____，常见的虫害有_____。
4．紫雪茄花的学名是_____，别名为_____，属于_____科_____属。
5．紫雪茄花的繁殖方式是_____。
6．紫雪茄花易发生褐斑病，主要的防治方法是_____。
7．细叶结缕草的学名是_____，别名为_____，属于_____科_____属，其主要园林用途是_____。
8．细叶结缕草常见的病害有_____。

二、判断题

1．马缨丹性喜温暖、湿润、阳光充足的环境，喜光，耐干旱，不耐寒，适宜生长温度为20～25℃，冬季越冬温度应不低于5℃。（　　）
2．紫雪茄花全年都能开花，但以秋季时开花最盛。（　　）
3．紫雪茄花的种植地以砂质壤土为佳，排水需良好，否则极易腐根而萎凋。（　　）
4．细叶结缕草喜光，不耐萌，耐寒能力差，在低温（5℃）时会停止生长，叶色变黄变枯，影响其美观。（　　）
5．细叶结缕草的草坪需要多施肥，在低温高湿或干旱季节应多施氮肥，有利于安全越冬。（　　）

三、选择题

1．马缨丹花初开时为（　　），继而变成（　　），最后呈（　　）。

A. 黄或粉红　　　B. 红色　　　C. 橘黄或橘红　　　D. 紫色
2. 紫雪茄花属于（　　）。
　　　A. 阳性植物　　　B. 中性植物　　　C. 阴性植物　　　D. 强阴性植物
3. 细叶结缕草生长较快，生长旺盛期应（　　）修剪一次。
　　　A. 3天　　　　　B. 7天　　　　　C. 15天　　　　　D. 20天

四、简答题

1. 马缨丹整形修剪的技术要点是什么？
2. 马缨丹种植的技术要点是什么？
3. 如何识别紫雪茄花？
4. 如何对紫雪茄花进行修剪？
5. 结缕草作为草坪草在一天中最佳的浇水时间是何时？
6. 细叶结缕草基肥施用量是多少？
7. 细叶结缕草在哪个时期施基肥最佳？
8. 如何识别细叶结缕草草坪的苗枯病？

附录

技能训练指导

- 技能训练指导1　种植
- 技能训练指导2　土、肥、水管理
- 技能训练指导3　病虫害防治
- 技能训练指导4　整形修剪
- 技能训练指导5　灾害防治
- 技能训练指导6　花期控制

技能训练指导 1 种　　植

一、实训目的

园林植物的种植是绿化养护技术中的一项基本技术，也是绿化养护人员必须熟练掌握的一项技术。园林植物的种植程序包括从起苗、运输、定植到栽后管理四大环节中的所有程序，包括栽植前的准备、放线、定点、挖穴、换土、起苗、包装、运苗、假植、修剪、栽植、栽后管理与现场清理等。通过本项目的训练，要了解植物的生物学习性和种植成活的基本原理，熟悉定植前的定点放线，掌握挖穴、换土、栽植、淋定根水、栽植修剪、支撑的技术，能够根据树种的生物学习性选择适宜的栽植季节，独立完成园林植物种植的全过程。

二、教学条件

1. 材料与工具

1）杀菌剂、生根剂。
2）塘泥、黄土、泥炭土等基质。
3）竹棍、水泥杆等支撑物。
4）铁铲、锄头、剪刀、水桶、锯等工具、用具。

2. 实训地点

园艺实训基地。

三、实训内容及技术操作规程

（一）栽前准备工作

（1）了解设计意图与工程概况　了解设计意图；了解施工期限；了解工程概况与设计预算；了解机械和车辆的条件等。

（2）踏勘现场　各种地上物的去留；现场内外的交通、水源、电源等情况；施工期间的生活设施；土壤调查等。

（3）制定施工方案　制定施工方案的内容，确定主要技术项目，主要有定点和放线的方法，挖坑规格，是否换土，掘苗、运苗的方法，假植、种植、修剪的方法，支撑物的选择，浇水方式、时间等相关技术措施。

（4）施工现场的准备　清理障碍物；接通电源、水源；修通道路；搭建临时工棚；对施工全体人员进行技术培训。

（二）种植穴的确定（定点、放线）

1. 行道树的定点、放线

（1）确定行位　行位严格按横断面设计的位置放线，有固定路牙的以路牙内侧为准，没有路牙的以道路路面平均中心线为准，用钢尺测准行位，并按设计图规定的株距，大约每10棵左右钉一个行位控制桩。道路笔直的路段，中间部位用经纬仪找准穿直的方法布置控制桩。

（2）确定点位　以行位控制桩为瞄准依据，用皮尺或测绳按照设计确定株距，定出每棵树的株位。株位中心可用铁铲铲一小坑，内撒白灰，作为定位标记。

2. 自然式种植绿地的定点、放线

自然式成片绿地的树木种植方式有两种：单株（设计图上标出单株的位置）和片林（设计图上表明范围而无固定单株位置）。其定点、放线的方法有三种：平板仪定点、网格法、交会法。

（三）挖穴（刨坑）

1. 挖穴规格

单植、丛植苗木的土坑一般为圆筒状，绿篱时用长方形槽，成片密植的小株灌木采用几何形的大块浅坑。挖穴的规格要考虑不同树种的根系分布形态和土球规格。平生根系的土坑要适当加大直径，直生根系的土坑要适当加大深度。栽植穴为圆筒状，要求栽植穴的直径比土球直径大30~40cm，栽植穴的深度比土球直径大20~30cm。在树坑的侧面刻一些凹槽，以便根部能够穿透土壤。

2. 挖穴操作规范

（1）坑形和地点　以定植点为圆心，按规格在地面上画一个圆圈，从周边向下刨坑，按深度要求垂直刨到底，不能刨成上大下小的锅底形。在高地、土埂上刨坑，要平整植树点地面后适当深刨；在斜坡、山地上刨坑，要外推土，里削土，坑面要平整；在低洼地坡底刨坑，要适当填土深刨。

（2）土壤堆放　要将上部表层土和下部底层土分开堆放，表层土壤在栽种时要回填在坑底部。杂层土壤中的部分好土也要和其他石渣土分开堆放。

（3）地下物处理　挖坑时发现电缆、管道等应停止操作，及时联系有关部门配合解决。绿地内挖自然式树木栽植穴时，如发现有严重影响操作的地下障碍物时，应与设计人员协商，适当改动位置。

（四）栽植修剪

1. 制定修剪方案

任何时期和形式的修剪都应事先制定好一套修剪方案，不能盲目下刀。如起挖前的修剪，在修剪方案制定好后，操作人员可以直接爬到树上或使用梯子等工具，树下应有人指挥，在下刀或下锯之前，一定要清楚哪些该剪，哪些不该剪，没有把握的暂时不要动刀。在栽植后修剪应视情况而定。

2. 剪口要平整

要求剪口平滑整齐，不劈不裂，以使剪口能较快愈合。

3. 短截剪口部位要适宜

短截剪口部位要根据树木的具体情况而定。选择萌发抽条的方向符合以后树形要求的芽，定为剪口芽。剪口位置与芽的距离一般为 0.5～1cm，剪口要成 45°斜面。

4. 疏枝剪口部位要正确

对于弱枝、枯枝、一年生枝疏枝剪口要小，可齐枝条的着生部位剪除；对于粗大枝，疏枝剪口较大，切口部位要与主枝相合适。如果紧贴主枝剪除，会扩大切口面积，影响主枝生长；如果距离主枝较远，则留有残枝桩，不易愈合。因此切口要微靠大枝，左右对称不歪斜，不留残枝桩。

5. 其他

修剪时应先将枯干及带病、破皮、劈裂的枝条剪除，过长的徒长枝应加以控制，较大的伤口、剪口应涂抹防腐剂。高大乔木应于栽前修剪，小苗、灌木可于栽后修剪。

如灌木栽植前的修剪，在种植之前，应剪掉植株 1/3～1/2 的枝条，使灌木达到一个健康的平衡状态。当灌木从苗圃中挖掘出来并经过处理以方便运送之后，会失去大部分营养根，细嫩的幼根则会负责吸收水分。在移植的灌木长出新的营养根之前，它是无法像以前一样支持所有的生长活动。因此，修枝可以通过减少幼芽来平衡根部的损失。在修枝时，首先要去除基部老化、变弱、受损或拥挤在一起的枝条，但不要不加选择地将植物的顶枝剪掉。枝梢上的顶芽释放的激素，可以促进根的生长。

（五）定植

定植是按设计要求将苗木栽植到位不再移动，其操作程序包括配苗和栽苗。

1. 配苗

将苗木按设计图纸或定点木桩，散放在定植坑（穴）旁边，称为"配苗"或"散苗"。散苗应注意以下几点：

1）必须保证位置准确，按图散苗，细心核对，避免散错。对有特殊要求的苗木，应按规定对号入座。配苗后还要按照图纸要求核对、检查、调整。

2）保护苗木植株与根系不受损伤，带土球的常绿苗要轻拿轻放。边散边栽，尽量减少苗木暴露时间。

3）用作行道树、绿篱的苗木应于栽植前量好高度，按高度分级排列，以保证邻近苗木规格基本一致。

4）在假植沟内取苗时应顺序进行，取后及时用土将剩余苗木的根部埋严。

2. 栽苗

散苗后将苗木放入坑内扶直，提苗到适宜深度，分层埋土压实、固定的过程称为"栽苗"。栽苗应注意以下几点：

1）需施基肥的园林苗木，在苗木入坑前，在坑底垫或撒一定的基肥，施肥量视苗木习性、规格、栽植季节等因素而定。若基肥为腐熟的有机肥，可将苗木直接放入坑中基肥上面后填土；若基肥为化肥，应在基肥上摊一层约 5cm 厚的土，再将苗木放入坑中而后填土。如果土壤比较肥沃，可以直接作为回填土，因此挖穴时应把表土和底土分开，经暴晒 1～2 个月后再进行回穴，回填时将底土混草木灰以及有机肥为主的肥料垫于底层和中层，再将表土覆盖于定植穴的上层，要将所有挖出来的土全部回穴，并培成土丘，等穴土沉实后栽植；但最好是用晒干的塘泥同样混以草木灰以及有机肥为主的肥料垫于底层和中层，再用晒干的塘泥覆盖于定植穴上层，做法同上。在地下水位较低的地方，可堆土丘防积水。

2）埋土前必须仔细核对设计图纸，查看树种、规格是否正确，若发现问题应立即调整。

3）树形及长势最好的一面应朝向主要观赏方向；平面位置和高程必须与设计规定相符；树身上、下必须垂直，如果树干有弯曲，其弯曲应朝向当地的主风方向。

4）栽苗深度对成活率影响很大，一般应与原土痕平齐。乔木不得深于原土痕 10cm，带土球树种不得超过 5cm；灌木及丛木应与原根颈痕相平，不得过浅或过深。

5）行列式栽植应每隔 10～20 株先栽好对齐用的标杆树。若有弯干苗木，应弯向行内，并与标杆树对齐，相邻树相差不超过树干胸径的一半。

6）栽裸根苗最好每 3 人为一个作业组，1 人负责扶树、找直和掌握深浅度，2 人负责埋土。栽种时，将苗木根系妥善安放在坑内新填的底土层上，直立扶正。待填土到一定深度时将苗木轻拉到深度合适为止，并保持树身直立不得歪斜，树根呈舒展状态，然后将回填坑土踩实或夯实，最后用余土在树坑外缘培起灌水堰。

7）栽植带土球的苗木，须先量好坑的深度与土球的高度是否一致。若有差别应及时将树坑挖深或填土，必须保证栽植深度适宜。土球入坑定位，安放稳当后，应尽量将包装材料全部解开取出，即使不能全部取出也要尽量松绑，以免影响新根再生。回填土时须随填土随夯实，不得夯砸土球，最后用余土围好灌水堰。

8）移植时间以植株水分蒸腾量最低时最为适宜。因为移植时必然伤及根系，使吸水量下降，与植株水分蒸腾量失去平衡，造成植株萎蔫而影响成活。在无风的阴天移植最为理想，降雨前移植成活率更高。就一天来说，傍晚进行移植最好，这样有一夜的缓苗时间，更有利于成活。

（六）栽后管理

"三分种，七分管"，养护管理在树木栽种中尤为重要。

1．树木支撑

对于高大乔木，尤其是带土球栽植的树木应进行树木支撑，立支撑物可以保证新种植的树木浇水后不被大风吹斜刮倒或人为活动破坏。

（1）支撑材料　常用的支撑材料主要有树棍、毛竹、预制混凝土桩、铅丝、钢筋等，可根据实际情况灵活运用，既要实用也要注意美观。

（2）支撑形式　树木的支撑形式多种多样，因树木规格、栽植时间、栽植环境等不同而异。常用的支撑形式有四角桩、三角桩、一字桩、单桩等。

（3）支撑方法　因树木支撑材料和支撑形式不同而异，需制定一套完整的支撑计划。如给一株高 15m 的大王椰子实施支撑，要求在起重机起吊前先把用于斜拉的钢丝固定在树干的一定位置，否则树栽好后再固定钢丝就很麻烦。

各种支柱的绑扎方法有直接捆绑和间接加固法。直接捆绑是先用草绳把与支柱接触部位的树干缠绕几圈，以防支柱磨伤树皮，然后再立支柱，并用草绳或麻绳捆绑牢固。立支柱形式多样，应根据需要和地形条件确定，一般可在下风方向支一根，还可用双柱加横梁及三脚架等形式。支柱下部应深埋于地下，支点尽可能高一些。间接加固主要是用粗橡胶皮带使树干与水泥杆连接牢固，水泥杆应立于上风方向，并注意保护树皮，防止磨破。

2．浇水

（1）开堰、作畦　孤植树定植后，在植树坑（穴）外缘用细土培起15～20cm高的土埝称为"开堰"。浇水堰应拍平踏实，防止漏水。

株距很近、连片种植的树木，如绿篱、色块、灌木丛等可将几棵树或呈条、块栽植的树木联合起来集体围堰称"作畦"。作畦时，须保证畦内地势水平，确保畦内树木吃水均匀，畦壁牢固不跑水。

（2）灌水　树木定植后须连续浇灌3次水。第一次灌水应于定植后24小时内进行，水量不宜过大，侵入坑土30cm上下即可，第一次灌水后应检查一次，发现树身倒歪应及时扶正，树堰被冲刷损害处应及时修整。3～5天后第二次灌水，水量以压土填缝为目的，浇水后仍扶直整堰。然后过7～10天后进行第三次灌水，要浇透灌足，即水分渗透到全坑土壤和坑周围土壤内，水浸透后应及时扶直。

（3）封堰　封堰是将树堰埋平，即将围堰土埝平整覆盖在植株根际周围。封堰土堆应稍高于地面，在雨季时绿地的雨水能自行径流排出。秋季栽植应在树基部堆成30cm高的土堆，以保持土壤水分，并保护树根，防止被风吹摇动，以利于成活。

3．其他养护措施

（1）围护　定植后一定要进行围护，加强管理，避免人为破坏。没有围护条件的地方要派人巡查看管，防止人为破坏。

（2）复剪　中等以下规格的苗木都要在定植后修剪或复剪，主要是对于受伤枝条和栽前修剪不够理想的枝条进行复剪。

（3）清理施工现场　园林植物种植工程结束后（一般指浇完3次水后），应将施工现场彻底清理干净，主要是整畦和清扫、保洁。

四、注意事项

1）行道树的定点，要求栽植位置准确，以路中线为依据，按设计定点。每隔10株于株距中间钉桩作为行位的控制标记（不是以株位作标记，以免在施工过程中丢失标记）和株位的依据，然后用白灰标出单株的位置。

2）挖穴时，平生根系的土坑要适当加大直径，直生根系的土坑要适当加大深度。栽植穴为圆筒状，要求栽植穴的直径比土球直径大30～40cm，栽植穴的深度比土球直径大20～30cm。在树坑的侧面刻一些凹槽，以便根部能够穿透土壤。

3）栽植前的修剪应先将枯干及带病、破皮、劈裂的枝条剪除，过长的徒长枝应加以控制，较大的伤口、剪口应涂抹防腐剂。高大乔木应于栽前修剪，小苗、灌木可于栽后修剪。

4）栽植过程中，配苗一定要做到三随，即"随起、随运、随栽"，尽量缩短苗木在空中暴露的时间，以利提高成活率。带土球的常绿苗要轻拿轻放，保护苗木植株与根系不受损伤。用作行道树、绿篱的苗木应于栽植前量好高度，按高度分级排列，以保证邻近苗木规格基本一致。在假植沟内取苗时应顺序进行，取后及时用土将剩余苗木的根部埋严。

5）埋土前必须仔细核对设计图纸，查看树种、规格是否正确，若发现问题应立即调整。

6）栽植后应及时立支撑物，浇足定根水。

五、思考练习

1）简述行道树定点、放线的技术要领。
2）简述挖穴的注意事项。
3）栽植前的整形修剪应注意什么？
4）简述定植的技术要领。
5）栽植后的管理主要有哪些？

技能训练指导2 土、肥、水管理

一、实训目的

土、肥、水管理是绿化养护技术中的一项基本技术，也是绿化养护人员必须熟练掌握的一项技术。园林植物土、肥、水管理的根本任务就是要创造优越的环境条件，满足园林植物生长发育对水、肥、气、热的要求，充分发挥园林植物的功能效益。土、肥、水管理的关键是从土壤管理入手，通过松土、除草、施肥、灌溉和排水等措施，改良土壤的理化性质，创造水、肥、气、热协调的环境，提高土壤的肥力水平。通过本项目的训练，要了解植物生长发育的特点和种植地的土壤特性，熟悉植物生长周期对养分和水分的需求规律，掌握科学的松土方法、施肥方法、肥料用量、配方施肥以及浇水的方法，能够运用科学的配方施肥理论来指导实践，独立完成园林植物土、肥、水的管理。

二、教学条件

1. 材料与工具

1）氮、磷、钾及微量元素肥料。
2）铁铲、锄头、水桶等工具、用具。

2. 实训地点

园艺实训基地。

三、实训内容及技术操作规程

（一）土壤管理

1. 松土除草

松土除草的次数和季节要根据树木生长的规律确定。用大苗栽植的孤立木，各种丛植、群植的树木或行道树，松土除草要长期而及时地进行。一旦由于下雨或人为践踏导致土壤板结，影响土壤通气透水，就要及时松土。

松土除草的方式和方法要根据整地方式、立地条件和培养目标等确定。对于采用局部整地的片林（或绿篱），宜用局部松土除草方式，即在原整地带或整地穴上松土除草；用大苗栽植的绿地，则要在栽植范围内松土除草。

2. 土壤改良

（1）深翻抚育　深翻抚育在休眠期进行，以秋末冬初时最好；深度因地、因树而异，一般为60~80cm，最好达到根系的主要分布区以下，范围超过主要根幅以外，黏土宜深、砂土宜浅，地下水位高的宜浅、水位低的宜深，深根性树种宜深、浅根性树种宜浅；下层有黄淤土、白干土、胶泥板或建筑地基等残存物时，深翻深度以打破此层为宜，以利渗水；深翻宜与施肥相结合，挖出的土壤要打碎，可拌入肥料，也可埋入青草、树叶，将拌肥的土壤和青草、树叶分层填入沟中并踩实，使其略高于原地面。

（2）质地改良　通常用施有机质和"砂压黏"或"黏压砂"的方法。最好的有机质有粗泥炭、堆肥和厩肥等，施用前让有机质充分腐熟；使用量根据土壤黏和砂的程度确定，一般每100m^{2}土壤施2.5m^{3}有机质，相当于增加3cm表土。过黏的土可在施用有机质的同时掺入粗砂、陶粒、蛭石、珍珠岩、火土灰等；砂性太重的土壤可结合有机质施入适量的黏土或淤泥，以增加土壤的黏粒含量。

（3）土壤酸碱度调节　对于pH值过低的土壤，一般用石灰来调节；pH值过高的土壤主要用石膏、硫酸亚铁和硫磺等来改良。土壤具有缓冲能力，当在土壤中加入酸性或碱性化合物时，土壤在一定范围内抵制pH值显著变化。

（二）施肥

根据施肥的部位不同，可分为土壤施肥和根外施肥。园林植物施肥应以土壤施肥为主，根外施肥为辅。

1. 土壤施肥

土壤施肥是将肥料施入土壤中，通过根系吸收运往各器官。土壤施肥尽量靠近根系，施肥位置有两种，即以树冠投影圆盘的外2/3为施肥区，或以干茎的12倍为半径的圆盘的外2/3为施肥区。施肥深度不宜超过60cm。

（1）施肥方法

1）地表施肥。主要用于小树，干施要远离枝干30cm，施后马上灌水，使肥料溶解；液施时将肥料按一定比例溶解到水中再浇施。

2）沟状施肥。

① 环状沟施：在树冠滴水线附近挖宽40~60cm、深达根系密集区的施肥沟，可以连续，也可是间隔的。

② 辐射沟施：以树干为中心挖4~8条宽30~60cm的辐射沟至滴水线附近，内浅外深。将肥料与土壤混合后再埋入沟内，可压青草、嫩叶或绿肥。

3）穴状施肥。在施肥区内打穴施肥，方法简单易行，灵活性大。

4）打孔施肥。在施肥区内打孔施肥，一般每隔60~80cm打一个30~60cm深的孔，填好配好的肥料,约达孔深 2/3 时,用有机肥或表土堵塞洞孔并踩实。

5) 微孔释放袋施肥。将配好的肥料装入双层塑料薄膜内封禁,双层塑料薄膜上均有微孔,在栽植时将肥袋放在吸收根群附近,或在已植树木的施肥区内挖深 25cm 的穴植入肥袋。一次植入肥袋,肥效期可达 8 年。

6) 其他土壤施肥方法。其他土壤施肥方法有营养钉法、营养棒法、营养球法等。

(2) 施肥原则　施肥原则是"适时、适当、适量"。施肥应春、夏多,秋季少。刚移植的植株较小,施肥仍以勤施薄施为主。随着植株的生长,植株的生理状态发生变化,施肥可以分为施基肥和追肥两种。

1) 施基肥除了在定植前结合整地进行以外,一般在每年的春、秋两季生长发育旺盛的时期施两次基肥。施肥的方法可以根据树的形态和大小,在树冠下(造型特殊的植株可根据实际情况而定)开盘穴或条状沟(注意不要伤及主要侧根),把肥料埋入。主要以经腐熟的有机肥为主,某些化肥也可作基肥,但应注意不要施得太早和太深,以免利用率不高,同时要掌握其用量。

2) 追肥可补充基肥的不足。常用的追肥肥料有化肥、腐熟的饼肥水和人粪尿等。在春、秋生长旺盛期,可适当追肥。及时观察和分析植株的生长状况,当由于缺素而影响生长时要及时追施相应肥料。最好在春季施磷、钾较多的迟效有机肥。在开花孕蕾前,适当追施磷、钾肥,有利于多开花,花香浓。如果施氮肥过多,磷、钾肥偏少,易导致枝叶徒长,使植株不能正常孕蕾开花。另外在花芽分化时,还应节制浇水,这样有利于孕蕾。土壤过干或过湿时会出现叶片发黄脱落。

2. 根外施肥

根外施肥是对树木的叶、干或枝进行喷、涂或注射,使养分元素直接进入树体。叶面施肥是根外施肥中用得最多的方法,其简单易行,用肥量少,肥效发挥快,可及时满足树木的急需,并可避免养分元素被土壤固定,但其不能完全代替土壤施肥。

(三) 灌溉与排水

当树木缺水时是灌溉的最好时期。可通过树木的生长状况判断其是否缺水,另外还要考虑园林植物的生长规律。

灌溉方法主要有:围堰灌水、穴灌、沟灌、漫灌、喷灌、滴灌、雾灌、渗灌、微喷灌等,其中喷灌、滴灌、雾灌、渗灌、微喷灌是比较节水的灌溉方法。

当地下水位过高、地势低洼、积水或降水太多超过了土壤渗透量时,应及时排水。南方降雨多,多数土壤比较黏重,排水工作尤为重要。常见的排水方法有:明沟排水、暗沟排水、地面排水。不管采用哪一种方法排水,都应尽可能地与城市排水系统相连接。

四、注意事项

1) 一般来说,种植地宜选择阳光充足、排水良好、土层深厚肥沃的中性或稍偏碱性冲积土为好,在干旱瘠薄、土壤黏重的地方植物生长不良。

2) 松土深度要根据具体情况而定,一般为 5～10cm,靠干基宜浅、远离干基宜深;小树宜浅、大树宜深;沙土宜浅、黏土宜深。松土要做到不伤树皮、不伤树梢、少伤根系。

3) 施肥的原则是"适时、适当、适量"。施肥应春、夏多,秋季少。刚移植的植株较小,施肥仍以勤施薄施为主。尽量避免将肥料撒在茎叶上，如果不小心撒在茎叶上应及时用水冲洗。

4）灌溉应注意以下几点：①灌水的量要适宜，一次将树木密集根层的土壤灌饱灌透。②生长后期要及时停止灌溉。③灌溉宜在早晨或傍晚进行。④确保灌溉用水的清洁。大多数树木，尤其是大树对干旱具有一定的抗性，并非一遇到干旱就必须要浇水，只要未出现明显的干旱症状，就不必浇水，这样可以节约水源。

五、思考练习

1）简述植物需肥和需水的规律。
2）简述配方施肥的关键环节。
3）简述松土、施肥和浇水的关键环节。

技能训练指导3 病虫害防治

园林植物由于所处的环境不适，或受到生物的侵袭，使得正常的生理机能受到打扰，细胞、组织、器官受到破坏，甚至引起植株死亡，降低生态和观赏价值或造成经济损失，这种现象称为园林植物病虫害。

一、训练目的

园林植物病虫害是绿化养护技术中必然出现的一个问题，直接影响到绿化养护的效果和质量。通过本项目的技能训练，应能够识别园林绿化植物的主要病虫害，掌握病虫害的综合防治方法。

二、教学条件

1. 材料与工具

1）农药。
2）石灰、刷子、水桶。
3）喷雾器、铁铲、锄头等工具、用具。

2. 实训地点

园艺实训基地、园艺植物病虫害防治实训室。

三、实训内容及技术操作规程

1. 病虫害识别

园林植物受到侵染后，出现生理和代谢紊乱，导致外部形态的变化，其外表所显示出来的各种各样的病态特征称为症状,包括病状和病症两方面。病状类型主要有:变色型、坏死型、萎蔫型、畸形、流脂或流胶型;病症类型主要有:霉状物、粉状物、锈状物、点状物。

(1) 侵染性病害诊断方法

1) 症状是诊断病害的主要根据之一。

2) 遇到不能准确判断的非典型病害时,经常要借助显微镜观察病原物,有时甚至采用人工诱发病害。

(2) 非侵染性病害诊断方法 往往大面积同时发生,病株或病叶表现症状部位有一定的规律性。对于缺乏营养引起的病害,可通过化学方法进行营养诊断,找到缺少元素,准确判断致病原因。

危害园林植物的动物主要有昆虫、螨类和软体动物等,其中以昆虫为主。常见的虫害症状有:虫粪及排泄物、叶片缺损或穿孔、叶片斑点、卷叶、畸形或肿瘤、枯梢、落叶或枯死。根据虫害的各种症状,判断虫害的种类和危害程度,有针对性地采取防治措施。

2. 病虫害防治

病虫害防治就是要通过各种措施打破病程和侵染循环,使其不能顺利进行,抓住其中的薄弱环节可取得事半功倍的效果。防治可从三方面入手:①增强寄主的抗病力或保护寄主不受侵染。②消灭或控制病原物(如土壤消毒防立枯病)。③改变或创造有利于寄主而不利于病原物的环境条件。

园林植物病虫害防治的总方针是"预防为主,综合防治"。病虫害防治方法按其原理和所用技术不同可分为五类:植物检疫、园林防治、生物防治、物理机械防治、化学防治。

(1) 植物检疫 植物检疫是按照国家颁布的植物检疫法规,由专门机构实施,禁止或限制危险性生物从国外传到国内,或由国内传到国外,或传入后限制其在国内传播的一种措施,以确保农林业安全生产。做好植物检疫,可以从源头上杜绝危险生物的传播。

(2) 园林防治 园林防治是利用园林栽培技术措施,改变或创造某些环境因子,使其有利于园林植物生长发育,而不利于病虫的侵袭和传播,从而避免或减轻病虫害的发生。具体方法如下:

1) 种苗选择。尽量选择病虫危害少的植物种类;选择病虫少或抗病虫能力强的种源、家系或品种;种植前,进行病虫检验,确保种植的种苗无病虫或病虫少,如种苗上有少量病虫,应在种前进行处理。

2) 多树种种植。有利于增强生物多样性和食物链的完整性,利用物种间的相互制约来控制病虫害的种群数量,防治病虫害的大发生。

3) 合理配置。有利于空间上的阻隔,防治病虫害的发生和蔓延。病原菌或害虫往往有比较固定的寄主或取食对象,用不同树种进行配置或混交,可起到隔离作用,防治病虫害的发生和蔓延。

4) 加强水肥管理。适宜的水肥条件是植物健壮生长的基础。水肥过多,树木徒长,不仅降低抗病虫能力,而且降低抗寒性,冻伤后容易遭受病虫侵袭;水肥不足,容易引起生理性病害,长势衰弱,增大了病虫入侵的可能性。

5) 保持清洁的环境卫生。及时清理被病虫害危害致死或治疗无望的植株,将其掩埋或销毁;及时修剪病虫严重的枝叶;及时清除杂草。

(3) 生物防治 利用有益生物及其天然产物防治害虫和病原物的方法称为生物防治。其优点是不污染环境，对人畜和植物安全，效果持久等，但其效果受环境和寄主条件限制较多。生物防治的方法主要有：利用害虫天敌进行防治；利用病原微生物进行防治；利用昆虫激素进行防治；利用农用抗生素进行防治。

(4) 物理机械防治 利用人工、器械或各种物理因子（如光、电、色、温度、湿度等）防治病虫的方法称为物理机械防治方法。其操作简便，节省经费，不污染环境，但在田间大面积实施受到一些限制，难以取得彻底的效果，可作为辅助性防治手段，主要有以下措施：热处理、机械阻隔作用（覆地膜）、人工捕杀、拔除或修剪病虫植株或受害器官等。

(5) 化学防治 化学防治具有见效快、效果好、使用方便等优点，但也存在缺点，如污染环境，破坏生态平衡，杀伤天敌及其他有益生物，使病虫和病原菌产生抗药性，使用不当对植物产生药害、引起人畜中毒等。园林植物病虫害防治主要应做好预防和综合防治工作，尽量减少化学农药的使用。不得不使用农药时，应选择高效、低毒、残效期短的种类，将副作用降低到最低水平。

常用的施药方式有喷雾、撒施、种子处理、土壤处理、毒饵法、熏蒸法等。

四、注意事项

1）喷洒农药尽量选择在阳光充足、晴朗的天气进行，在上午 8 时前后和下午 4 时前后气温不太高时进行，避免中午进行喷药，这样可以大大提高防治效果。

2）同一植株尽量避免长时间使用一种药物，防止病虫害产生抗药性。

3）在选择农药的时候要选择防治病虫害效果好的农药，同时要确保对天敌没有伤害。

五、思考练习

1）园林植物常见的病虫害有哪些？
2）如何防治大王椰子的叶斑病、灰斑病和白兰的黄化病、根腐病？
3）如何防治灰白蚕蛾、蚧壳虫和红蜘蛛等害虫？
4）简述园林植物病虫害综合防治的主要方法。

技能训练指导4 整形修剪

一、训练目的

整形修剪是园林植物养护的重要内容之一。通过修剪，能够调节和均衡树势，使树木健壮、树形整齐、树姿美观，还能提高新移植树木的成活率。通过本项目的技能训练，学会根据不同植物的生长特性，选择适宜的整形、修剪季节；根据植物的长势，选择最佳的整形、修剪技术，形成良好的树形和延长花果期。

二、教学条件

1．材料与工具

1）枝剪、高枝剪。

2）折叠梯。

3）箩筐、扫帚等工具、用具。

2．实训地点

园艺实训基地。

三、实训内容及技术操作规程

（一）整形修剪时期

园林树木种类多，习性和功能各异，树种不同，培育目的不同，适宜修剪的季节也不同。要根据具体要求选择合适的时期修剪，才能达到目的。园林植物整形修剪时期，大体上可以分为休眠期修剪和生长期修剪。

1．休眠期修剪

休眠期修剪的具体时间因树种而异，早春树液流动前修剪，伤口愈合最快。多数适合休眠期修剪的树种，以早春修剪为好；落叶植物，一般落叶后一个月左右修剪；伤流严重的树种，如葡萄、猕猴桃等宜在休眠期前期进行修剪；在南方，葡萄、猕猴桃一般在1月份进行冬剪。

具体做法：把伸出树冠的过长枝条和搞乱枝剪去，保持树冠面整齐美观。对上年花后已剪去残花果穗萌发的秋梢，其生长时间较长，芽眼饱满，应采用轻剪或中剪，长势强的可轻剪，长势弱的中剪，促进母枝腋芽多分生健壮的侧枝发育成花枝。对上年花后未修剪而带果实越冬的结果母枝，其营养积累少，应适当重剪，短截枝条的 2/3～1/2，保留基部芽眼较饱满的短母枝，以集中营养供应新梢发育成花枝。同时，对往年生的过密枝、交叉枝和直立枝，应从基部剪去。

2．生长期修剪

生长期修剪又称夏剪，但实际上包括春季萌芽至秋末树木停止生长的整个生长期的修剪。一般情况下，夏剪宜轻不宜重，以去蘖，摘心，疏去病虫、密生和徒长枝为主。

具体做法：修剪原则是轻剪疏剪，即把没有抽生花序的生长枝剪去顶梢 3、4 节，以抑制延长生长，促进花芽分化，长出新花枝；同时把长势差和密度大的花枝及错位交叉枝、阴生枝、直立枝、徒长枝等从基部剪去，以利通风透光，集中营养供花枝发育开花。

花后修剪一般在花谢后至幼果期进行，按中度至强度修剪的方法短截花枝，保障新长的秋梢于入冬前有较长时间进行营养生长和营养累积。此次修剪不宜过早，如推迟至秋后果熟前修剪，还可作观果欣赏。

多数树种，既要冬剪，又要夏剪，常绿树的修剪要轻，修剪时期虽不受太多限制，但以晚春树木发芽萌动前最好。

（二）整形技术

由于各种树种自身特点及对其预期达到的要求不同，整形修剪的方式也不同。整形形式可分为三类：自然式整形、人工式整形、混合式整形。

1. 自然式整形

自然式整形是保持树木自然形态，按照树种本身的自然生长特性，只对树冠的形状做辅助的调整和促进，使之早日形成自然树形。如大王椰子、白兰、大叶紫薇、木棉等，修剪时应保持其树冠的完整，仅对影响树形的徒长枝、内膛枝、并生枝及枯枝、病虫枝、伤残枝、重叠枝、交叉过密和根部蘖生枝以及由砧木萌发的枝条等进行修剪。

自然式修剪符合树种本身的生长发育习性，可促进树木生长，并能充分发挥该树种的树形特点，最易获得良好的观赏效果。对主干明显有领导干的单独分枝树木（如白兰），修剪时应注意保护顶芽，防止偏顶而破坏树形。

2. 人工式整形

人工式整形是为满足城市园林绿化的某些特殊要求，人为将树木整形成各种规则的几何图形或不规则的各种形体。几何形体的整形是以其构成规律为依据进行的。如正方形树冠应先确定边长；长方形树冠应确定每边长度；球形树冠应确定半径等。非几何形体的整形包括垣壁式整形和雕塑式整形，如"U"字形、扇形等，同时要注意与四周园景相协调，轮廓应鲜明简练。

人工式整形是与植物本身的生长发育特性相违背的，不利于树木的生长发育，而且一旦长期不剪，其形体效果就易破坏，在具体应用时应全面考虑。

3. 混合式整形

混合式整形是根据园林绿化的要求，对自然树形加以人工改造而形成的树形。常见的有杯形、自然开心形、多领导干形、中央领导干形、丛球形、棚架形等。

（三）修剪技术

1. 短截

短截是减去枝条的一段，保留一定长度和一定数量的芽。短截在休眠期进行，能促进剪口下侧芽的萌发，是调节枝条生长势的重要方法。一般根据短截的长度可分为轻短截（轻剪枝条顶梢）、中短截（剪去枝条全长的 1/3~1/2）、重短截（剪去枝条全长的 2/3~3/4）和极重短截（枝条基部轮痕处留 2~3 个芽剪截）。

2. 疏剪

将枝条从着生基部剪除，疏剪的对象通常是枯老枝、病虫枝、平行枝、直立枝、轮生枝、逆向枝、萌生枝、根蘖条等。大枝疏剪后，会削弱伤口以上枝条的长势，增强伤口以下枝条的长势，进而缓和树势。

3. 缩剪和长放

1）缩剪又称为回缩，其对象是 2 年生或 2 年生以上的多年生枝条。一般在休眠期进行，方法与短截相似，但一般修剪量较大，可降低顶端优势的位置，改善光照条件。

二、教学条件

1．材料与工具

1）枝剪、高枝剪。
2）折叠梯。
3）箩筐、扫帚等工具、用具。

2．实训地点

园艺实训基地。

三、实训内容及技术操作规程

（一）整形修剪时期

园林树木种类多，习性和功能各异，树种不同，培育目的不同，适宜修剪的季节也不同。要根据具体要求选择合适的时期修剪，才能达到目的。园林植物整形修剪时期，大体上可以分为休眠期修剪和生长期修剪。

1．休眠期修剪

休眠期修剪的具体时间因树种而异，早春树液流动前修剪，伤口愈合最快。多数适合休眠期修剪的树种，以早春修剪为好；落叶植物，一般落叶后一个月左右修剪；伤流严重的树种，如葡萄、猕猴桃等宜在休眠期前期进行修剪；在南方，葡萄、猕猴桃一般在1月份进行冬剪。

具体做法：把伸出树冠的过长枝条和搞乱枝剪去，保持树冠面整齐美观。对上年花后已剪去残花果穗萌发的秋梢，其生长时间较长，芽眼饱满，应采用轻剪或中剪，长势强的可轻剪，长势弱的中剪，促进母枝腋芽多分生健壮的侧枝发育成花枝。对上年花后未修剪而带果实越冬的结果母枝，其营养积累少，应适当重剪，短截枝条的2/3～1/2，保留基部芽眼较饱满的短母枝，以集中营养供应新梢发育成花枝。同时，对往年生的过密枝、交叉枝和直立枝，应从基部剪去。

2．生长期修剪

生长期修剪又称夏剪，但实际上包括春季萌芽至秋末树木停止生长的整个生长期的修剪。一般情况下，夏剪宜轻不宜重，以去蘖、摘心、疏去病虫、密生和徒长枝为主。

具体做法：修剪原则是轻剪疏剪，即把没有抽生花序的生长枝剪去顶梢3、4节，以抑制延长生长，促进花芽分化，长出新花枝；同时把长势差和密度大的花枝及错位交叉枝、阴生枝、直立枝、徒长枝等从基部剪去，以利通风透光，集中营养供花枝发育开花。

花后修剪一般在花谢后至幼果期进行，按中度至强度修剪的方法短截花枝，保障新长的秋梢于入冬前有较长时间进行营养生长和营养累积。此次修剪不宜过早，如推迟至秋后果熟前修剪，还可作观果欣赏。

多数树种，既要冬剪，又要夏剪，常绿树的修剪要轻，修剪时期虽不受太多限制，但以晚春树木发芽萌动前最好。

（二）整形技术

由于各种树种自身特点及对其预期达到的要求不同，整形修剪的方式也不同。整形形式可分为三类：自然式整形、人工式整形、混合式整形。

1. 自然式整形

自然式整形是保持树木自然形态，按照树种本身的自然生长特性，只对树冠的形状做辅助的调整和促进，使之早日形成自然树形。如大王椰子、白兰、大叶紫薇、木棉等，修剪时应保持其树冠的完整，仅对影响树形的徒长枝、内膛枝、并生枝及枯枝、病虫枝、伤残枝、重叠枝、交叉过密和根部蘖生枝以及由砧木萌发的枝条等进行修剪。

自然式修剪符合树种本身的生长发育习性，可促进树木生长，并能充分发挥该树种的树形特点，最易获得良好的观赏效果。对主干明显有领导干的单独分枝树木（如白兰），修剪时应注意保护顶芽，防止偏顶而破坏树形。

2. 人工式整形

人工式整形是为满足城市园林绿化的某些特殊要求，人为将树木整形成各种规则的几何图形或不规则的各种形体。几何形体的整形是以其构成规律为依据进行的。如正方形树冠应先确定边长；长方形树冠应确定每边长度；球形树冠应确定半径等。非几何形体的整形包括垣壁式整形和雕塑式整形，如"U"字形、扇形等，同时要注意与四周园景相协调，轮廓应鲜明简练。

人工式整形是与植物本身的生长发育特性相违背的，不利于树木的生长发育，而且一旦长期不剪，其形体效果就易破坏，在具体应用时应全面考虑。

3. 混合式整形

混合式整形是根据园林绿化的要求，对自然树形加以人工改造而形成的树形。常见的有杯形、自然开心形、多领导干形、中央领导干形、丛球形、棚架形等。

（三）修剪技术

1. 短截

短截是减去枝条的一段，保留一定长度和一定数量的芽。短截在休眠期进行，能促进剪口下侧芽的萌发，是调节枝条生长势的重要方法。一般根据短截的长度可分为轻短截（轻剪枝条顶梢）、中短截（剪去枝条全长的 1/3~1/2）、重短截（剪去枝条全长的 2/3~3/4）和极重短截（枝条基部轮痕处留 2~3 个芽剪截）。

2. 疏剪

将枝条从着生基部剪除，疏剪的对象通常是枯老枝、病虫枝、平行枝、直立枝、轮生枝、逆向枝、萌生枝、根蘖条等。大枝疏剪后，会削弱伤口以上枝条的长势，增强伤口以下枝条的长势，进而缓和树势。

3. 缩剪和长放

1）缩剪又称为回缩，其对象是 2 年生或 2 年生以上的多年生枝条。一般在休眠期进行，方法与短截相似，但一般修剪量较大，可降低顶端优势的位置，改善光照条件。

2）长放又称为缓放，对1年生枝条不作任何修剪，使其延伸。长放可形成许多中短枝，对树体发育有利。长放主要针对中庸平斜着生枝条，但应根据树势综合考考，适当长放，及时回缩。

4．辅助技术

辅助技术主要有折裂、除芽（抹芽）、摘心、捻梢、屈枝（弯枝、缚枝、盘扎）、摘蕾、摘果、切割、纵伤、横伤、环剥、断根、除蘖等，一般在生长期进行。

园林树木修剪方法很多，其中短截、疏剪、缩剪和长放是最常用的基本方法，但其他方法也不可忽视。必须从实际出发，综合运用各种方法，促、控结合达到整形修剪的目的。

（四）几类园林树木的整形修剪

1．行道树的修剪

行道树多数为自然树形，如大王椰子。对于偏冠行道树，重剪倾斜方向枝条，另一方轻剪以调整树势。要随时剪掉干枯枝、病虫枝、细弱枝、交叉枝、重叠枝。对于过长枝应在壮芽处短截；对于徒长枝、背上直立枝，进行疏除。

2．乔木的修剪

要培养主尖，具体做法：从最上一轮主枝中选一个健壮的扶直，在主干上绑一根棍，将选作代替主尖的枝条与棍的上方一起绑直，使其向上，并将顶轮其余枝条重短截，培养一个主尖。一般对于松柏类常绿乔木不进行太多的整形修剪，仅以自然式整形为主。另外应注意使每层轮生主枝均匀分布，各层轮生主枝间应保持一定间隔，且层间主枝不能重叠，尽量扩大与阳光的接触面，对重叠枝、平行枝和过密枝应及时回缩修剪，使树形疏朗匀称，如白兰。

3．灌木的修剪

应保持内高外低的自然丰满树形，主要减去灌丛内过密的枝条和病枯枝，改善灌丛内通风透光条件，使灌丛保持丰满匀称。

新栽植的灌木一般不带土球，应较重修剪。对2～3年生小苗，一般只留30～40cm的主干。带土球的珍贵花木，可适量轻剪，疏剪多余枝条。

一般新栽灌木，对有主干的，除留主干外，应保留3～5个主枝。保留的主枝应截短1/2左右。较大的苗木，如主枝上有侧枝，也应疏去2/3，剩余的侧枝短截，只留1/3。修剪时，要使树冠保持开展、整齐和对称，以便形成丰满冠幅。无主干的灌木，如福建茶、连翘，常自地表处长出许多粗细不等的枝条，应选留4～5个分布均匀的作主枝，将其余的剪去，保留的主枝，应短截1/2，并使各主枝高矮不一致。

开花灌木的修剪时间，以开花的早晚及花芽着生的部位而定。早春开花的灌木的花芽是在前一年形成的，生长在前一年的枝条上，应在开花后轻剪，仅剪去枝条的1/5即可。夏季开花的灌木，应在冬季休眠期重剪，可剪去枝条的2/3。既观花又观果的灌木，可在冬季休眠期轻剪，仅剪去枝条的1/4～1/5。

4．藤本类植物的修剪

1）棚架式。卷须类、缠绕类藤本植物多用此方式进行整形修剪。应在近地面处重剪，使其萌发数条强壮主蔓，然后垂直诱引主蔓于棚架的顶部，并使侧蔓均匀分布于架上，如紫藤、葡萄等。

2）凉廊式。常用于卷须类和缠绕类植物，偶尔用于吸附类植物，勿过早诱引于廊顶，否则易形成侧面空虚。

3）篱垣式。多用于卷须类和缠绕类植物，将侧面蔓藤水平诱引后，每年对侧枝施行短截，形成整齐的篱垣形式，如金银花、凌霄、蔓性蔷薇等。

4）附壁式。多用于吸附类植物，将藤蔓引于墙面即可自行依靠吸盘或吸附根而逐渐布满墙面，如爬墙虎、凌霄、常春藤等。修剪时应注意使壁面基部全部覆盖，各蔓枝在壁面上应均匀，勿使蔓枝互相重叠交错。

5）直立式。茎蔓粗壮的植物，如紫藤，可剪成直立灌木式。

四、注意事项

1）整枝修剪最好在晴天上午 8 时以后、露水干后进行，有利于伤口愈合，防止病虫害的侵染。

2）修剪时应保持其树冠的完整，仅对影响树形的徒长枝、内膛枝、并生枝及枯枝、病虫枝、伤残枝、重叠枝、交叉过密和根部蘖生枝以及由砧木萌发的枝条等进行修剪。

3）自然式修剪，对主干明显有领导干的单独分枝树木（如白兰），修剪时应注意保护顶芽，防止偏顶而破坏树形。

4）人工式整形，正方形树冠应先确定边长，长方形树冠应先确定每边长度，球形树冠应先确定半径等。

5）园林树木种类多，习性和功能各异，树种不同，培育目的不同，要根据具体要求，来确定合适的时期进行修剪。

6）整枝修剪时，一旦接触了病株，最好马上对剪刀等工具进行消毒，然后再操作。

五、思考练习

1）简述整形修剪的季节和方法。
2）行道树和乔木的整形修剪要注意哪些事项？
3）灌木的整形修剪要注意哪些事项？
4）藤本类植物的修剪要注意哪些事项？
5）简述完成灌木和藤本类植物整形修剪的操作流程。

技能训练指导5　灾害防治

一、实训目的

园林植物的灾害防治是绿化养护技术中的一项重要技术，也是绿化养护人员必须灵活掌握的一项技术。园林植物常见的灾害有：高温危害、低温危害、风害、市政工程危害等。对于各种灾害的防治，要贯彻"预防为主，综合防治"的方针，在规划设计中要考虑各种可能的自然灾害，合理选择树种并进行科学的配置，在树木栽培养护过程中，要采取综合措施促进树木健壮成长，增强抗灾能力。通过本项目的训练，要了解常见的灼伤、冻害、寒害、风害、市政工程危害等症状，熟悉和识别常见的灾害，掌握灾害防治的方法，能够根据实际情况灵活进行各种灾害的防治。

二、教学条件

1. 材料与工具

1）叶面肥、喷雾器。
2）石灰、刷子、水桶。
3）竹棍、水泥杆等支撑物。
4）枝剪、木棍、绳子等工具、用具。

2. 实训地点

园艺实训基地。

三、实训内容及技术操作规程

（一）高温危害防治

高温危害是在异常高温的影响下，强烈的阳光灼伤树体表面，或干扰树木正常生长而造成伤害的现象，常发生于仲夏和秋初。日灼是常见的高温危害。

防治方法：①炎热夏季拉遮荫网，防止暴晒，喷洒水，降低温度，加强水分管理。②树干涂白可以反射阳光，减少热能吸收，在夏秋季节可减轻日灼。常用的涂白配方为：水72%，生石灰22%，石硫合剂和食盐各3%，均匀混合即可。在南方多雨地区，每50kg涂白剂加入桐油0.1kg，可以提高涂白剂的附着力。

（二）低温危害防治

低温时，植物会通过暴露在外面的叶子而失去水分，却不能通过冰冻的根系获得水分，叶子会枯萎变成褐色，茎也可能会枯萎，甚至整株植物都会枯死。

防治方法：①选择健壮树种，加强抗寒栽培，促枝梢老熟。②抗性育种，选择抗寒性强的树种和品种。③确保在秋季时精心灌溉，以保证植株储存充足的水分。④其他措施：灌水、培土、涂白、包草、搭风障（篱笆、披风、基埂等）推迟萌芽期，改善小气候条件。用粗麻布或稻草包裹可以给植株披上一层外衣，起到防寒的作用。风障能充分利用太阳能，提高风障保护区的地温和气温。

（三）风害防治

大风可将植物吹倒，尤其是刚种植的植株。如发现植株被吹倒，应及时用竹竿或木棍和草绳将其固定。同时，风障的防风效果也极为显著，在大风地区可以设置风障。

（四）市政工程危害防治

1. 土层深度变化

1）填方危害的防治：安装通气排水系统；环剥。
2）挖方危害的防治：根系保鲜；施肥；合理修剪；尽量避开根区开挖，或从主根下通过。

2. 地面铺装

地面铺装的危害包括：有碍水气交换；改变了下垫面的性质；造成干基环割。
防治方法：选择适应性强的树种；选择通透性强的铺装材料；改进铺装技术；设置通气、透水系统，避免整体浇筑。

四、注意事项

1）提高植株的长势是防治各种灾害的关键。
2）炎热夏天，对于新植树要及时拉遮荫网，喷水，以降低植株的温度。
3）对于不耐寒的树种，要在低温来临前采取有效的防寒措施。
4）刚种植的植株，最好及时用竹竿或木棍将其固定，这样可以有效地防治风害。

五、思考练习

1）常见的高温危害有哪些？如何进行有效地防治？
2）常见的低温危害有哪些？如何进行有效地防治？
3）如何防治风害？
4）市政工程的危害有哪些？如何进行有效地防治？

技能训练指导6　花期控制

一、实训目的

花期控制是绿化养护技术中的一项重要技术。在园林植物栽培养护中，可以使用人工的方法，控制植物的开花时间和开花量。常采用控制温度、光照、水分、养分等措施，计算好播种、扦插、修剪、打顶的时间，适当使用植物生长调节剂，以满足植物的开花和成花的要求，达到花期调控的目的。通过本项目的训练，要了解植物的生理学特性，熟悉植物的生长发育特点，掌握控制花期的方法，能够根据树种的特性和实际情况有效地进行花期控制。

二、教学条件

1. 材料与工具

1）氮、磷、钾及微量元素肥料。

2）铁铲、锄头、水桶、枝剪等工具、用具。

2. 实训地点

园艺实训基地。

三、实训内容及技术操作规程

常用的花期控制方法有：药控法、水肥控法、修剪法、温控法和光控法等。

（一）药控法

应用植物生长调节剂是控制植物生长的一种有效方法。目前常用的药剂有赤霉素、乙烯利、矮壮素、多效唑、缩节胺和细胞分裂素等。植物生长调节剂除了能诱导植物开花，促进花芽分化外，还能使植物矮化，促进生根，防止落花落果，催熟果实及田间除草等。

（二）水肥控法

通常情况下，氮肥和水分充足可促进营养生长而延迟开花，增施磷肥、钾肥有助于抑制营养生长而促进花芽分化。一般情况下，开花植物在营养生长后期追施磷、钾肥可促进提早开花。花期较长的植物，在开花后期增施营养可延长总花期。

控制水分也可达到促进提前开花的目的。在干旱季节，充分灌水有利于生长发育，促进开花。如叶子花，在肥、光、土、温均适合生殖生长的前提下，停止浇水，直至叶片萎蔫脱落，再进行少量浇水，保持 20 天左右，即可孕无叶之蕾，开出满树的花。

在休眠期和花芽分化期，可通过水肥控制迫使植物休眠或促进花芽分化。如桃、梅等植物在生长末期，保持干旱，强迫其休眠，然后再给予适宜的水肥条件，可使其在 10 月开花。

（三）修剪法

采用摘心、修剪、摘蕾、剥芽、摘叶、环剥等措施，可调节植物的生长速度。依植物种类、摘取量的多少和季节而采取不同的修剪措施。如一串红、天竺葵等都可以在花后进行修剪，并加强管理，即可重新抽枝发叶，开花。摘心处理有利于植株整形和延迟开花。剥去侧芽侧蕾，有利于主芽开花。摘除顶芽顶蕾，有利于侧芽侧蕾开花。环割使养分聚于上部花枝，有利于开花。不同植株分期修剪可使花期相接。

（四）温控法

温控法是通过温度的作用调节休眠期、成花诱导与花芽形成期、花茎伸长期等主要进程而实现对花期的控制，即在日照满足的前提下，利用设施，如温室、冷库等进行花期调控。人为地创造条件满足植物花芽分化和花蕾发育对温度的需求，从而达到控制花期的目的。常用的温控法有增温催花和降低温度。

（五）光控法

光控法是通过光照处理促进花芽分化、成花诱导、花芽发育和打破休眠。对于有些植物，光周期是制约其开花机理的主导因素。因此，控制光照是使这些植物按要求开花的关键。其主要方法包括短日照处理法（遮光）和长日照处理法（加光）。如一品红、蟹爪兰等短日照花卉，若使其提前开花，就必须进行遮光，进行短日照处理。对于扶桑等长日照植物，在短日照季节利用灯光补光，可促其提早开花。

在花期控制中，应根据不同植物的开花特性及要求开花的时间，采取相应的措施，但任何措施都不是孤立的，必须与其他措施配合，形成一个整体，才能达到更好的效果。在各种花期控制措施中，有起主导作用的，有起辅助作用的，有同时使用的，也有先后使用的，因此必须按照植物生长发育的规律及各种有关因素，合理利用外界条件，才能使之正常开花。

四、注意事项

1）药控法中注意药液的浓度要在合理的范围内，过高或过低都不能达到有效控制开花的目的。

2）在营养生长后期施氮肥可延迟开花，增施磷、钾肥可促进提前开花结果。

3）新植树修剪时先要保护顶芽，形成良好的树冠后再通过摘心、摘蕾、剥芽等来控制开花。

4）花期控制的方法要综合使用才能达到良好的效果。

五、思考练习

1）药控法中常用的药剂有哪些？
2）如何通过水肥控制促使植物提前或推迟开花？
3）如何通过修剪延长花期？
4）对于长日照植物，如何通过光控法促进植物提前或推迟开花？